经济学术译丛

当代制度分析前沿系列

权利、合作与福利的经济学

[英] 罗伯特·萨格登 (Robert Sugden) 著
方钦 译
韦森 审订

上海财经大学出版社

图书在版编目(CIP)数据

权利、合作与福利的经济学/(英)萨格登(Sugden,R.)著;方钦译.—上海:上海财经大学出版社,2008.8

(经济学术译丛·当代制度分析前沿系列)

书名原文:The Economics of Rights,Cooperation and welfare

ISBN 978-7-5642-0190-6/F·0190

Ⅰ.权… Ⅱ.①萨… ②方… Ⅲ.经济学-研究 Ⅳ.F0

中国版本图书馆 CIP 数据核字(2008)第 031562 号

□责任编辑 卢 茗

□封面设计 周卫民

QUAN LI HEZUO YU FULI DE JINGJIXUE

权利、合作与福利的经济学

[英] 罗伯特·萨格登 (Robert Sugden) 著

方钦 译

韦森 审订

上海财经大学出版社出版发行

(上海市武东路 321 号乙 邮编 200434)

网 址:http://www.sufep.com

电子邮箱:webmaster @ sufep.com

全国新华书店经销

上海第二教育学院印刷厂印刷

上海远大印务发展有限公司装订

2008 年 8 月第 1 版 2008 年 8 月第 1 次印刷

890mm×1240mm 1/32 13.125 印张 305 千字

印数:0 001—4 000 定价:33.00 元

图字:09－2005－194 号

The Economics of Rights, Cooperation and Welfare, 1st edition

努力探寻社会惯例的自发生成原理

——萨格登的《权利、合作与福利的经济学》中译序

韦　森

在英国经济学界，乃至当代国际学术界，罗伯特·萨格登(Robert Sugden)均是一位知名度甚高的经济思想家。他之所以如此名声显赫，主要就是因为《权利、合作与福利的经济学》的出版。这本不厚的学术专著在1986年出版后，立即引起了国际学界的广泛关注，从而使萨格登教授赢得了巨大的学术声誉。直到现在，萨格登一直是国际上引用率最高的10位当代英国经济学家之一。

萨格登教授于1949年8月出生于英国约克郡的小城茂利(Morley)。1970年，他在英国约克大学获学士学位，并于1971年在英国加的夫大学院获科学硕士学位。之后，萨格登回到约克大学工作，从1971年至1978年任约克大学经济学讲师，并于1988年获约克大学文学博士(D. Litt)学位。由于他在20世纪70年代和80年代初就在国际上一些主要经济学刊物中发表了不少文章，并与艾伦·威廉姆斯(Allan Williams)合作出版了一本《实用成本—收益分析原理》的教科书，从1978年到1985年，他被英国纽卡斯尔大学聘为经济学高级讲师(Reader)，并自1985年起任英国东安格利亚大学经济学教授。从20世纪90年代起，萨格登教授成了英国皇家经济协会会员和英国科学院(British Academy)的院士。

20世纪60年代初，受迈克尔·波兰尼(Michael Polanyi)的启发，哈耶克(F. A. Hayek)提出了他的“自发社会秩序”理论。自

那以来，国内和国际学术界对哈耶克的理论既有赞同之声，也有商榷和批评意见，但是，自发秩序到底是如何自发生成且自己不断扩展的？这一问题，直到20世纪80年代之前，对国际学术界来说，似乎仍然是个谜，所以哈耶克的这一理论能否成立，在许多人的头脑中依然是个问号。自萨格登的这本书出版以来，以及之后随着美国经济学家肖特（Andrew Schotter，1981）博弈论制度分析尤其是H.培顿·扬（H. Peyton Young，1996，1998）的演化博弈论制度分析工作的展开，人类的许多社会秩序是可以自发生成并不断扩展和演化的这一理论，已经为学界的理论分析所证明。就这方面来讲，即便萨格登的这本书不是奠基之作，也可以说是最重要的著作之一。

然而，值得注意的是，在这本书中，萨格登提到哈耶克的地方并不多（在正文中只有开篇第一章一处）。尽管如此，我们仍然可以把这本书的整个分析视为对人类社会中诸多自发秩序——用萨格登自己的术语来说即“惯例”（conventions）——的自发生成和自发演变机制的学术探究与理论诠释。更为可贵的是，早在20世纪80年代初博弈论才刚刚被应用到经济学的理论分析中的时期，萨格登就能用博弈论方法来分析自发社会秩序的生成与演变，这在当时确实颇具开拓性。因此，这本书自出版以来就引起国际学界的广泛关注，也是非常自然的。

应该看到，尽管萨格登把这本书的写作目的确定为对他所理解的一种“自发秩序”的“惯例”的发生和变迁机制的理论诠释，但是他的整个研究进路和理论解释方法却与哈耶克有着根本性的差别。在《自由宪章》（Hayek，1960）以及《法、立法与自由》（Hayek，1979）等著作中，哈耶克是基于一种整体的社会历史观来透视现代市场经济体系，从中来诠释他自己的自发社会秩序的理念。因而，哈耶克的理论一方面显得深邃和发人深思，另一方面，他的整个理论诠释又显得有些“woolly-minded”（混乱不清），从而给一些批评者留下了许多可供攻击的“空档”和漏洞。与哈耶克的思想方法不同，萨格登在这本著作中，用极其精细的微微观方法（micro-micro approach）方法来进行其理论建构，并从头到尾运用一些基本的博弈论分析工具，来展示一个个具体的社会惯例是如何在人们的相互交往中自发形成和演变的，从而给人一种缜密细微、头头是道且无懈可击的整体印象。应该说，萨格登的这种研究方法，充分体现了当代经济学的主流精神。但是，他的问题意识和研究视角，又远远超越了当代新古典主流经济学所关注问题的范围。因而，在当代经济思想史上，这本书的地位不容忽视。

当然，相对于20世纪末叶博弈论的蓬勃发展而言，尤其是相对于H.培顿·扬的演化博弈论制度分析和宾默尔（Ken Binmore）的博弈论社会理论来说，萨格登的这本80年代初的作品从现代经济学技术分析层面来看显得有些太过“基础”，但是，这并不能否定这本书所蕴含的思想、所关注的问题，以及理论发现方面的永久学术价值。另外，他所认为的作为“自发秩序”的“惯例”及其生成和演变，也并非仅仅局限于一些在英国以及欧洲历史上靠左还是靠右驾驶这类久远的历史故事，而是牵涉到对任何社会的——包括当代社会和未来社会，西方社会和东方社会——人类交往中一些自发形成的某种社会安排的生成机制的理解问题。只要有人们的社会交往，就会不断有新的“惯例”生成，因此，这本著作对一些自发社会秩序生成机制的这种理论研究进路，对确切理解人类经济社会的运作，尤其是人与人相互交往中的许多协调问题，有着深刻且不可替代的理论与现实意义。

当然，单从追求着自己利益的不同行为人在社会交往或者说重复社会博弈中的“博弈均衡”及其“均衡点的漂移”来理解交通规则的形成、产权的出现、人类社会的互惠合作现象，甚至西方社会中的自然法理念，自然有其理论局限性，远远没有说出这些社会现象和理念产生的全部原因，也未描绘出这些社会现象和理念产生过程的真实图景。但是，从博弈均衡及其“均衡点漂移”的理论视角来考察这些社会现象的原初生成原因及其变迁演化机理，萨格登至少还是给出了一种自成一体的理论解释，这些逻辑严谨的解释也使萨格登本人在对人类社会运作基本原理的理论理解上自成一家。这本书所蕴含的更深层的学术价值在于，通过运用一些简单的博弈论理论模型，萨格登把一些英国古典思想家如霍布斯、洛克、斯密尤其是休谟的某些早期洞见，用现代经济学的话语更加清晰地复述出来，并用现代经济学博弈论的“理论之梳”，将这些人类思想史上风云人物的思想脉络、学术洞见、理论意义等梳理得清清楚楚。在这本著作中，萨格登还一再称自己是一个当代的休谟主义者，大段大段地引用了休谟的一些原话，并经过自己的博弈论论证，把休谟的一些晦涩难懂的理论洞见用现代经济学的语言予以清楚明确的诠释。

从整体上来看，《权利、合作与福利的经济学》是一本对社会秩序自发生成和演化变迁路径进行经济分析的学术专著。然而，这部学术专著中的一些理论发现，及其所映射的一些社会问题，显然对伦理学、政治哲学、法学、社会学乃至人类学的研究，都具有一定的理论意义和参考价值。在这本书 2004 年第二版的“跋”中，萨格登(Sugden, 2004, p. 223)明确指出，这既不是一部有关道德的社会心理学的书，也不是一本伦理学专著，并且非常谦逊地说，这部著作“不是对伦理学所做的一份贡献，它没有主张要说出任何有关人们应当接受的道德规则的东西”。相反,他对这本书的定位仅仅是“试图解释人们如何逐渐接受某些他们业已形成的规则”。但是通过原书前八章细微缜密的博弈论自发秩序分析,萨格登教授却得出了这样既深刻又让人回味无穷的结论:“一条规则如果满足了以下两个条件就有可能获得道德力量:(1)**在相关社群中的每个人(或者几乎每个人)都遵循该规则。**(2)**如果任意一个行为人遵循该规则,那么他的对手——他与之交往的人——也遵循该规则符合他的利益。**”萨格登还接着补充道:“**任何成为惯例的规则都必须满足第三个条件:**(3)**假定每个行为人的对手都遵循该规则,那么每个行为人也遵循该规则符合他的利益。**”基于上述三点,萨格登还深刻地指出:“这引出了一个令许多人感到惊讶的含义:一项惯例不需要在任何方面对社会福利做出贡献,便能获得其道德力量”(Sugden, 2004, p. 170)。这一看似朴实但实际意义深远的结论,对经济学、伦理学、政治哲学、法学、社会学甚至人类学各学科的学者从不同研究视角理解人类社会运作的基本原理,无疑具有非常重要的参考意义。经过反复玩味,笔者觉得,最后这句话近乎道破了人类社会运作深层机理上的某种“天机”!

这里顺便指出,尽管萨格登在这本书的分析结论中指出了某一惯例未必符合经济上的效率原则就能获得道德力量——这确实是一项重要的理论发现,但是,必须指出的是,道德原则与惯例并非一回事。从形式上看,惯例和道德原则均有社会规范(约束)的形式和约束力,且两者常常重合——即在许多社会的一定时期中遵从作为一种非正式的规则约束(正式的规则约束一般为法律和其他制度性规章),惯例也常常被人们普遍认为是符合道德的,但是,从根本上来说,惯例与道德还是有区别的。其根本的区别在于,惯例作为来自一种自发社会秩序的习俗(custom)的非正式约束,与作为一种人类社会所独有的应然价值判断之结果的道德原则,不但在表达形式上不同,在内容上也有本质的区别。从哲学本体论——或言"道德的形而上学"层面——理清两者的区别,不仅对理解伦理学的基本原理是至关重要的,而且对认识人类社会运行的一些基本问题,也是不可或缺的。〔1〕由于惯例与道德原则常常重合并纠缠在一起,单纯靠定义来把握两者的区别,也许会于事无补。下面,我们不妨试着从表达形式上简要梳理以期领悟两者之间的本质性区别:

什么是惯例?惯例告诉人们:"因为大家都在做 X,你自然也会做 X,且在大家都在做 X 的情况下,你的最好选择可能也是做 X。"

从惯例的上述语句形式中,我们会发现,人们遵从习俗的规则(customary rule)即惯例,是基于他们的审慎推理(prudential reasoning)而进行自发社会博弈的结果,故人们之所以遵从惯例,实质仍然是"What is it in my interest to do?"。因而,如果硬要从哲

〔1〕由于某一惯例与一个社会在一定时期的某一具体的道德原则从表面上看常常重合,这就导致像宾默尔这样的博弈论思想大家实际上未能真正区分开两者,以至于宾默尔在最近几年的著作中一直把康德的道德哲学作为他攻击的靶子,并随之滑向与尼采哲学互相呼应的道德虚无论(见 Binmore, 1994, 1998, 2005, 2007)。这里顺便指出,尽管宾默尔和萨格登均称自己是休谟思想的追随者,但近几年来,他们之间发生了非常激烈的理论论战。对此,笔者的判断是,可能萨格登的理论诠释更接近休谟思想的真谛,而宾默尔作为一个博弈论和数理经济学的技术分析大师,其博弈论的社会分析和理论建构,更具当代社会的(唯)科学主义精神。究其原因,恐怕主要还是因为萨格登仍然能意识到在惯例和道德之间是有些区别的——尽管他本人迄今为止好像还没有认真从学理上梳理出这两者的区别到底在什么地方,而宾默尔却没有做到这一点。笔者猜测,像宾默尔这样具有人类绝顶才智和精密分析能力的思想大师之所以对康德的实践哲学有如此大的成见,在很大程度上是因其并没有真正区分开他所说的"审慎推理"(prudential reasoning)与"道德推理"(moral reasoning)(两者的区别在于:审慎推理是要解决"What is it in my interest to do?";而道德推理所关注的是"What ought I to do?"),从而在实质上混同了惯例与道德。

学本体论的视角来进行分殊，可以认为，惯例仍然是属于“实然世界”(being)的一种现象，即是一种没有应然判断(ought to)或价值判断在其中的社会现象界中的实存。

反过来看，一项道德原则在表达上则有着应然判断(ought to)的模式。因为，道德规范实际上是在告诉人们：“你要做 X，或不做 X；或者告诉人们：你应该做 X，或不应该做 X。”

从一项道德原则的表达模式上看，“要做 X，或不做 X”，是具有康德道德哲学中的那种“定言命令”(categorical imperative)的理论程式的，即其中包含着“你应该做 X，或不应该做 X”的涵义，或者说存在着价值判断。从这一点来看，道德推理作为一种应然推理(ought to do)，〔1〕可以符合审慎推理(即做某件事或按某种方式做事符合审慎推理或“效率推理”原则)，但反过来我们却不能从审慎推理中推出为什么人类有“应然判断”或“价值判断”这回事，即不能从效率原则和经济利益计算本身来推出人为什么会有义务感这种道德直觉来。〔2〕具体从惯例与道德原则的表达形式的区别上来看，从“大家都在做 X，你自然也会做 X，且在大家都在做 X 的情况下，你的最好选择可能也是做 X”这一表达模式上，并不能推出“你应该(ought to)做 X”这一道德判断。换言之，尽管遵循

〔1〕 这里应该指出，尽管在英文中“ought to do something”与“should do something”两者经常被混同使用，但实际有根本性区别。它们的区别在于前者一般包含伦理甚至法律意义上的责任、义务和正当性，即有责任、有义务“应该”去做或“不应该”去做某事，而后者往往只是含有一种一般事务判断的“该”做什么或“当”做什么的意思。譬如：“8 dollars should be enough to buy the pen”或“He should go there by 7 o'clock”等等，这类语句只是表达一种判断，而没有任何伦理和法律意义中的责任、义务应该去做某事的含义，即没有伦理责任或法律责任判断的意思。

〔2〕 伦理学和道德哲学的方家到这里也许会发现，这里面实际上蕴涵了功利主义伦理学所永远无法摆脱的理论困境。

大家都在遵行的某一惯例可能最符合自己的最佳利益，或者说这可能是在重复社会博弈中的(请注意，我这里不是说单次博弈)利益最大化策略选择，但却不能推出在道德上就应该这样做或有义务这样做，或者说，从中推导不出人为什么会有道德判断这种人类所秉持的“情感”——或用萨格登(Sugden, 2004, p. 177)的术语来说——人为什么会有那种“共同道德直觉”(some common moral intuition)。换言之，即道德是什么？为什么在人类社会中会有道德？这显然是从惯例的生成机制分析中找不到答案的，而我们毋宁认为，之所以在人类社会博弈中能自发产生惯例这种社会现象，正是因为作为社会博弈的参与者每个人均具有“共同的道德直觉”，因而也可以进一步认为，道德是惯例的“因”，而不是惯例的“果”。〔1〕

当然，理论界之所以在区别惯例与道德方面感到非常困难，主要是因为在某一具体的社会场合中，一个人往往并不能确知到底怎样做才符合该社会即时存在的某一具体道德原则，因而在其社会实践中，人们往往会认为：“我要做或应该(ought to)做 X 是因

〔1〕 对于这个问题，只要沿着这样一条思路来追问，就非常容易理解了：如果像萨格登教授那样认定惯例是人们自发社会博弈的一种生成结果的话，那么，为什么在人类中——且只有在人类社会中——才有“社会博弈”这回事？我们能否想象在其他动物群体——如群狼、群狮甚至大猩猩的种群中有“社会博弈”这回事？之所以在人类社群中有“社会博弈”，或者说每个人参与社会博弈，是因为首先每个人把对方博弈者认作一个与自己平等且平权的同类(fellow)，然后才会与对手博弈，才会有博弈均衡，才会有社会习俗和惯例发生。因此，只要稍微思考一下，很快就会发现，人把另一人视为一个与自己平等且平权的博弈对手而进行社会博弈，首先就在于把对手视为一个自己同类的“fellow”，而这种休谟和萨格登所见的人类所独有的“fellow-feeling”情感，恰恰是人类最基本的道德感，即萨格登所言的那种人类的“共同道德直觉”。由此看来，道德是作为一种自发社会博弈均衡的社会惯例的因，而不能反过来认为道德是从人们的博弈均衡——或惯例——中衍生出来的。到这里，伦理学界和经济学界的方家也许会发现，这里实际上没有留给那种基于生物进化论分析程式的“演化道德论”进行自恰理论推理任何的“逻辑空间”和可能。

为大家都在做 X，因而我最好也做 X；我不要做 X 或不应该 (ought not to)做 X 是因为大家都不做 X，因而我最好也不要做 X。"这种在对某一具体的道德原则不确知的情况下个体所采取的遵从惯例这一"相机行动选择"（随大流）的"道德实践"，显然常与上面所说的作为审慎推理的人们遵从惯例规则的社会选择的语言表达模式相符合："我要做 X 是因为大家都在做 X，因而我最好也做 X；我不要做 X 是因为大家都不做 X，因而我最好也不要做 X"（请注意这其中少了一个"或应该做 X"和"或不应该做 X"）。正因为在依惯例行事中，大家都在做 X 或大家都不在做 X，这就很容易使每个行为人在实际选择中以及在哲学家的理论推理中把"大家都在做 X"误认为了"大家（包括'我'）都应该（ought to）做 X"了，从而不能从实质上区别作为一种社会现象的"习俗的规则"的惯例与作为一种应然判断结果和价值判断直觉的道德原则。

从学理上大致区分开了惯例与道德原则，我们就可以辨识萨格登（Sugden, 2004, p. 223）教授在这本书第二版"跋"中所说的这段话的问题出在哪里了：

"在本书的最后一节，我向伦理学的领域迈出了谨慎的几步。我将合作原则定义为：'令 R 为在某一社群中重复进行的一场博弈中能够被（每一方参与人）选择的任意一项策略。令这一策略使得，如果任意一个行为人遵从 R，那么他的对手也应该如此做是符合该行为人的利益的。那么，假如所有其他人都同样遵从 R，每个行为人都具有一种道德义务（moral obligation）去遵从 R。'照我看来，这一原则大致是围绕惯例而成长起来的道德法则的共核（common core）。这样一来，我即是从一个伦理学家的视角来审视这一原则了。"（着重号为引者所加）

萨格登的上述理论论辩理路是十分清楚的。然而,我们现在的问题是:难道人类社会的道德法则均是围绕着惯例成长起来的?还是人们之所以在种种自发社会博弈中产生惯例是由于人类本身就秉有某种"先天综合判断"形式(康德语)的道德情感?这里最核心和最深层的问题依然是:为什么在其他人都同样遵从 R 的时候,每个行为人就具有一种道德义务去遵从 R?难道这仅仅是因为如萨格登所言"如果任意一个行为人遵从 R,那么他的对手也应该如此做是符合该行为人的利益的"?单从这一点,就能推出一个行为人应该有遵从这种惯例的"道德义务"吗?再进一步问:为什么经济学家或伦理学家作为一个"旁观者"就有认为在社会惯例产生的博弈格局中每个行为人有道德义务去遵从 R 这么一种逻辑判断?作为这种"社会博弈的旁观者"为什么会有这种道德判断的意识?难道作为社会博弈旁观者的这种道德判断也是从他所观察到的群体中博弈者均遵从惯例且符合他们个人利益这一社会事实上成长出来的?总而言之:难道一直自认为是个当代休谟主义者的萨格登教授的所有论述超越了"休谟法则"(Hume's Law)?〔1〕或者说,这位尽量避开讲康德道德哲学的社会理论家萨格登教授已经真正摆脱了康德实践哲学中那种认定无从理论理性纯粹推理中来证明人的道德感这个 200 多年来一直困扰着无数哲学家和伦

〔1〕 自休谟以来,或严格说来自康德的批判哲学的理论建构以来,在哲学界和伦理学有一个普遍的理论共识,即不能从"实然"(is)推出"应然"(ought to)来。在《人性论》(Hume, 1740, p. 455~470)中,基于其情感论的道德哲学论辩理路,休谟曾严格区分了事实判断与价值判断,提出从实然推不出应然,相应地也不能从理性推理(审慎推理)推导出道德(情感)来。休谟的这一洞见,在近现代思想史上有着广泛和深远的影响,因而也被当代著名英国伦理学家黑尔(Richard M. Hare, 1963, p. 2; 1964, p. 29)和当代政治哲学大师罗尔斯(John Rawls, 2000, p. 82)称为"休谟法则"。

理学家的理论“噩梦”?〔1〕即使绕开那晦涩难懂、诘屈聱牙的康德道德哲学,单从平白如话且蕴涵极其深刻的斯密道德情感论的理论理路来分析问题,萨格登教授的上述见解显然仍绕不开这样一个问题:难道斯密所见——亦是萨格登教授在这本著作中所引述的——人们的“同情心”(sympathy)和“同感心”(empathy)〔2〕

---

〔1〕 依照康德(Kant, 1788)的道德哲学,人们的道德心是不能从纯粹理论理性中推导和证明出来的。康德认为,人们的道德感属于人类的先天综合判断(譬如,在《道德的形而上学原理》一书中,康德写道:“……这种定言的应当就表现为一个先天综合判断”,参见 Kant, 1875, 苗力田译本第 78 页),因而是绝对的,无条件的和强制的。正如康德在《纯粹理性批判》中所言:“既然存在一些绝对必然的实践法则,即道德法则,那么,一个自然的结论是……道德法则不仅以一个至高无上存在者的存在为前提,而且由于道德法则本身亦即为绝对必然的,我们就有正当理由做如此假设,尽管我们是出于实践的考虑而这样做的”[Kant, 1787, p. 526～527。这段话是笔者根据该书(英译本 Norman K. Smith, 1933)重新译出的]。在《道德的形而上学原理》中,康德(Kant, 1785,英译本,p. 100)又进一步写道:“我们对道德最高原则的演绎因而是无可厚非的。一般来说,我们倒应责怪人类理性,这就是它不能使我们领悟无条件的实践法则的绝对必然性——定言命令就是这种无条件的实践法则。……我们确实并不理解道德命令的无条件实践必然性,但是我们却理解它的不可理解性。对一种力求以其原理达到人类理性极限的哲学来说,也只能做如此程度的要求”(这段话是笔者根据 Thomas K. Abbott 1949 年对康德的《道德的形上原理》的英译本重新译出的。在翻译这段话时,笔者曾参考了 Lewis W. Beck 1959 年的英译本和苗力田先生 1986 年的中译本,参见该译本第 121 页)。

〔2〕 在斯密的《道德情感论》中,以及在萨格登的一些著作中,这是两个经常出现的英文单词。英文单词“sympathy”通常被国人翻译为“同情、同情心”,这应该没有什么问题,因为这个英文单词的主要含义就是“sharing feelings of others; feeling of pity and sorrow for somebody”。但是,“empathy”这个英文单词翻译为中文就比较困难了。在英文中,它主要的含义十分明确:“ability to imagine and share another person's feelings, experience etc.”,在过去,国内翻译界——主要是心理学界和社会学的翻译界——有的把它翻译成“移情”,有人把它翻译成“共情”(主要是心理学界)。经反复推敲,我觉得这两种中文翻译都不甚到位(除非对这个词做另外的解释)。由于这个词有汉语中人与人之间在相处中设身处地体会到、分享到其他人的感情、感想、感觉和经验的意思,我觉得把它翻译成“同感心”比较合适。另外,在斯密伦理学的语境中,把这两个词翻译为“同情”和“同感”均不够到位,而在两个词后面分别加一个“心”字,即分别翻译为“同情心”和“同感心”,方能贴近斯密和西方伦理学家和社会心理学家使用这两个词的原意。

也是"围绕着惯例而成长起来"的？还是反过来正是因为人类秉有"同情心"和"同感心"，才会产生人类社会或社群中作为人们自发社会博弈结果的种种"惯例"？

在学理上对萨格登的这本书做了以上简短介绍和评述之后，笔者谨借此机会对这本书的中译本由来做些简单的说明。笔者最早是从1994年诺贝尔经济学奖得主诺斯(Douglass North，1990)的《制度、制度变迁与经济实绩》一书中知道萨格登教授的这本书的，那时笔者还在澳大利亚悉尼大学攻读经济学博士学位。后来，在写作拙著《社会制序的经济分析导论》(韦森，2001)时，我认真研读了萨格登(Sugden，1989)教授发表在《经济展望杂志》上的一篇经典论文，并把其中的主要思想在我的这第一本学术专著中做了介绍。2000～2001年我在剑桥访问学习期间，我曾细读过萨格登教授的这本书，并决定在回国后即把它推荐给国内某家出版社将之译成中文出版。记得在2003年的一个学期中，我还用这本书做教材，在自己所教的七八个博士生的小范围课程中详细讲解了这本书的主要思想，并要求每个选课的学生自己试着翻译一章，然后一起讨论。后来，这本书被列入我为上海财大出版社策划的"当代制度分析前沿译丛"的计划，并经出版社编辑的努力，到2005年左右最终从英国的麦克米兰出版社获得了这本书的版权。得到这本书的版权后，我随即写信给萨格登教授，告诉他中译本的事，收到了他表示赞同和感谢的邮件。由于近些年自己的学术研究日程排得甚紧，并在复旦经济学院分管繁忙的行政事务，实在没时间从事这本书的翻译工作。在此情况下，我把这本书的中文翻译任务交给了我的学生方钦。近一两年来，方钦在翻译这本书上花费了很大的精力，曾几易其稿，也曾交给我后被我一再打回，建议他修改、再修改；重译、再重译。在本译本最后定稿之前，方钦也多次表示要让我校对一遍，但是，由于自己的学术研究压力实在太大，加上目前仍然未能从复旦经济学院的繁忙行政事务中脱身，尽管我对这本书的英文版读过不止一遍，但我还是没能有时间坐下来一句句校对方钦的译稿，最后只是采取了一种比较偷懒的办法，把方钦的最后定稿盲读了一遍。由于我对这本书每章的内容和语句大致都还有些记忆，在盲读方钦的译稿时，如果在直观上觉得某个地方有问题，我随即查对原文，并提出自己的修改意见。尽管我只是对方钦的译稿盲读了一遍，但是，这个中译本中有任何误译之处或纰漏，我和方钦会同时为之负责。

多年来，由于不断经手国外学术著作的译校之事，我总是反复给自己以及自己的学生和同事们强调这样一种翻译“哲学”：在翻译外国经典学术名著时，如果很难同时做到“信、达、雅”，就要以“信”为上。基于这一翻译哲学，在我自己译校和审定某本外文学术著作的中译本时，会尽量要求译文贴近原义，甚至“诘屈聱牙”也在所不惜。因此，尽管我不敢保证现在方钦的这个中译本没有误译之处——且可以肯定地说其中的纰漏不少——但是，我还是可以说，我们将尽量提供给读者一个可信的读本。当然，若学界方家发现这一译本中有任何纰漏和误译之处，这里谨诚挚地欢迎来信或来电子邮件示下，我们将在重印时加以纠正。

最后，请允许笔者在这里引用18世纪伟大的英国思想家休谟在《人性论》中关于产权的一段话来作为这本书“中译序”的结束语。在谈到产权惯例最终会使每个人获益时，休谟（Hume，1740，

Book. 3，Part 2，Section 2)曾说：

“要将其益处和害处分开是不可能的。财产必须稳定，必须由一般的规则所确立。虽然在某种情况下公众也许会受害，但这只是暂时的害处，规则的稳定实施，以及由此所产生的社会安定和秩序，会使其得到充分补偿。加之，从整体上考虑，每个人均会发现自己是个获益者；因为，没有正义，社会必定会立即解体，而每一个人必然会陷于野蛮和孤立的状态，那种状态比起我们所能设想到的社会中最坏的情况，还要坏过万倍。”

在《权利、合作与福利的经济学》一书的最后一章，萨格登教授曾引用了休谟的这段句话。今天，反复研读休谟的这段话，实在觉得意蕴深远。17 世纪以来的人类社会的发展史，以及从 1917 年以来中央计划经济的巨大人类社会工程试验，不都验证了休谟的这一判断吗？

是为序。

韦森 2007 年 7 月 31 日谨识于复旦

参考文献

Binmore, K., 1994, *Game Theory and Social Contract*, *Vol. I: Playing Fair*, Cambridge, Mass: The MIT Press.

Binmore, K., 1998, *Game Theory and Social Contract*, *Vol. II: Just Playing*, Cambridge, Mass: The MIT Press.

Binmore, K., 2005, *Natural Justice*, *Oxford*: Oxford University Press.

Binmore, K., 2007, *Playing for Real*: *A Text on Game Theory*, Oxford: Oxford University Press.

Hare, Richard M., 1963, *Freedom and Reason*, Oxford: Oxford University Press.

Hayek, F. A., 1960, *The Constitution of Liberty*, Chicago: The University of Chicago Press.

Hayek, F. A., 1979, *Law, Legislation and Liberty*, in three vols., London: Routledge and Kegan Paul.

Hume, D., 1740, *A Treatise on Human Nature*, ed. by L. A. Selby-Bigge, 2nd ed., Oxford: Clarendon, 1978.

Kant, I. 1785, *Grundlegung zur Metaphysik der Sitten*, *Eng.* tr: *Fundamental Principles of the Metaphysic of Morals*, tr. by T. K. Abbott, New York, The Liberty Art Press (1949); *Foundations of the Metaphysics of Morals*, tr. by L. W. Beck, London: Macmillan (1959). 中译本:康德著,苗力田译:《道德形而上学原理》,上海人民出版社 1986 年版。

Kant, I., 1787, *Kritik der reinen Vernunft*, Berlin: Hartknoch. Eng. tr.: Kant, I, *Critique of Pure Reason*, trans. by N. K. Smith, London: Macmillan (1933). 中译本:康德著,蓝公武译:《纯粹理性批判》,商务印书馆 1960 年版;康德著,韦卓民译:《纯粹理性批判》,华中师大出版社 2000 年版。

Kant, I., 1788, *Critique of Practical Reason*, Eng. tr. by Lewis W. Beck, London: Macmillan (1993), 中译本:康德著,韩水法译:《实践理性批判》,商务印书馆 1999 年版。

North, D., 1990, *Institutions, Institutional Change and Economic Performance*, Cambridge: Cambridge University Press.

Rawls, John, 2000, *Lectures on the History of Moral Philosophy*, Cambridge, Mass.: Harvard University Press.

Schotter, A., 1981, *The Economic Theory of Social Institutions*, Cambridge: Cambridge University Press.

Sugden, R., 1989, "Spontaneous Order", *Journal of Economic Perspective*, Vol. 3, No. 4, pp. 85～97.

Sugden, R., 2004, *The Economics of Rights, Co-operation, and Welfare*, 2nd ed. Hampshire: Palgrave Macmillan.

韦森:《社会制序的经济分析导论》,上海三联书店 2001 年版。

Young, H. P., 1996, "The Economics of Convention", *Journal of Economic Perspective*, Vol. 10, No. 2, pp. 105～122.

Yonng, H. P., 1998, *Individual Strategy and Social Structure: An Evolutionary Theory of Institutions*, Princeton, NJ: Princeton University Press.

中文版序

萨格登

对我而言,《权利、合作与福利的经济学》在我的作品中相当于最受宠爱的孩子。在我所写的全部著作与论文中,它是我的最爱,书中对一些原创性的且具有重要意义的观点做出了最强有力的论述。我非常高兴这本书现在有了中文版。我特别感谢韦森和方钦为本书的翻译和出版所做的努力。我希望他们的努力会得到回报,并且本书会受到中国读者的欢迎。

我不得不说,在英语读者中,这本书有点像一件适销对路的讨巧商品(a niche product)。从哲学领域到社会科学领域,形成了一群仰慕本书的读者,但是这个群体仍然很小;这个圈子中的大多数成员反而是在他们各自正统学科领域之外的知识界占据了一席之地。我愿意认为这是由于这本书在使用演化模型方面走在了时代的前面。当第一版于 1986 年出版时,认为演化生物学的方法或许能够应用到社会科学中去这样的想法几乎闻所未闻:没有人会预料到演化博弈论会成为经济学的常规方法。但这还不是全部的原因。本书的思想大量依赖于托马斯·谢林关于“凸显性”(或者称“突出性”)的分析,这也使得它与众不同。谢林的分析到 1986 年为止,在大约 25 年中还从未真正得到人们的接受成为合法的博弈理论。我开始相信正是本书激进的反理性主义立场使得其虽然得到了仰慕者的热爱，却又无法成为“主流”。

这本书应当被称为《自发秩序》（现在的标题，我总是感到后悔的这个标题，是作为与原来的出版商进行协商而形成的妥协产物）。中心思想是许多有关道德的信念是作为社会交往过程中非意欲的产物，自发形成的。通常，这些道德信念“仅仅”是惯例而已，取决于历史偶然性。根据道德哲学家所分析的那类原则来看，自发道德显得任意且不公平。但是，在整本书中我始终反对这样的观点，认为这种自发道德是错误的，它是理性的人类能够并且应当予以纠正的某种东西。事实上，关于人们如何推理什么是他们应当做的事，我提供了一套分析理路。这种推理依据其自身的方式来思考——而不是作为某种理性的理想标准近似或者偏离的形式。我的志向是，朝着在18世纪大卫·休谟的哲学中所发现的，有关人类动机敏锐的、非情感性的理解而前进。

一想到我所致力于的知识传统——大卫·休谟与亚当·斯密的传统，将社会制度视为自由个体交往行为的非设计且非意欲的产物的传统——可能正开始在中国扎根成长，就给我带来莫大的愉悦。我的新中国读者们，希望我能够让你们相信这一方法对于社会理论所具有的价值。

罗伯特·萨格登
2007年7月

第二版引言

《权利、合作与福利的经济学》是一次将社会秩序和道德作为惯例来理解的尝试。在本书于 1986 年出版时，书中使用的演化博弈论方法事实上还未在社会科学中尝试过：演化博弈论。《权利、合作与福利的经济学》（从现在开始，我将简称其为 *ERCW*）获得了适度的成功。有不少经济学家、政治理论家和哲学家阅读了此书。其中一些人喜欢本书——我尊重他们所提出的评价，并且在他们自己的著作中引用了本书的一些思想。但是，在演化方法成为分析社会理论的流行趋势之前，本书便绝版了。

在最近的 15 年中，对于人们对该方法的兴趣成为一股浪潮；同时出现了对理性主义的反感，反感将理性主义变成经济学理论、社会选择理论和博弈论的特征。认为社会秩序基于惯例的思想，以及认为惯例的出现和维持能够用演化形式的博弈理论来阐释的思想，如今已获得了广泛的支持。三位卓越的理论家已经呈献了他们各自的关于这些思想的理论版本：肯·宾默尔（Ken Binmore）两卷本的《博弈论与社会契约》（*Game Theory and the Social Contract*，1994，1998），布莱恩·史克姆斯（Brian Skyrms）的《社会契约的演化》（*Evolution of the Social Contract*，1996），以及培顿·扬（Peyton Young）的《个人策略与社会结构》（*Individual Strategy and Social Structure*，1998）。这些书很明显与 *ERCW* 一脉相承。

但是我认为我所使用的方法，与大多数近来的演化博弈论作品有显著的不同，并且更激进地倾向于自然主义。出于相信 *ERCW* 能够为当前的讨论做出一份贡献，我编辑了这一新版本。

我没有修订文本，而是采取了一位编辑的立场——一位赞同原初文本的编辑，但是他并不因此就同意书中每一个词。除了改正一些错误外，我保留了该文本在 1986 年出版时的原貌，但是我增加了两块评论性内容：你们现在读到的引言，以及一篇篇幅较长的后记。我想在评论中说的大部分内容将只会对那些已经读过原书中相关部分的人有意义，因此这些话最好写成后记。然而，这里则适合作一些一般性反思，即说明本书如何写成以及这一新版本为何采取这样的形式。

在我所写的一切作品中，*ERCW* 是我最自豪的作品之一。我于 1982 年开始从事本书的写作，在 1985 年底完成了本书。在这段时间，对于我正在撰写的东西，我的思想图谱发生了巨大的变化；我最终送到出版商手中的手稿与我开始写作时的计划几乎没有任何共同之处。在将我的思想倾吐于纸上的过程中，我体验到了不断增强的激动之情。我似乎已经发现了一个全新的视角来解释社会秩序的性质这一古老的理论难题。我有意地使用**视角**(*viewpoint*)这个词：我并没有感到自己正在创立一套新理论，而是正在通过全新的角度观察事物。有时候，回头看看自己所写下的东西，我害怕我的读者会看穿这只不过是对一些著名理论片断进行浅显直白的反思所汇成的大杂烩；但是我保留了这种感觉——一种我仍然很难清楚表达的感觉——我所努力想要表达的思想是正确的且重要的。也许所有这一切仅仅是作者惯有的幻觉。然而，即便我没有写下其他任何东西，沉浸于这些思想之中时我仍然怀有这种感觉，这些思想拥有它们自己的生命。

原书前言中解释了 *ERCW* 的源起。我开始时打算撰写一部关于社会契约理论的书，拓展来自两本书中的思想，这两本书强烈地影响了我：约翰·罗尔斯(John Rawls)的《一种正义理论》(*A Theory of Justice*，1972)和詹姆斯·布坎南(James Buchanan)的《自由的限度》(*The Limits of Liberty*，1975)。我抛弃了罗尔斯关于"无知之幕"(veil of ignorance)的思想，寻找一些能够使个人之间的理性同意在霍布斯主义者(Hobbesian)的自然状态之下制定一份社会契约的原则。但是，当我越想为讨价还价博弈找到一些特定的理性解时，我就越对这种解的存在表示怀疑。对我而言，似乎在解决讨价还价的难题中，人们典型地依赖于共有的和默会的意见，而这些意见是从之前的交往行为历史中演化而来的。我开始认为正义原则自身也许是从这些默会意见中形成的。我发现这一思想在大卫·休谟(David Hume)的《人性论》(*Treatise of Human Nature*，1740)和亚当·斯密(Adam Smith)的《道德情感论》(*Theory of Moral Sentiments*，1759)中已经被探究过了。在这些苏格兰作家的著作中，我发现了将社会生活作为一种自发秩序来理解的思想，在这种自发秩序中，我们将道德和正义的原则作为惯例，而这些惯例经由周期性的社会交往过程从自然的人类情感中发展而来。

我认识到这些思想可以通过将社会交往行为作为博弈来思考而得到进一步拓展。然而，20 世纪 80 年代早期的博弈论，只关注于完美的理性参与人的行为。"理性"(rationality)被定义得极端狭隘。其规定，一个理性的参与人，只能够考虑那些被数理博弈论所承认的博弈特征(策略、支付、信息集等)。为了形成关于其他参与人将会如何行为的预期，一个理性的参与人要从认为全体参与人的理性是共同知识这一假定出发进行演绎推理。我很快发现这种模型化的策略不能代表演化的过程。为了解决我所面对的这一难题，我从主流博弈论之外的三处源泉中汲取思想。

首先，在托马斯·谢林(Thomas Schelling)的《冲突的策略》(*Strategy of Conflict*,1960)中对协调问题进行了分析。人们通过获得显而易见的共同观念来解决协调问题，谢林的这一观点已经广为人知；但是，由于很难解释为何这种凸显性对完美的理性行为人来说是重要的，该观点从来没有被整合进经济学或者博弈论中去。其次，是大卫·刘易斯(David Lewis)的《惯例》(*Convention*,1969)。尽管由于这部著作是首次提出关于共同知识正式定义的作品之一而受到了欢迎，但几乎没有经济学家注意到其对惯例的博弈论分析。我尤其受到刘易斯的影响，他对优先性在复制惯例中扮演的角色进行了分析，以及对惯例如何演变为规范(norm)进行了分析。我的第三处源泉来自于一群理论生物学家，以约翰·梅纳德·史密斯(John Maynard Smith)为首，他改写了博弈论使之适合解释动物行为的演化。在那时，这项研究对经济学几乎没有造成影响；那种认为经济学也许可以从生物学中学到些东西的观念很难产生。通过不同的途径，这三条分析理路展现了如何能够存在一种博弈理论，不用假定参与人是理想的理性行为人，从历史和社会的背景下被抽象出来。我的书变成了一次将社会秩序理解为惯例的尝试，根据休谟和亚当·斯密的精神，运用受到谢林、刘易斯和梅纳德·史密斯的启发而采取的非理性主义的博弈论方法。正是因为 *ERCW* 整合了来自于这些相异却经典的思想源泉中的观点，正是因为其令人惊讶地极少依赖 20 世纪

80 年代的主流经济理论和博弈论，它（正如我相信的那样）从容不迫地成长着，并且仍然为理解社会秩序和道德而贡献着某些东西。

在试着决定如何最好地再将本书引介入当代文献中时，我在相互冲突的思想之间左右为难。本书的一些方面毫无疑问已经过时了，再明显不过的事实就是书中所举出的某些例子，例如 33rpm（转/分钟）纪录的运动员的例子，或者 1945 年苏联军队与英国和美国军队相遇处的分割线之重要意义的例子。但是对于一位善解人意的读者来说那应当不成为问题：社会惯例的理论旨在应用到一切时代的一切人类社会之中，因此来自于一段历史时期的证据和来自于其他时期的证据一样有效。

更为严重的问题是，演化博弈理论自从 20 世纪 80 年代以来获得了巨大的进步。当我撰写 *ERCW* 时，演化博弈理论几乎完全是生物学家的自耕地。在改写这一理论主干使之能够用于社会科学时，我是白手起家。我从一名社会理论家的立场出发去做这项工作，试图发现能够理解社会世界某些特定方面的路径，而并非像某博弈论专家那样，倾向于寻找模型化理性行为人交往活动的具体路径。确实（正如对许多现代读者来说将会变得显而易见）我的数理博弈理论知识相当有限，这对大多数 20 世纪 80 年代早期的经济学家来说都是事实。在建构演化模型时，我的模板是生物学的演化博弈理论，而不是完美理性的数理博弈理论。自从我完成了本书，经济学家和博弈论专家发展出了一个完整的演化博弈理论流派。尽管这些文献也受到了生物学的影响，但是与 *ERCW* 相比，它们更多的是植根于数理博弈理论之中。事实上，*ERCW* 中大多数的正式分析能够容易地用现代演化博弈理论术语重新表达；但是 *ERCW* 所用的语言与这一现代理论并不完全一样。

ERCW 经常使用高度具体的模型来表达那些直觉，即有些东西也许在更一般性的框架中会显示出是正确的。在一些例子中，更一般性的结果现在已经知道了。此外，自从 1986 年以来人们已经进行了大量的实验研究，对在 *ERCW* 中讨论过的问题给予了新的启示。如果我重写本书的话，我就需要将这些新思想整合到一个多年以前建构的、错综复杂的论证中去。当我开始思考如何才能这样做时，我发现自己不愿意更改原初的文本。

我想起了我的思想英雄大卫·休谟。休谟在撰写他的杰作《人性论》时，还只有二十五六岁。根据他的说法，该书"从出版伊始就如同死产胎"。在休谟其后的生命中，在已经奠定了作为一名作家和学者的声望之后，他将《人性论》重写为《人类理智研究和道德原理研究》(*Enquiries Concerning Human Understanding and Concerning the Principles of Morals*,1759)。《人类理智研究和道德原理研究》是比《人性论》更洗练的著作。优雅的英国文言代替了直白的苏格兰语言，行文中充满了古典的隐喻，这对 18 世纪的读者来说，是任何严肃作品的一项最重要的特征。但是许多《人性论》中具有才华的、原创性的观点——包括一些令人着迷的段落，这些段落对现代读者来说，预先提出了一些在两个世纪后的博弈论中发展出来的思想——被删除了。我从这个故事中得到的感悟是，正如一名作者所做贡献的本质也许不能被他的首批读者所欣赏，因此也可能不能被他年老后的自我所欣赏。*ERCW* 也许是我写得最好的书，我不想毁了它。

所以，对于这一版本，我仅允许自己扮演一个编辑的角色。根据这个角色，在后记中我解释了 *ERCW* 中的论证，同关于惯例和规范之演化的后续研究，两者如何联系在一起，以及我怎样看待它们如何奋起反驳持批评态度的读者所提出的反对意见。我应当指出,在大多方面,它们做得很好。

我感谢所有对我提出的评论——在出版物中,在讨论班和研讨会上,在通信中和私下讨论中,这些评论是对 *ERCW* 中论点的回应。无论这些回应是获得支持还是受到怀疑,它们帮助我发展了我的思想。在众多通过这种方法帮助我的人士中,有费德丽卡·阿尔贝蒂(Federica Alberti)、卢西亚诺·安德列奥齐(Luciano Andreozzi)、迈克尔·巴卡拉克(Michael Bacharach)、尼古拉斯·巴兹利(Nicholas Bardsley)、肯·宾默(Ken Binmore)、罗宾·丘比特(Robin Cubitt)、彼得·哈默斯坦(Peter Hammerstein)、简·汉普顿(Jean Hampton)、韦德·汉斯(Wade Hans)、肖恩·哈格里夫斯·希普(Shaun Hargreaves Heap)、霍弗特·邓·哈尔托夫(Govert den Hartogh)、马丁·霍利斯(Martin Hollis)、马尔滕·詹森(Maarten Janssen)、爱德华·麦克莱农(Edward McClennen)、简·曼斯布里奇(Jane Mansbridge)、彼得·马克斯(Peter Marks)、朱迪思·梅赫塔(Judith Mehta)、谢普利·奥尔(Shepley Orr)、莫扎法·基齐勒巴什(Mozaffar Qizilbash)、阿马特亚·森(Amartya Sen)、布赖恩·斯克姆斯(Brian Skyrms)、克里斯·施塔尔麦(Chris Starmer)、彼得·范德斯克拉夫(Peter Vanderschraaf)、亚尼斯·瓦罗法克斯(Yanis Varoufakis)、布鲁诺·费尔贝克(Bruno Verbeek)和杨忠实(Jung-Sic Yang)。我同样感谢彼得·纽曼(Peter Newman),他说服了帕尔格雷夫·麦克米兰(Palgrave Macmillan)公司出版 *ERCW* 的第二版,还要感谢我的妻子克里斯汀,当我将要认定第二版永远也不能写出时,她鼓励我转换思路,留出时间完成这项工作。

第一版前言

本书的思想在1982年夏季开始成形。写作此书时，我收到了公共选择研究中心(The Center for Study of Public Choice)的热情款待。那时候，该中心还在弗吉尼亚理工学院(Virginia Polytechnic Institute)，还没有搬迁到乔治·梅森大学(George Mason University)。我接受了吉姆·布坎南(Jim Buchanan)的建议，阅读了大卫·休谟的《人性论》。

多年以来我一直关注社会契约理论，并且正如读过我上一本书的读者所知道的那样，我一直是在约翰·哈森义(John Harsanyi)和约翰·罗尔斯(John Rawls)的“理想契约”(ideal contract)传统中从事研究。我开始对这类契约论(contractarianism)不再感到满意。让我感到困扰的一件事情是这类契约论对理性选择的特有原则赋予了很大的权重——我开始意识到这些原则并非全都是显而易见的。另一个问题是我更倾向于罗尔斯的观点，而非哈森义的功利主义观点，即正义与合作和互利的思想相关；但是，考虑到“无知之幕”(veil of ignorance)背后的选择逻辑，我发现自己被迫与哈森义站在一起。我想知道突围的方法是否是放弃无知之幕，考虑(正如布坎南在《自由的限度》中所做的那样)人们是在霍布斯主义的自然状态之中达成契约的。但是那样的话，问题就变成了，每个人都试图坚持利于自身的条款；对这样的问题似乎没有决定性的答案：“契约的各方会达成什么样的条款?”

休谟关于“正义与产权的起源”的论述为我指出了一个新方向。我开始认为社会契约的观念是一种人为设计的东西，而构想从追求相互冲突的利益的个人交往中逐渐演化出来的正义原则，则是更为自然的做法。我还意识到休谟的洞见可以使用博弈论的思想进一步发展。我很快发现进行正义规则演化的博弈论分析所需要的许多素材已经有了，分散在经济学、政治科学、哲学和(也许看起来让人诧异的)生物学的文献之中。在许多方面我从生物学文献中获悉了大部分知识，因为它提供了一个理论框架用来分析演化过程——这是强调在一个静态环境中理性最大化的新古典经济学所缺乏的因而难以提供的框架。

在本书最初的七章中，我将这项工作整合起来，并用几种形式进行了拓展。我的目标是要表明，如果行为人在一种无政府状态下追求他们自身的利益，秩序——以行为惯例的形式，遵循这些惯例是符合每个行为人的利益的——能够自发形成。在最后两章中我论证，尽管这些惯例从任何有意义的理解上来说，都无需最大化社会福利，但是它们会趋向于成为规范(norm)：人们会逐渐相信他们的行为**应当**受到惯例的规约。我认为这种信念代表了一种真正的、统一的道德体系，对于这种道德体系我们大多数人都有些认识，并且我们中没有任何人需要为之进行辩护。

本书的主要思想，特别是最后几章中具有争议的思想，我已经在许多次讨论班与研讨会中提出。我并不认为自己已经说服了很多人，但是我感谢来自(通常是持怀疑态度的)听众的所有评论与批评。他们帮助我理清思路，使我的论证更加有力。

目　录

3. 协调

4. 产权

5. 占有

6. 互惠

7. 搭便车者

8. 自然法

1◎

自发秩序

在英国，司机几乎总是遵守靠道路左边行驶的规则。为什么？人们会脱口而出回答说："因为这是英国的法律。"毫无疑问，靠右行驶的人有可能会因为危险驾驶而被指控。但是，英国的司机并不是非常顺从地遵守**所有**关于道路使用管理的法律的。一名司机不系安全带、驾驶一辆雨刮器有问题的车辆、夜间在楼宇林立的区域鸣喇叭，这些都是违法行为；但是，这些法律却经常被违反。甚至那些公然地违反禁止酒后驾驶法律的人——一项非常严重的违法行为，会导致重罚——通常也遵守靠左行驶的规则。

当然，对于最开始那个问题的回答可以是："因为所有其他人都靠左行驶。"在一个人们通常都是靠左行驶的国家里靠右行驶，等于是选择了一条进医院或者进坟墓的捷径。我们应当靠左行驶，这条规则具有自我施行(self-enforcing)的性质。

因此，我们并不总是需要司法机器来维持社会事务中的秩序；如我们所观察到的，这类秩序并非一直是政府和警察部门的发明。无政府这个词从字面意义上("政府缺位")来说不能等同于贬义的无政府状态("无秩序；政治动荡或者社会混乱")。自发秩序的观念——弗里德里希·哈耶克(Friedrich Hayek)的用语[①]——或者说有秩序的无政府(orderly anarchy)——詹姆斯·布坎南的用语(1975，p. 4～6)——不存在术语上的矛盾。或许靠左行驶是关于自发秩序的一个罕有的例子，并且在大多数情况下政府的缺位确实会导致无秩序和混乱，但这并不是一条自明的真理。自发秩序的可能性值得深入考查。

在本书中，我将探究在不依赖正式的司法机器和政府的情况下，人们能够在多大程度上协调他们的行为——能够维持某种社会秩序。简而言之，我将研究无政府状态下的人类行为。首先我将解释为何我相信这样一项研究是有价值的，尤其是我是一名经济学家，为何我相信该研究会对经济学有贡献。

1.1 经济学与自发秩序

下述说法也许会遭到反对，即经济学主要且一直是一门研究自发秩序的学科。自亚当·斯密之后，认为市场是一套自我规制系统的观念已经成为该学科的主要思想之一。正如出自斯密之口的经济学最著名言论之一，只关心自身得益的个人受到市场制度的指导而增进公益：他“受着一只看不见的手的指导，去尽力达到一个并非他本意想要达到的目的”(Smith，1776，第 4 篇，第 2 章)〔1〕。但是在现代经济学中，市场被视作是一个复杂且不完美的系统，需要政府的悉心照料：产权必须得到界定和保护，契约必须强制执行，“市场失灵”必须纠正，以及收入必须经再分配以确保社会正义。经济理论中所呈现的市场并非是无政府状态。

在有关理想竞争经济运作的理论方面，毫无疑问经济学家具有相当的职业自豪感。尽管从 19 世纪的瓦尔拉斯(Walras)到 20 世纪的阿罗和德布鲁(Arrow and Debreu，1954)，这一理论得到了数理经济学家们的日益完善，其仍然直接承袭自斯密对于看不见的手的分析。当阿罗写道，价格机制“当然是最非凡的社会制度之一，而对其运作方式的分析，在我看来，是更为重要的人类智识成

〔1〕 此处译文引自中译本《国民财富的性质和原因的研究》(下卷)，郭大力、王亚南译，商务印书馆 1974 年版，第 27 页。——译者注

就之一"(Arrow,1967,p. 221),他道出了许多经济学同行的心声。尽管如此,瓦尔拉斯(或者称阿罗—德布鲁)的竞争性均衡理论通常并不非常关注实际应用,这正好与其理论水准相反。很少有经济学家敢于声称根据**自由放任**(laissez-faire)原则组织起来的现代产业经济能够像瓦尔拉斯模型一般运作。较为常见的说法是,瓦尔拉斯模型作为一种基准或者限制情形而发挥作用,其提供了思维的框架。因此经济学家倾向于将经济生活现实看作是对瓦尔拉斯理想模型的偏离。(这就是为何我们使用诸如"市场失灵"和"政府干预"这类措辞:理论规范是一套完美市场体系和一个**自由放任**的政府。)但是流行的观点是,这些偏离为数甚多且很重要:市场失灵在经济生活的大多数领域都发生,因此需要政府干预。例如,当阿罗撰写关于医疗卫生的经济学时,他列了一张长长的单子,指出哪些地方现实偏离了理想模型;而作为一个理论家,他对该理想模型满怀敬意;由此他得出结论说,对这些偏离的研究"迫使我们认识到,通过非人格化价格体系所给出的对现实的描述是不完备的",并且赞同"一般的社会共识是……放任自流的医疗改革方案是不能容忍的"(Arrow,1963,p. 967)。医疗卫生产业或许是个极端的例子,但是在现实世界中,经济学家没有诊断出某种形式的市场失灵并为其开出某种政府干预的药方的市场几乎是不存在的。

大多数的现代经济理论描绘了一个由**单一政府**(注意,并非多个政府)管辖的世界,并且通过该政府的视野看世界。这个政府要具有责任、意志和权威来重构一个社会,尽一切努力来最大化社会福利;犹如在美好的西方世界中的美国骑兵,政府时刻准备着冲出去救援无论何时可能会出现的市场"失灵",而经济学家的工作就是建议其何时会做以及如何做。相比较而言,私人则被认为缺乏能力来解决在他们之中发生的集体问题。这造成了对一些经济和政治事件的扭曲见解。

1.2 公共品难题

在一个重要问题上，即通过个人的自利行为来增进公益，经济学家们对这种可能性显得非常悲观。按传统来说，市场不能够解决公共品(public goods)供给的难题。一项公共品是由大量个人共同消费的产品，因此每个人从中获得的利益并不取决于**他自己**购买或者提供了多少公共品，而是取决于**每一个人**购买或者提供了多少。(例如，假设一个有十家住户的社区只有一条道路与外界相连。如果一家住户花费时间或者金钱整修道路，所有其他住户均得利；因此整修道路的活动就是该社区的一项公共品。)传统经济学理论预测说，除非有政府干预(又一次充当了美国骑兵)，否则公共品供给将严重短缺。据说，如果公共品的供给交给私人来处理，每一个人都会试图以所有其他人为代价，自己搭便车；最后就是**没有人**想要的结果。于是人们最终陷入这样一种境况：如果每个人都为公共品供给做出一份贡献，每个人都会更好；但是每个人又都发现出于他自己的利益考虑还是不要做贡献为好。这一难题以各种各样的名称而为人所知，“公共品的难题”、“集体行动的问题”(problem of collective action)、“囚徒困境”(prisoner’s dilemma problem)和“公地悲剧”(tragedy of the commons)。

然而，在现实中，有些公共品**确实是**通过私人的自愿捐赠来提供的，没有来自政府的任何压力。例如，在英国，救生艇服务就是通过这种方式支付报酬的。如果你在海上遇险,皇家救生艇协会(The Royal National Lifeboat Institution)的船只就会前来营救,即便你以前从来没有为他们的花费捐献过一分钱;而且之后你也不会被要求支付任何费用。因此,救生艇服务的存在对于每一个可能需要其服务的人来说就是一项公共品。这同样也适用于血库的例子。在英国,如果你需要输血,国家输血服务局(The National Blood Transfusion Service)将会免费供血;因此血库的存在对于每一个有一天可能需要输血的人来说就是一项公共品,这种公共品由那些不计报酬的捐赠者提供。这类例子不胜枚举。艺术品、伟大的建筑和绵延的乡村道路都是通过募集资金的方式向国民提供的。在许多乡村,教堂的工作几乎完全由私人捐赠来提供经费,等等。

经济学在解释这类活动时存在极大的困难,这与搭便车行为的理论预测背道而驰。[②]看来经济学低估了个体之间协调他们的行为来解决共同难题的能力:对自发秩序的可能性持有过分悲观的态度。

1.3 政府的局限

政府的权力并非不受限制:有些法律经实践证明几乎不可能实施。最著名的例子大概要算美国禁酒运动(prohibition)的经历。同样,娼妓业的长盛不衰也是对抗清教徒政府法令的众所周知的例子。在中央计划经济中,黑市也是类似的抵触司法当局的行为。连续几届英国政府进行的规制工会活动的尝试,最多也只是获得了毁誉参半的成功。

明智的政府不会冒着丧失信用的风险通过那些无法得到执行的法律;即使这类法律获得通过,明智的警察当局也会对那些违反这类法律的行为视若无睹。英国关于公路限速的政策提供了一个有趣的例子。大多数人在某一特定路段实际行驶的速度,被用来协助制定车速限制的标准。如果观测到绝大多数司机在某一特定路段上超速的话,就用来作为放宽车速限制标准的证据。

如果仅仅是出于审慎起见,该例子的意义就在于政府必须对如下的可能性作一些考虑,他们希望通过的法律也许无法得到执行。个人是自愿还是不自愿遵从法律,是对政府行动自由的一项约束。很明显对于任何法律来说,除非在惩罚的威胁之下,总是会有一些人不愿遵从的;但是如果每个人都处于这种立场,那么监察与惩罚体系就易于崩溃。换言之,如果一项法律要行之有效,其必须不能过分地违背自发秩序的力量带来的成果。亚当·斯密在《道德情感论》中精彩地提出了这一观点:

> 在政府中掌权的人……常常对自己所想象的政治计划的那种虚构的完美迷恋不已,以致不能容忍它的任何一部分稍有偏差……他似乎认为他能够像用手摆布一副棋盘中的各个棋子那样非常容易地摆布偌大一个社会中的各个成员;他并没有考虑到:棋盘上的棋子除了手摆布时的作用之外,不存在别的行动原则;但是,在人类社会这个大棋盘上每个棋子都有它自己的行动原则,它完全不同于立法机关可能选用来指导它的那种行动原则。如果这两种原则一致、行动方向也相同,人类社会这盘棋就可以顺利和谐地走下去,并且很可能是巧妙的和结局良

好的。如果这两种原则彼此抵触或不一致，这盘棋就会下得很艰苦，而人类社会必然时刻处于高度的混乱之中。(1759，第6卷，第2篇，第2章)〔1〕

而更为根本的含意是，人们有时候会误认为法律是政府的创造，并强加在它的公民身上。这种典型的功利主义观点是经济学家们通常所持有的观点；对大多数经济学家而言，法律是一种被仁慈的、社会福利最大化的政府所控制的"政策工具"。(经济学家常常建议政府通过对法律做某种变更的手段来"纠正"市场失灵——例如，垄断势力应当受到反垄断法的限制，或者财产法应当进行修改从而将外部影响"内部化"。)但事实也许是法律的某些重要方面仅仅是行为惯例的正式化和成文化，而行为惯例则是从本质上属于无政府状态的境况中演化而来的；正如在限速的情形下，法律反映的也许是大多数个体加在他们自身之上的行为法则(code)。

英国靠左行驶的规则提供了另一个例子。如果你由于靠公路右侧行驶而被抓，通常会被处以罚款，但这不是基于任何明确要求靠左行驶的法律，而是基于"危险驾驶"这一"兜底"的违法行为。靠右行驶很明显**确实是**危险的，但这仅仅是因为其他所有人都靠左行驶。换言之，靠右行驶是非法的，**因为**其与惯例相悖：法律遵从的是行为中的常规性(regularity in behaviour)，而非与之相反的特例。承认这一论调的可能性也就是说，如果我们想要理解为何法之为法，如何法之行法，我们必须如同研究政府一样研究无政府状态。

〔1〕 此处译文引自中译本《道德情操论》，蒋自强等译，商务印书馆1997年版，第302页。——译者注

政府的权力在另一方面也受到限制：每个政府都处在一个还存在着其他政府的世界中。由此造成的困难经常被理论经济学置之不理，典型的模型是一个被单一政府所统辖的自给自足社会。正如我前面提到的，经济学家倾向于谈论“单一政府”而非“多个政府”。

写于17世纪的著作中，托马斯·霍布斯(Thomas Hobbes)指出由国际事务所提供是纯粹无政府状态的最佳例子之一(Hobbes，1651，第13章)。300年之后，这一洞识仍然是正确的；我们丝毫不期盼这样的世界，握有强权的政府对不服从的地方强加统治。不幸的是，与此同时，国际间无政府状态的危险急剧扩大。且不说军事武器的毁灭性力量持续增强，另外还存在一种愈演愈烈的趋势，一国和平时期的行为也能侵犯其他国家的公民。想一想诸如酸雨、海洋污染、过度捕捞和森林砍伐等问题。在所有这些例子中——其他还有许多例子——环境保护是一项国际范围内的公共品。每个国家都有在别国保护环境的努力基础上搭便车的积极性。

在类似这样的例子中，经济学家传统的“政府干预”建议毫无用处；不存在政府来干预国家间的事务。无政府状态下的制度和惯例是我们所仅有的，从中我们能够找到办法来解决一些我们的时代亟待处理的难题。单这一点就足以成为研究自发秩序的充分理由。

1.4 道德的视角

人们期待讲求实际的经济学家从他们对人类行为的研究中提炼出“政策结论”。正如每一位经济学家所知的，一项政策结论是关于政府应当做什么的一项建议。似乎，经济学家的工作是观察和解释私人的行为——工人、消费者和厂商——然后向政府提出建议。这是奇怪的现象，学院派经济学家极少考虑做相反的事——观察政府的行为，尔后用他们的发现为私人提出建议。诸如此类的事**确实**做过，但仅仅是为了回应需要，以及为了获取报酬：这是"咨询"。相反，向政府提出的建议——无需要求、无需关注——能够在任何经济学期刊中找到。

在某种意义上，经济学家通常会假装他**就是**政府，并因而可以自由实施他所希望的任何政策。应用经济学在很大程度上是关于预测政府可能采纳的备选政策会产生怎样结果的学科。为了做出这些预测，经济学家不得不试图将个人的行为模型化得尽可能精确；他不得不理解人们实际如何行动。但是对于政府则无需做同样的事；所要关心的不是政府到底如何行动，而是如果某一特定政策被采纳会发生什么。用经济学的行话来说，政府行为相对于理论来说是外生的。这是我所称之为"美国骑兵"模型的一部分内容，其中政府是一种未经解释的制度，总是随时待命去执行经济学家设计出来的无论什么样的解决社会问题的办法。

这种以政府的眼光来看待世界使得经济学家对道德问题采取了相当片面的观点。经济学的标准分支——被意味深长地称为"福利经济学"或者"社会选择理论"——关注的是这类问题："什么对社会来说是最好的?"或者"什么对社会来说能产生最大的福利?"或者"什么是社会应当选择的?"注意这些问题是某种道德问题，仁慈且无所不能的政府会面对这些问题，而经济学家则想象能够为这类政府提供建议。

然而，这仅仅是道德的一个方面，而且是远离普通个人所关心内容的一个方面。对于我们大多数人来说，"什么是**我**应当选择的”是比“什么是**社会**应当选择的”更为迫切的道德问题。经济学家对于个人行为的道德性无可奉告。我认为，流行的观点是我们应当把个人的道德性当作是我们发现出来的东西，并将其作为一种偏好来对待。甚至还有一种趋势把“道德的”和“伦理的”这样的词汇仅限于用来作为对社会整体的善的判断。许多经济学家（我必须承认包括我在内）使用了哈森义(1955)对“主观偏好”(subjective preferences)和“伦理偏好”(ethical preference)的区分。一个人的主观偏好——根据词义来说是与伦理无涉的——是他私人选择的偏好，而他的伦理偏好则是他对于社会整体福利的公正判断。哈森义认为，为了达到伦理偏好，个人必须试着将自己想象为处于这样的立场之上，他不知道自己的身份，并有平等机会成为社会中的任何人。这一方法的逻辑是，用来做出道德判断的适当视角来自于一位公正仁慈的旁观者，从上天俯视社会；切实来讲我们永远无法采取这一视角，但是当我们进行道德考量时我们必须尽可能想象，如果我们是公正的旁观者，事情在我们看来会如何。当然，这种道德考量的概念并非现代经济学所特有的；这是典型的功利主义传统的作家所采取的观念，并且至少能够追溯至斯密(Smith,1759)和休谟(Hume,1740)。

本书的主题之一是个人能够根据另一种视角做出道德判断：他自己的视角。我将证明，个体与个体共同生活在一种无政府状态下，趋向于演化出能够降低人际间冲突程度的行动的惯例或法则：这就是自发秩序。这些惯例的源起符合个人利益，每个人过着自己的生活，无需与他人发生冲突；但是这种惯例能够成为我们道德感的基本成分。我们开始相信我们被赋予权利期望他人在与我们交往时尊重这些惯例；当我们因他人违反惯例而遭受不幸时，我们抱怨不公。

因此，我认为我们一些关于权利（rights）、权禀（entitlements）和正义的思想也许植根于从未经任何人精心设计的惯例之中，它们仅仅是演化出来的。一个以符合这类正义标准来处理其事务的社会也许在任何意义上都不会被一个公正的旁观者认为是最大化其福利的。换一种说法，一个仁慈的政府也许会发现从某种公正的视角中来评估，它不可能不破坏其公民尊为正义原则的惯例，来最大化社会福利。

当然，功利主义者或者福利经济学家还可以说，“公民关于正义的思想太糟糕了：我们的职责是最大化社会福利。”但是这样说等于采取了类似一位殖民地行政长官仁慈地试图增进当地居民的福利这样的视角。[③]或者，正如布坎南（1975，p. 1）所指出的，这是一种扮演上帝的建议。在一个民主和开放的社会中，公众道德不能与那种指引个人处理他们自身事务的道德相分离。我将证明，正确对待我们的私人道德，与公正的旁观者的理性思考毫无关系。要理解这一点我们必须理解自发秩序的力量。

2◎

博　弈

2.1 博弈的思想

我认为，用博弈论能够最好地理解自发秩序的观念。在本章中，我将解释如何用这一理论，即一个非常简单的博弈来证明我的观点，这种博弈提供了一个有用的模型，描述了社会惯例可能是如何演化出来的。

一场博弈是这样一种情景，在其中一群行为人（或称参与人）进行交往行为，他们中每一个人得到的结果不仅取决于他或她选择做什么，还取决于他人选择做什么。这里有一个简单的例子，我称之为“钞票博弈”。两个人，A 和 B，被带到不同的房间，且不允许相互沟通。然后博弈的组织者告诉每位参与人：“我捐赠了一张面值 5 英镑的钞票和一张面值 10 英镑的钞票来玩这次游戏。你必须说明你想要获得哪张钞票。如果你想要的钞票和另一位参与人想要的是同一张，那么你们两人什么也得不到；但是如果你想要的是与另一位参与人不同的钞票，那么你们两人将得到各自想要的钞票。”注意参与人双方对于已经存在的关于谁取走哪张钞票的某项惯例都会有兴趣，尽管他们对于何种惯例是最好的会意见不一。

我有意地选择了一个能够在受控制的实验环境下进行的博弈，以便于去除那些在任何有关真实社会关系的讨论时必然会出现的复杂因素。就目前而言，我的目的仅在于展现博弈论的逻辑。其实，有许多真实问题的结构与钞票博弈相似，其中一些将在第 3 章中讨论。

在钞票博弈中，每个参与人必须在两个策略中选择一个。A 能够声称想要面值5英镑的钞票（策略 A_1）或者想要面值10英镑的钞票（策略 A_2）；B 同样也能够声称想要面值5英镑的钞票（策略 B_1）或者想要面值10英镑的钞票（策略 B_2）。对于每一个可能的策略组合都有一个清楚确定的结果。要列出每一位参与人可能的策略和每个可能的策略组合所产生的结果，我们需要用到技术层面的博弈形式(game form)。[①]然而，为了便于表达，我通常言及博弈形式时简称为“博弈”。

钞票博弈的博弈形式由图2.1的矩阵所示。注意这一矩阵具有如下的对称性质。令 $Q(A_i, B_j)$ 表示如果 A 选择策略 A_i、B 选择策略 B_j 时产生的结果。那么对于 i 和 j 的任意值，两个结果 $Q(A_i, B_j)$ 和 $Q(A_j, B_i)$ 是相同的，除了“A”和“B”的调换。这一两人博弈形式——或者，更自由地说，博弈——的一般性质称作结果对称(outcome symmetry)。基本上，一场博弈如果为双方参与人提供了相同的可能性就会具有结果对称的性质。

A的策略 \ B的策略	B_1	B_2
A_1	A 什么也没得到 B 什么也没得到	A 赢得5英镑 B 赢得10英镑
A_2	A 赢得10英镑 B 赢得5英镑	A 什么也没得到 B 什么也没得到

图2.1　非对称钞票博弈的博弈形式

钞票博弈由于具有两项可以被视为是真实生活中非典型的社

会交往的特征：参与人同时选择他们的策略，参与人之间没有沟通。在大多数棋牌游戏(board game)中，参与人轮流依次采取行动。例如，在国际象棋中，黑方要等到看见白方走出第一步之后才选择他的第一步。在许多社会交往的现实生活博弈中也是如此。假设亚瑟(Arthur)想让伯特(Bert)帮他在星期一干某件活，而伯特想让亚瑟帮他在星期二干另一件活。亚瑟可以等到看看伯特是否帮他，再决定是否帮助伯特。乍看起来，这些博弈与钞票博弈非常不同，然而，事实是，包含一组行动序列的博弈可以用仿佛每个参与人独立地选择一项单一策略来表达，遮掩所有可能的相机抉择(contingency)。国际象棋中黑方的部分策略也许是："如果白方以 P-K4 开局，则以 P-QB4 回应。"亚瑟的策略也许是："如果伯特在星期一帮助我，那么我就在星期二帮助他；如果他在星期一不帮助我，那么我在星期二也不帮助他。"

必须承认即使在相当简单的博弈中，一位参与人实际上也会面对一长串策略表(如果每次国际象棋在黑方走出第一步之后结束，那么白方将有 20 种可能的策略而黑方将有 20^{20} 种可能的策略，即超过 1 穰[1]种策略)。那么很显然，有许多博弈要列出全部策略是不切实际的。也许有其他理由需要选择用这样的方式来表述博弈，即对于参与人的行动列出较详尽的次序。尽管如此，罗列策略在理论上总是可行的：对于这样的策略表的想法总是有道理的。换言之，对于用同时选择策略的形式表述一场序列行动的博弈在逻辑上并不矛盾。

在钞票博弈中参与人不允许相互沟通，这使得他们在选择他

〔1〕 即 10^{28} 种策略，单位为穰。——译者注

们的策略时不可能进行合作。确实有些人际交往行为不可能存在明确的合作。(假设两辆汽车在会发生碰撞的路线上高速驶近对方,司机们不能就他们的问题协商一个解决方案。)同样也存在一些情形,合作虽然是可能的,但没有意义。(如果在任何的两人的博弈中,每一方参与人的唯一目标就是击败对方,那么情况就是如此:达成任何双赢的协议在逻辑上都是不可能的。)但是在许多类似博弈的情境中,参与人之间的协商不仅可能而且互惠互利——确实,博弈的全部意义也许就是达成协议。在市场交易中这再明显不过了:我想买,你想卖,而问题在于定价。但是协商、协议、约定或者契约正是社会生活的方方面面都存在的特色,即使在战争中——也许是与那种每一方参与人唯一的目标就是击败对方的博弈最近似的类比——也总是有达成互惠互利协议的余地,例如关于战俘待遇。

然而,完全可以用同时选择策略的框架来表述这类博弈。假设查理(Charlie)将他的车拿出来出售,并发出要约邀请,而黛博拉(Deborah)想买。在查理根本未与黛博拉交流沟通之前,他可以选择的策略也许是:"如果黛博拉出价1 500英镑或者更多,接受;如果她出价少于这个数,拒绝交易。"黛博拉的策略也许是:"出价1 300英镑;如果查理拒绝卖,出价1 400英镑;如果他仍旧拒绝卖,不交易。"

因此,认为一场博弈能够用策略的形式描述,并且参与人独立且同时选择他们的策略,这是一种理论上的想法。其代表了一种思考人际间交往行为的方式,而且不是一种特殊的、狭义的交往行为类型。我希望能够表明它也是用来思考社会生活的一种有用方法。

2.2　重复博弈

再次思考钞票博弈，并假设我们进行下述实验。组织一大群人，然后随机抽取两人安排他们相互进行钞票博弈。这两位参与人不允许见面或者沟通，甚至不知道他们的对手是谁。每一方参与人选择他的策略，被告知他的对手选择的策略，并获取他的所得(如果有的话)，然后再随机挑选两人相互博弈。(他们从整群人中挑选出来，因此有可能原先博弈中的一人或者两人再次被选中。)我们重复这一过程许多次，使得实验中的每个人都博弈了许多次，来观察这场博弈进行的方式是否最终固定于某种模式。在本书中我主要关注的是这类重复博弈。

有两种备选方法来设计该实验。这两种方法的差异性也许看上去非常微小，但对结果的影响却非常重大。一种方式是将该博弈向每一方参与人描述为一场“你”和“你的对手”之间的博弈；然后任何博弈中的双方参与人都会得到如图 2.2 所示的这类相同的描述。每一方参与人必须在策略 S_1 和策略 S_2 之间进行选择，并且知道他的对手面临相同的选择。注意这一博弈表述是可能的，仅仅因为钞票博弈具有结果对称的性质。在这一形式的实验中两名参与人所处的立场完全对称，我称这类博弈为对称博弈(symmetrical game)。

你的对手的策略

你的策略	S_1	S_2
S_1	你什么也没得到 你的对手什么也没得到	你赢得 5 英镑 你的对手赢得 10 英镑
S_2	你赢得 10 英镑 你的对手赢得 5 英镑	你什么也没得到 你的对手什么也没得到

图 2.2　对称钞票博弈的博弈形式

另一种不同的设计实验方式如下所述。假设当两名行为人被随机选中进行钞票博弈之后，其中一人（随机选择）被告知他要扮演角色 A 而另一人被告知他要扮演角色 B。那么该博弈以图 2.1 的形式向参与人进行描述——如一场 A 与 B 之间的博弈。这一矩阵具有结果对称的性质，但是其具有的是我称之为标签性质的非对称性。该博弈从两名参与人的视角来看并不完全相同，由于一名参与人被告知他被标识为“A”，同时另一名参与人被告知他被标识为“B”。任何含有非对称因素的博弈——无论是结果非对称还是仅仅标签性质的非对称——都将被称为非对称博弈（asymmetrical game）。

如果我们想对人们将要选择的策略发表意见，我们就要知道他们试图得到的是什么。博弈理论的基本假设是参与人关心的仅仅是结果。策略本身没有价值：它们只是手段，结果才是目的。其假定，每一方参与人能够将某些主观价值依附于每种结果之上，用这一价值尺度来选择策略以竭尽其所能。对于行为人一项结果的价值用效用指数来度量。“效用”的严格意义将在 2.3 节讨论；就目前而言，对于参与人一项结果的效用，我们称作是对参与人想要其实现多少的度量，便已足够。

考虑任一行为人重复进行一个特定的对称博弈的情况。如果对两名参与人来说每人在任意一次博弈中都有 n 项备选策略，那么就有 n^2 种可能结果，因而每个行为人要考虑 n^2 个效用指数。图 2.3 提供了进行对称钞票博弈的一名行为人的、示例性的效用指数。这类矩阵将被作为描述对称博弈的标准形式贯穿本书始终。

参与人的策略 \ 对手的策略	S_1	S_2
S_1	0	1
S_2	2	0

图 2.3 对称钞票博弈

现在考虑任一行为人重复进行一个非对称博弈。如果对参与人 A 来说有 m 项备选策略，对参与人 B 来说有 n 项备选策略，那么对每一方参与人来说就有 $2mn$ 种可能的结果，因为他能够既以 A 的角色又以 B 的角色进行博弈。这样对任何行为人来说就有 $2mn$ 个效用指数。图 2.4 提供了非对称钞票博弈的示例性效用指数。（注意在钞票博弈中假定其非对称性只是在标识上，没有任何其他的非对称；一位参与人的效用仅仅取决于他赢得了多少，而不取决于他是扮演 A 还是 B。）矩阵中每一单元格表示在任意一次博弈中双方参与人也许会选择的一对策略。单元格的第一项数字表示如果这一对策略被扮演角色 A 的行为人所选择而获得的效用；第二项数字表示如果这一对策略被扮演角色 B 的同一个行为人所选择而获得的效用。注意这点非常重要，如图 2.4 所示的矩阵提供的是一个行为人而非两个行为人的效用指数：A 和 B 是行为人被指定的可能扮演的不同角色，而非不同的人。这里将使用这类矩阵作为描述非对称博弈的标准形式。

		B 的策略	
		B_1	B_2
A 的策略	A_1	0,0	1,2
	A_2	2,1	0,0

图 2.4　非对称钞票博弈

2.3　效用

“效用”意味着什么？本质上，对于行为人来说一项结果的效用是该行为人对此结果需要程度的度量。就博弈论的目的而言，人们为什么想要实现一项结果是无关紧要的，特别是没有必要将效用与自利相等同。博弈中的参与人也许想要得到许多东西，而这其中并不是所有东西都可以简化为自利；并且他们无私的目标之间也会如同他们自利的目标那样相互冲突。

假设弗兰克(Frank)和格特鲁德(Gertrude)正在就弗兰克卖给格特鲁德的某件商品协商价格,弗兰克想要得到尽可能高的价格而格特鲁德想要付出尽可能低的价格。也许弗兰克需要钱买酒喝而格特鲁德想要省钱以便她可以有更多的钱来买烟;或者也许弗兰克需要钱去抚养他年迈的父母,而格特鲁德想要节约钱,以便她能够向慈善机构捐赠更多。博弈的逻辑无论在哪一种情形下其本质上都是相同的:弗兰克的需要与格特鲁德的需要相冲突。

并不是所有的博弈都和冲突有关。假设弗兰克和格特鲁德在热闹的城市中漫步时意外走散了,他们对此变故没有丝毫应对计划,两个人应当往哪儿走才有希望找到对方呢?(这是一个协调博弈的例子,参见 3.3 节。)如果两个人各自唯一关心的是到对方最有可能出现的那个地方去,那么就不存在利益冲突;但是双方各自都面对在策略中进行选择的现实难题。这一博弈的逻辑与为何弗兰克和格特鲁德试图重新取得联系的原因毫不相干:他们或许正在组织慈善事业,或许在策划抢劫。所有这些的关键在于冲突与合作的概念——博弈论所关注的中心——与自利和无私所涉及的内容相去甚远。

经济学家和博弈论专家通常用这样的方法定义效用,预设行为人具有“一致的”偏好并做出“理性”选择。效用的理性选择概念首次由两位博弈论先驱——冯·诺依曼(von Neumann)与摩根斯坦(Morgenstern)——在他们的经典著作《博弈论与经济行为》(*Theory of Games and Economic Behaviour*,1947)中做了完整的公理化阐述。他们表明如果一个行为人有关赌博的偏好满足一系列公理,那么对每一个能够想得到的结果指派一个效用指数在原则上就是可能的。面对不确定情况下的任何选择,个人会选择最大化其“预期效用”的行动方式。(一项行动的预期效用是对该行动可能引致的所有结果的效用的加权平均;对各个结果所赋予的权数是该结果发生的概率。)

博弈论很大程度是建立在效用概念上的。不幸的是,这已被证明不是一个坚实的基础。大量与日俱增的证据和事实表明,在现实中,大多数人并不依照冯·诺依曼—摩根斯坦公理而行动。问题不在于被观察到的行为以随机方式偏离了公理;而是人类行为中有不少系统模式不能与预期效用理论相一致(例如,参见 Allais,1953;Kahneman and Tversky,1979;Schoemaker,1982)。

有些预期效用理论家,包括摩根斯坦(1979,p. 180)本人,负隅顽抗地论证说,即使许多人事实上不按照理性所要求的那样行为,他们的公理也是理性选择必需的性质。根据摩根斯坦所言:“如果人们的行为偏离了理论,对理论的解释和对他们的偏离的解释会使得他们重新调整他们的行为。”从实际情况来讲,这一说法是有问题的,因为有证据表明,即使假定的非理性已经向人们指出这种偏离,人们还是继续想要以与理论相悖的方式行为(参考 Slovic and Tversky,1974)。同样,与预期效用理论相背离是否就真的是非理性的也存在着争议(Allais,1953,有力地论证了这种背离不一定是非理性的;Loomes and Sugden,1982,也表达了同样的观点)。但是即便我们同意摩根斯坦,关于人们如何行为的证据仍旧摆在那里。我们应当决定博弈论是关于人们实际如何博弈的理论,还是关于假设人们是完全理性时他们如何博弈的理论。

许多博弈论专家会选择后者。确实,博弈的理论经常被定义为全然理性的个人如何进行博弈的理论。根据一位理论家所言,

"博弈论关注的是具有无限推理和记忆能力的绝对理性决策者的行为"(Selten,1975,p. 27)。根据另一位理论家所说,就博弈论的目的而言博弈的定义"是受限的(在如下的意义上):**参与人是完美的**。完美,是从推理(和)心智能力上而言的……"(Bacharach,1976,p. 1)。我处理博弈的方法与传统理论的不同正是在此。的确,根据这些定义的严格解释,眼前的这本书与博弈论根本毫无关系。

我的最终目标在于解释社会惯例如何得以从个体之间无政府状态下的交往活动中生发出来。我将关注诸如承诺、产权和互助这类的惯例——这些惯例广泛存在于大量的社会和文化之中,并且可以追溯到有历史可考的年代。如果我要将这些现象解释为博弈行为的产物,我就需要一种关于人们**实际**如何博弈的理论。我做出的关于行为的任何假定必须是大多数人在几乎所有地方、任何时间都如此行动,并已经如此行动的假设。我不会使用错综复杂的理性概念,普通人并不会按此行事,除非向他们详细地解释过之后。

然而,我并不一定需要一套完整的选择理论——适用于一个人可能参与的每一次博弈的理论。我将关注数量有限的几个有关人员交往行为的简单博弈。这些博弈都拥有都两个重要的共同性质:博弈的赌注相当少,并且博弈都是重复进行。对于我的目的——拥有一套关于人们如何进行这类博弈的理论——来说这已足够。这种博弈的关键特征是参与人能够通过经验学习。我的分析将依据一个非常简单的、有关什么是经验习得的观念:我将假定行为人趋向于采纳那些在长期博弈序列中被证明是最为成功的策略。

在钞票博弈中由于我们能够假定在博弈序列中每一方参与人都想赢得可能的最大数量的金钱,因此在定义“成功”方面没有特别的困难。这样博弈序列中一项策略的成功性可以用赢得的金钱总数来度量。但是,一般而言,博弈结果的价值用效用而非金钱来度量。我假定博弈序列中一项策略的成功性由构成序列的博弈中产生的效用总和来度量。

这一假定并不像看起来那么无关紧要,因为其排除了结果序列中许多可能的偏好模式。举例来说,考虑一个行为人进行的一场博弈,其只有两个可能结果,x 和 y。假设他博弈两次。这样共有四个可能的结果序:(x,x)、(x,y)、(y,x)和(y,y)。就个人博弈层面而言只有三种可能性:或者 x 的效用大于 y,或者 y 的效用大于 x,或者它们的效用相同。在第一种可能性下使得,(x,x)是总效用最大的序列;接下来是(x,y)和(y,x),两者具有相同的总效用;接下来是总效用最小的(y,y)。在第二种可能性下使得,(y,y)是最优序列,(x,x)最糟糕,而(x,y)和(y,x)一样好。在第三种可能性下使得,四队序列同样好。注意不可能存在(x,y)比(y,x)更好,或者相反的情况。换言之,我的假设排除了这样的可能,行为人可能会在意所经历的结果的次序。注意也不可能存在(x,y)或(y,x)比(x,x)和(y,y)都要更好的情况:不存在偏好多样性甚于同一性的情况。同样也不存在(x,y)或(y,x)比(x,x)和(y,y)都要更糟的情况;偏好同一性甚于多样性的情况也被排除了。

排除所有这些可能性是否说得通呢?很容易就能想到那些让我的假定不成立的情形(设想一个博弈,x 代表“参与人吃汉堡”,y 代表“参与人吃冰淇淋”),因此该假定当然不能被辩称为一条理性公理。但是其也许能被辩称为一种简化工具，用于分析特定类型的博弈。该假定的本质是博弈的结果可以相互独立地进行评价；我们能够论及某参与人对某特定结果的需求程度，而不必考虑序列中哪个博弈正在进行，或前几次的博弈出现的结果是什么，或未来的博弈中可能出现的结果是什么。我相信这一假定就我将在本书中讨论的博弈类型而言已经足够合理；我将采纳它作为分析规则。[②]

对于将效用数字赋值给博弈结果的方式，该规则具有重要的含义。考虑图 2.3 所示的行为人进行一场对称钞票博弈时的效用指数：如果他什么也没得到，他获得的效用为 0；如果他赢得 5 英镑，他获得的效用为 1；如果他赢得 10 英镑，他获得的效用为 2。这些指数不仅仅意味着行为人偏好赢得 10 英镑甚于赢得 5 英镑，偏好赢得 5 英镑甚于什么也得不到；它们还意味着，例如，他会对以下两种情况感觉上无差异，即（一方面）他在参与的所有博弈中都赢得 5 英镑钞票，与（另一方面）在一半博弈中他赢得 10 英镑钞票而另一半博弈他什么也没得到。更普遍地说，它们意味着任何博弈序列中行为人寻求赢得尽可能多的金钱总量。我们可以说这些效用指数差值的相对大小代表了参与人对于不同结果的偏好的相对强度：他对于赢得 10 英镑钞票而非什么也得不到这一结果的偏好强度两倍于赢得 5 英镑钞票而非什么也得不到这一结果。然而，如果我们要这样说，则必须理解我们正在用结果序列的偏好来定义偏好强度。

就我的目的而言，**最重要的**在于赋值给某博弈结果的效用数字能够精确地代表参与人对于结果序列的偏好。这样在钞票博弈中，如果我们愿意，则可以将参与人什么也得不到这一结果的效用赋值为10，参与人赢得5英镑这一结果的效用赋值为12，参与人赢得10英镑这一结果的效用赋值为14；或者我们也可以将这些效用赋值为6.2、6.3和6.4，所有这些数字的集合都传递了相同的信息。从数学上讲，对参与人效用的测度构成了一个独特的正线性变换。（即，我们能够给效用数字集合加上任一常数，或者对每个效用数字乘以任一正的常数，也不会扭曲它们所传达的信息。）

通常来说，假定可能参与某特定博弈的所有行为人对结果序列拥有相同的偏好是较为方便的。例如，在钞票博弈中，假定每一位进行一个长期博弈序列的行为人都想要赢得尽可能多的金钱总量也是非常自然的。换言之，能够假定每个行为人可以根据可能的备选结果序列产生的奖励总数来对它们进行排序。给定这一假定，图2.3所示的效用指数可以适用于每个行为人，而非仅仅某特定的行为人。

然而，注意这并不等同于在人与人之间作任何效用比较。假设两个行为人进行钞票博弈，一人要比另一人富有得多。我们可能会倾向于说富人对于额外金钱的需要没有穷人那么强烈——穷人获得的每一块额外的英镑都能比富人得到的每一块额外的英镑有更强烈的满足感。尽管如此，假如每个人都想要赢得尽可能多的金钱，图2.3所示的效用指数就能够适用于他们两人。正如我所要解释的，设定效用指数的目的仅仅是为了代表每个行为人对于结果序列的偏好；它们不能被理解为传达了任何对于不同个人之间需要的相对强烈程度的判断。

当我分析博弈时，我不会对不同行为人的效用水平进行比较；我不会考虑诸如此类的问题："与行为人B相比这样的结果对行

为人 A 来说更好吗?”“是否行为人 A 偏好 x 甚于 y 的程度要强于行为人 B 偏好 w 甚于 z 的程度?”这类问题对于一位正在对整体社会总体福利进行评判的无私的旁观者来说是很重要的,因为这样一位旁观者需要对人与人之间的欲求做出权衡,但是我关注的是个人的视角。对于博弈的每一方参与人来说,他自身的欲求才是重要的。由于他不需要在自己和他人的欲求之间进行权衡,他自身欲求是否比他人欲求更加强烈对他来说就不重要了。他想满足自身的欲求——仅此而已。

2.4 对称博弈的均衡

我已经证明,如果一个博弈重复进行,参与人将趋向于采纳那些在长期来看最成功的策略。但是哪一项策略对于一名参与人来说是最成功的,也许取决于他的对手选择最频繁的那一项策略。这样如果一名参与人放弃一项不太成功的策略,转而选择较为成功的策略,他可能使得另一参与人所选择的策略成为不太成功的策略。总而言之,绝不可能出现某种固定的博弈模式;很可能会出现一个无休止的过程,参与人不断变换策略。

然而,参与人群体最终可能会稳定于某种状态,每个人采取他自己的策略进行博弈。给定他人的博弈策略,每个人自己的策略比他所能遵循的其他任何策略都要好(或者至少一样好);行为人可能偶尔会试验其他策略,但是这些策略永远不会致使他们改变惯常的行为模式,这样一种状态就是一个稳定均衡。我将用两个形式的钞票博弈来阐释均衡和稳定性两个概念,然后我将在 2.6

节和 2.7 节给出这些概念更一般化的定义。

考虑在 2.2 节中所描述的实验，一大群行为人重复进行对称的钞票博弈。我假定图 2.3 所示的效用指数矩阵代表了该实验中每个行为人的偏好：换言之，每个人都想赢得尽可能多的钱。

某个人参加了这次实验并且将要进行他的首次博弈，考虑一下他的情形。由于他没有关于该博弈的经验，他所能依赖的只有前瞻性推理(forward-looking reasoning)。但是这看起来并没有为他提供任何特定的、具有说服力的证据，使得他能够选择某项策略而非其他。很明显，**如果**他的对手打算选择要 5 英镑钞票，他自己最好的策略是选择要 10 英镑钞票，反之则反是；但这几乎没用，因为他根本不知道他的对手会做什么。如果他试着将自身置于其对手的立场上，问自己对于他的对手来说做何选择是理性的，他会发现他的对手面临着与他完全一样的难题；演绎推理导致了套套逻辑(tautology)。

然而，无论理性与否，进行首次博弈的人必须选择**某项**策略。假定他选择了要 10 英镑钞票，然后他发现他的对手也选择了要 10 英镑钞票，因而他什么也没得到。如果他选择了另一项策略，他可能已经得到了 5 英镑。当然，这仅仅是一次博弈；他也许决定在他下次博弈中再次试着要 10 英镑钞票。但是随着他进行的博弈越多，他积累了越多的经验。假设选择要 5 英镑钞票的策略始终要比另一项策略更为成功，如果我们的参与人能够从经验中学习的话，他迟早会洞察这一模式，并认识到在将来的博弈中选择要 5 英镑钞票是正确判断。有些参与人也许会非常快地注意到各项策略之间成功几率的不同；另一些参与人则很晚才会发现。但是总的趋势看起来非常清楚：参与人会被引向选择那些成功的策略。

这就使我们得以定义均衡概念。考虑处于任何时点上的这个实验。令 p 表示如果一个人被随机选中来进行钞票博弈时，他会声称要 5 英镑钞票的概率。这一概率反映了在那一时间该实验中不同的人所遵循的策略的比例。例如，如果实验中 30%的人一成不变地要 5 英镑钞票，其他 70%的人一成不变地要 10 英镑钞票，则 p 等于 0.3。此外，一些人可能采纳混合策略，在一些博弈中要 5 英镑钞票，其余的博弈中要 10 英镑钞票(在每次博弈中都选择相同策略则是采取了纯策略)。假设实验中 50%的人一成不变地要 10 英镑钞票，20%的人一成不变地要 5 英镑钞票，剩下 30%的人在他们所进行的博弈中，2 /3 的博弈中他们要 10 英镑钞票，其余的博弈中则要 5 英镑钞票。那么 p 也等于 0.3。

给定任意 p 值，我们会问它是否能够长期保持不变，或者它是否会随着时间的推移而变化。要回答这一问题我们必须考虑对于给定的 p 值，各项策略的成功性有多大。回忆一下，每一方参与人根据在任何博弈中他是什么也没得到、赢得 5 英镑还是赢得 10 英镑，而分别获得的 0、1 或 2 的效用(参见图 2.3)。如果一位参与人要 5 英镑钞票，那么他什么也得不到的概率为 p(因为他的对手也要 5 英镑钞票)；他赢得 5 英镑的概率为 $1-p$(因为他的对手要 10 英镑钞票)，这样声称要 5 英镑钞票的预期效用为 $1-p$。如果一位参与人要 10 英镑钞票，那么他赢得 10 英镑的概率为 p，什么也得不到的概率为 $1-p$，因此要 10 英镑钞票的预期效用为 $2p$。

哪项策略产生较大的预期效用，那么长期来看该策略就会趋向于更加成功。即，经过一个足够长的博弈序列，具有较大**预期**效用的策略通常会产生较大的**总**效用。这样，我们预计参与人会受到吸引，倾向于选择那些具有较大预期效用的策略——这并不一定是任何复杂的前瞻性计算的结果，而仅仅因为他们从经验中习得哪项策略更为成功。

在目前的例子中，很明显根据的是 p 是否小于、等于或者大于$\frac{1}{3}$，则要 5 英镑钞票比要 10 英镑钞票更成功、一样成功或者劣于后者(亦即，是否 $1-p$ 大于、等于或者小于 $2p$)。这样，如果 p 小于$\frac{1}{3}$，参与人就会有转而选择要 5 英镑的策略的趋势，而这会导致 p 值上升；相反，如果 p 大于$\frac{1}{3}$，p 值就会有下降的趋势。但是如果 p 正好等于$\frac{1}{3}$，所有策略(纯策略和混合策略)在长期都同样成功，那么就不会有致使 p 改变的特定趋势。$p=\frac{1}{3}$具有自我持存性(self-perpetuating)：这是一个均衡。

还要注意，无论 p 的初始值为多少，它都具有向$\frac{1}{3}$移动的趋势。我应当说吸引 p 向均衡值 $p=\frac{1}{3}$接近的区域包括了所有可能的 p 值。这意味着该均衡是高度稳定的：它如果受到干扰会倾向于恢复原状。举例来说，假定实验已经处于均衡点。也许实验中 1/3 的人总是声称要 5 英镑钞票，2/3 的人总是声称要 10 英镑钞票。这两项策略都一样好，每项策略在每次博弈中产生的预期效用都为$\frac{2}{3}$。任何人变换策略都不会有任何得失。但如果碰巧许多人同时变更并采取相同的策略，会怎么样呢？假设参与人变换策略都选择声称要 5 英镑钞票。那么 p 值将会上升，使得声称要 5 英镑钞票的策略不如声称要 10 英镑钞票的策略那么成功；而这会致使人们换回原来的策略。因此任何偏离 $p=\frac{1}{3}$ 的移动，无论是什么原因导致的，都会自我纠正。

那么，对于这一特定的实验而言，我们能够有些自信地预测最终结果会是：趋向于稳定在这样一种状态，所有情形中 1/3 的人是要 5 英镑钞票，其余的则要 10 英镑钞票。从参与人的视角来看，该结果并非他们特别欲求的。9 次博弈中有 5 次，参与人双方都声称要同样面值的钞票，结果双方都什么也没得到。每一方参与人从每次博弈中得到的预期效用都为 $\frac{2}{3}$，这甚至比 5 英镑钞票的效用还要小。（这并非由于我碰巧选择的钞票面值或者效用指数有什么奇怪特性所致。在均衡中，无论参与人采用何种策略，他们都必须做得一样好。那些声称要少一些钱的参与人也不能在每次博弈中都赢，因为在一些博弈中会遇到两人都要较少的钱。因此每位参与人必定会得到一个预期效用，该预期效用比通过声称要较少的钱所能够获得的效用还要小。）从每个行为人的角度看，如果每个行为人在他的博弈中采取两项策略次数相等则是再好不过了。这将确保每个行为人从每次博弈中得到的预期效用为 $\frac{3}{4}$，这是如果参与人都采取了相同的策略（纯策略或者混合策略），他们所能获得的最高的预期效用。然而，$p=\frac{1}{2}$ 这样的事态不能维持下去，而 $p=\frac{1}{3}$ 的事态则能够维持。重复博弈的均衡不必是任何人都想选择的事态；它仅仅只是许多行为人独立选择后无意的结果，每个行为人都寻求满足他自己的需要。

2.5 非对称博弈的均衡

我现在要分析钞票博弈的非对称形式。回忆一下该实验的性质。从一大群人中，随机选择一对对人互相进行钞票博弈。不允许参与人之间有沟通，保持双方完全不知对方是谁的状态。然而，在每次博弈的时候一位参与人（随机选择）被告知他是 A 而另一位被告知他是 B。

在这种形式的博弈中参与人有可能区分出两种结果，即当他扮演角色 A 所经历的结果和当他扮演角色 B 所经历的结果。如果一位参与人确实根据这种区分来评价他的经历，并且如果他发现作为参与人 A 的经历与作为参与人 B 的经历不相同，他就可能根据究竟他是扮演 A 还是 B，而以不同的方式进行博弈。不可否认我们没有理由预计参与人 A 进行博弈的方式同参与人 B 进行博弈的方式有任何系统性差别；但虽然如此 A 与 B 之间的差别仍然存在，参与人会根据他们的选择对这一差别加以利用。

我们假设，参与人认识到该差别可能是很重要的。当他们回顾博弈的经历时，他们区分出了扮演不同角色的体验。那么如果参与人能够从经验中习得，就会产生一种趋势，作为参与人 A 逐渐趋向于采取最成功的策略 A，作为参与人 B 逐渐趋向于采取最成功的策略 B。这意味着策略 A 和策略 B 也许会向着不同的方向演化。

考虑该实验处于任何的时间点上。令 p 表示某行为人被随

机选择扮演参与人 A 时，他将选择策略 A_1（声称要 5 英镑钞票）的概率。令 q 表示扮演参与人 B 时对应的概率。那么实验的状态可以用一对概率 (p,q) 来描述。给定任何状态，我们可以问其是否能在长期保持不变；或者，如果变化，这两个概率会趋于向哪个方向变化。

假定每个行为人在长期博弈序列中想要赢得尽可能多的钱，图 2.4 所示的效用矩阵适用于所有行为人。那么很容易计算得到，对于参与人 A 来说，根据 q 是否小于、等于或者大于 $\frac{1}{3}$，选择策略 A_1 的预期效用大于、等于或者小于选择策略 A_2 的预期效用。所以，如果 q 小于 $\frac{1}{3}$，在长期中参与人 A 趋向于转而选择策略 A_1，而这样使 p 值提高接近于 1。相反，如果 q 大于 $\frac{1}{3}$，在长期中参与人 A 趋向于转而选择策略 A_2，因此使 p 值降低接近于 0。如果 q 恰巧正好等于 $\frac{1}{3}$，参与人 A 的所有策略（纯策略或者混合策略）都同样成功，因而不存在 p 值变化的特定趋势。同样的道理，根据 p 是否小于、大于或者等于 $\frac{1}{3}$，q 值会趋向于提高、降低或保持不变。

这些结论能够用相位图呈现出来（参见图 2.5）。实验的每一种状态对应于图中的一点。从每种状态出发所暗含的运动方向用箭头来指示。通过将这些运动方向连成一线，就有可能根据任何给定的初始状态，追溯出实验未来运动的路径。

有三种状态不存在变化的趋势。围绕着图 2.5，这些状态分

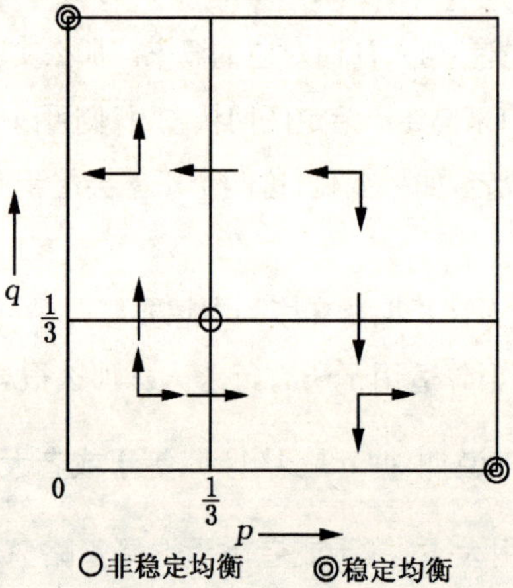

图 2.5　非对称钞票博弈的相位图

别是(0,1)、(1,0)和$\left(\frac{1}{3},\frac{1}{3}\right)$。这些点中的第一种情况——图中西北角——代表了如下状态：参与人 A 一成不变地声称要 10 英镑钞票，参与人 B 一成不变地声称要 5 英镑钞票。很明显在给定对手可预测的行为之后，两类参与者个人都各自选择了最好的可能策略。这些点中的第二种情况——图中东南角——是第一种情况的镜像：参与人 A 一成不变地声称要 5 英镑钞票，参与人 B 一成不变地声称要 10 英镑钞票。第三点代表了如下状态：参与人 A 和参与人 B 平均在每三次博弈中有一次都声称要 5 英镑钞票。

无论实验的初始状态为何，实验结果都会趋向于朝这三个点中的某一点移动。在图中的西北象限中(即 $p<\frac{1}{3}$ 且 $q>\frac{1}{3}$)，所有路径朝向(0,1)。换言之，这整个象限位于向点(0,1)移动的区域。与之相似的是，整个东南象限位于向点(1,0)移动的区域。现在来考虑东北象限，此处所有的移动都是向南和向西，如此的移动最终必定要么移向西北象限，因而朝向点(0,1)；要么移向东南象限，因而朝向点(1,0)，要么朝向中点$\left(\frac{1}{3},\frac{1}{3}\right)$。

任何离开点(0,1)的微小偏离都会自我纠正，因为在点(0,1)领域附近所有的点都位于向点(0,1)移动的区域。与此相类似，任何离开点(1,0)的微小偏离都会自我纠正。因而这两点代表了稳定均衡状态。作为对照，点$\left(\frac{1}{3},\frac{1}{3}\right)$则代表了非稳定均衡状态：离开该点向北或向西最轻微的偏离都会引致向点(0,1)移动的区域，而向南或向东最轻微的偏离都会引致向点(1,0)移动的区域。

因而看上去点$\left(\frac{1}{3},\frac{1}{3}\right)$所代表的状态根本不可能维持多长时间。尽管这一状态意味着无论是 p 还是 q 都没有**特定的**变化趋势，但是参与人采用两项策略的频率发生任何偶然的变化都会使该状态无法维持，甚至只是谣言也会改变该状态。例如，假设有些参与人 B 开始相信参与人 A 在超过 1/3 的博弈中都要 5 英镑钞票。最初这一信念也许完全是错的，但是其会趋向于变成真的。根据该信念而行动，参与人 B 会趋向于转而选择策略 B_2，这样就迫使 q 值低于$\frac{1}{3}$；如此就会使得 A_1 成为参与人 A 较成功的策略，结果 p 值会上升，使得最初错误的信念反而变得有效。当更多的参与人 A 转而选择策略 A_1，促使参与人 B 转而选择 B_2 的激励就增加了，以此类推。这一自我强化过程显而易见的结局就是参与人会处于如下状态：参与人 A 总是选择策略 A_1，参与人 B 总是选择策略 B_2。那么，最终我们应当预期实验的结果会位于两个稳定均衡中的一种。

这些均衡中的每一个都能够被描述为一种惯例(惯例的概念将在2.8节作进一步讨论)。非对称钞票博弈的结构使得两种可能惯例中的一种迟早会自发地演化出来:要么参与人A总是拿5英镑钞票而参与人B拿10英镑钞票,要么相反。

2.6 对称博弈中的演化稳定策略

在此使用的均衡概念是首先经由生物学家拓展的概念,特别是经过约翰·梅纳德·史密斯(John Maynard Smith)和他的同事的发展,[3]但是现在社会科学家也开始使用这个概念。生物学家起初主要是考虑用来解释动物行为的。

举一个经生物学家充分分析过的例子。考虑同类的两只动物的行为,比方说为了一块食物或者领地,它们发生了冲突。是什么决定了哪只动物取胜?它们会打架吗,如果是这样,那么打得有多厉害?如果我们和人打交道,我们会将这种境况当作一场博弈来分析(这一点我们会在第四、第五章讨论)。对每个行为人来说存在着各种各样的策略,有些策略与其他策略相较而言更具有攻击性。选择攻击性策略的行为人当他们与选择非攻击性策略的人发生冲突时可能做得很好:选择非攻击性策略的人会让步,选择攻击性策略的人获得处于争议中的任何资源。然而,两个行为人都选择攻击性策略,与两个都选择非攻击性策略的人相比而言,会给对方带来更多的伤害。这样,对任何一个行为人而言哪种策略最好,取决于其他行为人选择了什么策略。在此很明显的一个类比就是钞票博弈的情形。

在我对钞票博弈的分析中，我假定参与人具有程度有限的理性：他们能够根据经验在策略之间进行选择。对许多非人的动物来说，期望有这类理性是太奢侈了。例如，鸟类看起来就不会从经验中学会如何处理与其他鸟儿的争议——什么时候最好固守阵地，什么时候最好远走高飞。它们做出某类特定行为的倾向或者激励是出于它们的天性；它们在基因上就被决定了如此行为，或者说被"预先编程"了。不管怎样，博弈论的思想仍旧适用。这是因为任何物种的基因结构都不是任意的，而是演化的产物。

在生物演化的世界中，价值用生存和繁衍来衡量。一套行为模式——用博弈论的语言来说，一项策略——在如下的意义上来说才算是成功的，其培养了生存和繁衍的基因使该行为模式得以产生。就像"战斗"和"逃跑"一样，不同的策略用这种成功或者"适应"的程度来进行评价。随着时间推移，我们预期更成功的策略会更频繁地被选择，并不是通过任何选择或者学习的过程，而是因为预先为动物设定成功策略的基因会趋向于通过"基因库"逐渐传播开来。当基因库中不存在使其构成发生变化的系统趋势时，基因库处于均衡状态。就行为层面来说是这样一种状态，动物被预先设定采取最优反应(best-reply)策略来对抗其他动物——"最优"用生物适应性来解释。**就纯粹形式的理解而言**，这一均衡概念本质上和 2.4 节分析对称钞票博弈时提出的均衡概念是相同的。我强调"就纯粹形式的理解而言"，因为我的效用概念与达尔文主义者的适应性概念是相当不同的，并且经验习得(learning by experience)与自然选择也相当不同。我关注的是社会演化而非基因演化，关注的是经济学而非社会学。

梅纳德·史密斯(1982,p.10～14)用如下方式将他的均衡概念公式化了。考虑任何对称的两人博弈,对于每一方参与人来说存在 m 项纯策略,$S_1,\cdots,S_m$。那么根据图 2.3 所示的模型,对任一个体来说存在着一个 $m\times m$ 的效用指数矩阵。对梅纳德·史密斯而言,这些指数是对生物适应性的得益和损失的度量,但是他用作分析的形式逻辑并不一定要求这种解释;如果我们愿意,我们可以用人类参与人的偏好来解释效用。假定相同的效用指数矩阵适用于所有参与人;同时也假定该博弈在某个社群内重复进行,行为人随机组合并匿名进行博弈。

一般来说,策略是一组概率列表或者概率向量$(p_1,\cdots,p_{m-1})$,对于任何 i,p_i 指相关行为人在一次随机博弈中选择纯策略 S_i 的概率。(因为与 m 项纯策略相关的概率值的和等于 1,所以无需明确指出选择第 m 项策略的概率是多少。)这就允许策略的概念同时包含纯策略和混合策略的含义。

我们现在可以定义 $E(I,J)$为预期效用,即一次博弈中任意一方参与人选择策略 I 而其对手选择策略 J 时所获得的效用。如果对于所有策略 K,$E(I,J)\geqslant E(K,J)$,即如果没有任何比 I 更为成功的策略来对抗选择策略 J 的参与人,那么我们可以说 I 是对 J 的最优反应。现在来考虑策略 I 可能具有如下性质:

对于所有策略 J(纯策略或者混合策略):

$$E(I,I)\geqslant E(J,I) \tag{2.1}$$

这一条件表明 I 是对自身的最优反应。如果该条件成立,那么在一个社群内,每个人都选择策略 I,就没有人能够通过转而选择不同的策略来得益。

注意这一条件并不排除如下可能性,可能存在某项策略 J,使

得 $E(J,I)=E(I,I)$，换言之，I 可能不是对自身唯一的最优反应。假设 J 和 I 都是对 I 的最优反应。那么在一个社群内，最初每个人选择策略 I，任何转而选择策略 J 的行为人也不会遭受损失。用生物学术语来说，假设某动物群体的基因结构就是使得个体总是选择策略 I。那么某一变异个体就表现为反而选择 J。除非 $E(I,I)$ 绝对大于 $E(J,I)$，否则自然选择的力量不会立即参与到博弈中，灭绝选择 J 的行为。人类的情形与之相类似，如果起初每个人都选择 I，尝试策略 J 的行为人也不会发现后一项策略比前者差多少，所以，经验习得的过程不会立刻参与到博弈中，阻碍他重复这种尝试。因而，选择策略 I 的群体可能会开始受到选择策略 J 的行为人的侵扰。

为了发现这种侵扰是否会获得成功，让我们考虑 $E(J,I)=E(I,I)$ 的一次博弈，并考虑该博弈处于这样一种境况下，一个大群体中一小部分人已经开始选择策略 J；所有其他人仍然选择策略 I。对于任一参与人来说，假如他的对手选择策略 I，他选择 I 和 J 都同样好。然而，存在较小的概率，他的对手会选择策略 J。这样，两项策略总体而言哪个更好将取决于 $E(I,J)$ 和 $E(J,J)$ 的相对值。如果 $E(I,J)$ 大于 $E(J,J)$——如果对于 J 来说 I 是对 J 较优的反应——选择 J 策略的异常个体从长期来看与群体中其他人相比较为不成功。如果是这样，J 策略类型参与人的侵扰不会获得成功。因此，如果除了条件(2.1)外，如下条件也成立，那么我们称策略 I 是不受侵扰的策略：

对于所有策略 J（纯策略或者混合策略），当 $J\neq I$ 时：

或者 $E(I,I)>E(J,I)$，或者 $E(I,J)>E(J,J)$ (2.2)

在生物学文献中，满足条件(2.1)和条件(2.2)的策略被称为演化稳定策略(evolutionarily stable strategy,简称为 ESS)。当应用于个体(无论是人类还是动物)的情形时,描述通过经验习得而并非基因预先编程的方式来行为,一些作者提出了不同的名称——诸如“发展稳定策略”(developmentally stable strategy)(Dawkins,1980)或者“集体稳定策略”(collectively stable strategy)(Axelrod,1981)[④]——来称呼这一概念。保留这一为人熟知的术语“演化稳定策略”,并认识到其既可以指社会的也可以指基因的演化,可能更简单些。遵循泽尔滕(Selten 1980)的思想,我称满足条件(2.1)的策略是一项均衡策略;而同时满足条件(2.2)的策略是一项稳定策略。这样术语“ESS”和“稳定均衡”就能被当作同义词来理解。

现在我们来考虑这一稳定均衡的特征如何适用于对称的钞票博弈。在该博弈中有两项纯策略,S_1(声称要 5 英镑钞票)和 S_2(声称要 10 英镑钞票)。这两项策略以任意概率混合,其本身就是一项策略,因此我们可以将任何策略写作 p,令 p 表示选择纯策略 S_1 的概率。

给定如图 2.3 所示的效用指数,很明显策略 $p=1$ 是对任何 $p<\frac{1}{3}$ 的策略唯一的最优反应;$p=0$ 是对任何 $p>\frac{1}{3}$ 的策略唯一的最优反应;并且每项策略都是对策略 $p=\frac{1}{3}$ 的最优反应(与 2.4 节的讨论作比较)。这样 $p=\frac{1}{3}$ 是对其自身唯一的最优反应策略,即唯一的均衡策略。

我们现在可以问,是否 $p=\frac{1}{3}$ 是一个稳定均衡,或者说是否是一个 ESS。令 I 为策略 $p=\frac{1}{3}$，令 J 为 $p=p^*$ 的任意策略。我们知道每项策略都是对 I 的最优反应，所以对于所有 J 存在着 $E(I,I)=E(J,J)$。这样，利用条件(2.2)，仅当对于所有 $J\neq I$ 存在着 $E(I,J)>E(J,J)$时，I 是一个稳定均衡。很容易计算得到

$$E(I,J)=\frac{3p^*+1}{3} \tag{2.3}$$

且

$$E(J,I)=3p^*(1-p^*) \tag{2.4}$$

从上述等式推出，对于所有 $p^*\neq\frac{1}{3}$，$E(I,J)>E(J,J)$成立。这就确定了 $p=\frac{1}{3}$ 是一个稳定均衡或者说是一个 ESS——该结果是对 2.4 节结论的复述。

2.7 非对称博弈中的演化稳定策略

ESS 的概念可以相当容易地进行扩展，因而能够适用于非对称博弈。考虑任一非对称博弈，参与人在其间分别扮演两种截然不同的角色，A 和 B。把可供参与人 A 选择的纯策略记为 $A_1,\cdots,A_m$，把可供参与人 B 选择的纯策略记为 $B_1,\cdots,B_n$。那么根据图 2.4 所示的模型，对任一行为人而言存在着一个 $m\times n$ 的效用指数组合的矩阵。假定所有参与人都具有相同的效用指数矩阵；并且假定该博弈在某个社群内重复进行，行为人随机组合并匿名进行博弈。两个行为人之间谁扮演 A 谁扮演 B 同样也由随机过程来

决定;每个行为人在他参与的任意一次随机选择的博弈中,都有同等的概率成为 A 或者 B。[5]

对于任意一个给定的行为人我们可以定义策略 A 和策略 B。策略 A 用向量$(p_1,\cdots,p_{m-1})$来表示,其中对于任意 i,p_i 指相关的行为人在扮演角色 A 时的博弈中选择纯策略 A_i 的概率。类似地,策略 B 用向量$(q_1,\cdots,q_{n-1})$来表示,其中对于任意 j,q_j 指同一行为人在扮演角色 B 时的博弈中选择纯策略 B_j 的概率。策略 A 和策略 B 的结合构成了一项形式如下的策略,"如果扮演 A,做……;如果扮演 B,做……"。我将此类策略称为通用策略(universal strategy)。

现在考虑任一通用策略组 I 和 J。我们会问,以策略 I 对抗策略 J 时策略 I 有多成功,或者更确切地说,当对手选择策略 J 时自己选择策略 I 所得的预期效用为多少。我们可以估算选择策略 I 的行为人和选择策略 J 的行为人之间进行的这场随机博弈的预期效用。如果这场博弈是随机选择的,那么有 0.5 的概率选择 I 的行为人扮演角色 A,并且他扮演角色 B 的概率也是 0.5。这样选择 I 对抗 J 的预期效用 $E(I,J)$就具有两个值上的数学意义——选择 I 的策略 A 对抗 J 的策略 B 所获得的预期效用;选择 I 的策略 B 对抗 J 的策略 A 所获得的预期效用。

给定这一 $E(I,J)$的定义,我们可以再次使用条件(2.1)和条件(2.2)。通用策略 I 是一均衡策略,如果其满足条件(2.1),即如果它是对其自身的最优反应。如果其同时满足不可侵扰性条件(2.2),那么 I 代表一个稳定均衡或者说一个 ESS。

让我们考虑一下,说通用策略是对其自身的最优反应意味着什么。假设 I 是策略 $A(p_1,\cdots,p_{m-1})$和策略 $B(q_1,\cdots,q_{n-1})$的结合,那么,当且仅当$(p_1,\cdots,p_{m-1})$是对$(q_1,\cdots,q_{n-1})$的最优反应且

$(q_1, \cdots, q_{n-1})$是对$(p_1, \cdots, p_{m-1})$的最优反应时，I 是对其自身的最优反应。这意味着在非对称博弈中，蕴涵于条件(2.1)中的均衡概念与传统博弈论中使用的纳什均衡(Nash equilibrium)概念存在着一一对应关系。在两个参与人的一次性博弈中，纳什均衡是这样一组策略，每一方参与人各自选择一项策略，使得每一项策略都是对另一方策略的最优反应。因此在参与人分别被标识为“A”和“B”的非对称博弈中，纳什均衡由策略 A 和策略 B 构成，每一项策略都是对另一方策略的最优反应。如果该博弈重复进行，很明显这两项策略的结合就是一项通用策略，是对其自身的最优反应。

但需要注意的是，条件(2.1)和纳什均衡定义之间的这种等价关系**只有**在非对称博弈中才成立。在对称博弈中，条件(2.1)要求双方参与人都遵循**同样的**策略，但是当他们选择不同的策略时，只要每一项策略是对另一方策略的最优反应，就可能存在纳什均衡。这一不同之处反映了一次性博弈和重复博弈的不同。在一次性的对称博弈中双方参与人完全有可能采取不同的策略。例如，在一次性的对称钞票博弈中，完全有可能一方参与人要 5 英镑钞票，另一方参与人要 10 英镑钞票——一个纳什均衡。这是一个双方参与人采取不同策略以有利方式相互契合的情形。但是如果博弈重复进行，匿名的个人随机组合，这样的契合只可能偶尔出现：在重复进行的对称博弈中不可能有不相同策略之间的**系统性**契合。

现在我们来考虑这一稳定均衡的概念如何能够适用于非对称的钞票博弈。在该博弈中每一方参与人要在两项策略中选择其一，所以一项通用策略的完整表述是概率组合(p, q)，其中 p 是当相关行为人如果他扮演 A 时声称要 5 英镑钞票的概率，q 是当他扮演 B 时要同样的钞票的概率。直接遵循从 2.5 节的讨论中得出的结论，三项——其只有三项——通用策略满足均衡条件(2.1)；它们是(0,1)，(1,0)和$\left(\frac{1}{3},\frac{1}{3}\right)$。

这些通用策略中的前两项明显是稳定的，因为每一项都是对其自身唯一的最优反应(如果你确信当你的对手扮演一特定角色时会总是要5英镑钞票，当他们扮演另一特定角色时会总是要10英镑钞票，很明显你最好自己也遵循相同的规则)。然而，$\left(\frac{1}{3},\frac{1}{3}\right)$的稳定性就较为值得怀疑，因为**每项**通用策略都是对$\left(\frac{1}{3},\frac{1}{3}\right)$的最优反应(如果你确信你的对手要5英镑钞票的概率恰好就是$\frac{1}{3}$，那么你要多少钞票都无所谓)。检验这一均衡的稳定性我们必须问其是否会被侵扰。令$I=\left(\frac{1}{3},\frac{1}{3}\right)$，令$J$为任一通用策略$(p^*,q^*)$，由于每项通用策略都是对$I$的最优反应，我们知道$E(I,I)=E(I,J)$，容易计算得到：

$$E(I,J)-E(J,J)=3\left(p^*-\frac{1}{3}\right)\left(q^*-\frac{1}{3}\right) \qquad (2.5)$$

因此I或者J是否是对J的最优反应取决于式(2.5)的右边是正的还是负的。如果$p^*>\frac{1}{3}$且$q^*<\frac{1}{3}$，**或者**如果$p^*<\frac{1}{3}$且$q^*>\frac{1}{3}$，那么式(2.5)的右边为负且$E(I,J)<E(J,J)$。这意味着I无法满足稳定性条件(2.2)：其会轻易受到整个通用策略集合中任一项具有如下性质的通用策略的侵扰，参与人A要一种面值的钞票比在策略I的情形中更频繁，参与人B要另一种面值的钞票比在策略I的情形中更频繁。那么唯一的稳定均衡或者说ESS

存在于(0,1)和(1,0)中。它们对应于两种可能的惯例——A 拿走10英镑钞票,B 拿走5英镑钞票,或者相反。该结果是对2.5节结论的复述。

2.8　惯例

到目前为止,我在提及"惯例"时都相当随意;我假定大家都知道什么是惯例。我不需要为此而道歉:"惯例"一词是一个带着日常意思的普通词语。("惯例"一词的日常含义本身就是一项惯例。)虽然如此,然而我从现在开始应当在一种特殊意义上使用该词——但是我认为,该特殊意思至少和该词日常含义中的一种相当接近。

考虑一下当我们说某种做法在某些团体中是一项惯例时是指什么意思。当我们这样说时,我们通常意指该团体中每个人,或者说几乎每个人都遵循这种做法,但我们指的其实不只这些。每个人都要吃饭睡觉,但是吃饭睡觉不是惯例。当我们说一种做法是一项惯例时,我们暗含着对如下问题的回答(哪怕只回答了一部分),"为什么每个人都做 X"是"因为所有其他人都做 X"。我们也暗指事情可能是另一种情况:每个人都做 X 是因为所有其他人都做 X,但是情况也可能是每个人都做 Y 是因为所有其他人都做 Y。如果问"为什么每个人都做 X 而不做 Y",我们也许会发现很难给出任何答案。为什么英国司机都靠左行驶而不是靠右行驶?毫无疑问存在着某种历史原因来解释为何这种做法会形成,但是大多数英国司机既不知道也不关心该原因是什么。似乎只要说这是一项既定惯例便足够了。

我将惯例定义如下:具有两个或两个以上稳定均衡的博弈中任意一个稳定均衡。要认识到该定义的关键之处,回忆我们前面所讲的稳定均衡(或者说 ESS)被用来定义一个社群,该社群中行为人相互重复进行某场博弈的情形。说某项策略 I 是某个这类博弈中的稳定均衡,就是说如下的情形:假如所有其他人,或者几乎所有其他人,都遵循策略 I,那么遵循策略 I 是符合每个行为人自身利益的。这样一个稳定均衡可以被理解为一条自我施行的规则,但并不是所有自我施行的规则在日常生活中都会被称为惯例。我认为,一条自我施行的规则应当被视为一项惯例是由于,当且仅当假如该规则一旦建立起来,我们能够设计出某条**不同的**,也能自我施行的规则来。这样"总是靠左行驶"是一项惯例,不仅仅因为"总是靠左行驶"是一条自我施行的规则,而且因为"总是靠右行驶"也是一条能自我施行的规则。或者用更正式的方式来说,因为我们能够将驾驶行为模型化为一场博弈,其中"总是靠左行驶"和"总是靠右行驶"都是稳定均衡。根据这一定义,对称钞票博弈中的稳定均衡策略("以$\frac{1}{3}$的概率要 5 英镑钞票")不是一项惯例,即便它是一条自我施行的规则。相比较而言,非对称博弈中的两项稳定均衡策略("如果扮演参与人 A,要 10 英镑钞票;如果扮演参与人 B,要 5 英镑钞票"和"如果扮演参与人 A,要 5 英镑钞票;如果扮演参与人 B,要 10 英镑钞票")则**都是**惯例。

一方面我的定义也许看起来不同于通常的用法。根据我的定义,一种做法能够被称为惯例,与是否每个人都实际遵循该做法无关。这样"总是靠左行驶"和"总是靠右行驶"**都**被称为惯例,即便在任何国家这两项策略中只有一项得到实际遵循。在日常用语中我们大概说"总是靠左行驶"是英国的**一项**惯例。不幸的是，看起来不存在什么简单的方式可以表达这种说法，"一条能够成为惯例的规则，在实际中却不是惯例"；我没有发明一种新的表达方式，而是简单地使用惯例这一用语。如果存在任何引起混淆的风险，那么我把每个人实际遵循的惯例称为既定惯例。

另一方面，我的定义也与哲学家的定义不同，随着刘易斯名至实归的著作——《惯例：一项哲学研究》(Lewis, *Convention: A Philosophical Study* 1969)——的出版，该定义在哲学家中间已经有些流行。刘易斯通过定义一类他称为"协调问题"的博弈来研究惯例。本质上，一个协调问题是一种至少具有两个稳定均衡的博弈，[6]每个均衡都具有特殊的性质。这一特殊的性质是"**任意一方**采取其他行为，没有任何人会变得更好，无论是他自己还是他人"；这类均衡是"协调均衡"。然后刘易斯定义"惯例"如下：

当群体 P 中的成员作为周期性重复的境况 S 中的当事人时，他们行为中的常规性 R 被称为**惯例**，当且仅当如下条件为真，并且在群体 P 的成员处于境况 S 的任何情形下时，如下条件在群体 P 中都是共同知识：

(1) 每个人遵守 R；

(2) 每个人预期所有其他人都遵守 R；

(3) 每个人在其他人都遵守 R 的条件下皆偏好于遵守 R，因为 R 是一个协调问题，且对于 R 的统一遵守是 S 的协调均衡。(1969, p. 58)

该定义与我的"既定惯例"的定义在本质上是相同的——除了刘易斯的最后条款，规定"对于 R 的统一遵守是 S 的协调均衡"。

对于刘易斯而言每个行为人想要其他所有行为人都遵守惯例是惯例定义的一部分;我的定义则不要求如此。

在第三章我将讨论刘易斯称为协调问题的这类博弈;该类博弈中参与人之间没有太多利益冲突。这些博弈具有稳定均衡,即我和刘易斯定义的惯例。但是在第四章～第七章我将考察其他类型的博弈,其间存在更多的利益冲突;我将表明在其中一些博弈中,能够演化出来的做法是我所定义的惯例,而不是刘易斯定义的惯例。如果有人指责我以古怪的方式使用“惯例”这一用语,我将求诸先贤大卫·休谟,他使用该词的方式和我非常接近。

3

协 调

3.1 交通博弈

假设两名司机正驶近一个十字路口。每个人都要在如下两项策略中选择其一：减速或者保持原速。如果其中一人减速而另一人保持原速，两人都能安全地通过十字路口，而减速的人则稍微有些耽搁。如果两人都减速，他们到达十字路口时的优先权问题也能解决；但我认为该结果对两个司机来说与只有一个司机减速的结果相比要更糟。当然最糟糕的结果是他们都保持原速。这一博弈是第二章钞票博弈的近亲；具有这种结构的博弈有时被称为领导者博弈(Rapoport，1967)。

正如在我对钞票博弈所作的分析中，我假定某个司机的大社群，其中的司机相互进行重复博弈。每个行为人进行许多次博弈，在任意一次博弈中，这个社群中所有其他的每个司机都有相同的可能成为他的对手。我还假定该博弈匿名进行：作为行为人来说，参与人相互并不记得对方。这样当简·史密斯(Jane Smith)和乔·索普(Joe Soap)发现彼此正驶近十字路口时，他们无法回想起前次他们如此相遇时的情形。他们能记起的一切只是他们进行博弈的一般经验。该假定的含义之一是司机不能够树立起任何形式的个人声誉——比方说某个人从来不减速。有个人也许确实从来不减速；但是他的对手不会知道这个情况。

对于许多类型的社会交往来说，匿名性假定看起来足够合理。道路使用者的交往行为提供了一个显而易见的例子。更具普遍性的是，在公共场所陌生人的交往行为——马路上、公共交通场所、影剧院和运动场所——在我看来都是匿名的。许多交易形式也是匿名的——例如，二手车的私人买卖。目前我将集中研究匿名博弈(非匿名博弈的一些特殊性质将在 4.8 节和 4.9 节中进行讨论)。

图 3.1 所示的是交通博弈中具有示范性质的效用指数。我假定这些效用指数代表了社群中每个行为人的偏好。精确的数值并不重要，该博弈结构的关键在于四种可能结果的排序。

参与人的策略 \ 对手的策略	减速	保持原速
减速	0	2
保持原速	3	−10

图 3.1　对称的交通博弈

这一社群中会发生什么情况——至少在最初——取决于行为人如何理解该博弈。一种可能性是每个人都认为每个十字路口都差不多，并且博弈中的两个司机的想法大体上没有什么不同。那么每个行为人都把每次博弈简单地想成是“我”和“我的对手”之间的博弈，这是对称博弈的情形。另一种可能性是任意一场博弈中参与人的角色之间存在着某种标签性质的非对称性，因此一方可以被称为“A”而另一方被称为“B”，且每个人都认识到了这种非对称性，(A 可能是看到对手从左侧驶来的司机，或者是行驶在两条道路中主干道上的司机，或者是驾驶大型车辆的司机。)这导致了非对称博弈。这第二种可能性看起来也许是一种极端的情形，因为其不仅要求**每个人**都认识到博弈中的非对称性，还要求每个人都能认识到**相同的**非对称性。尽管如此，我认为存在着一种长期趋势使博弈能以这种方式进行——每个人都认识到一种单一非对称性。但是首先，我将分析该博弈的对称形式。

对称的交通博弈

这种形式的博弈能够用与对称形式的钞票博弈非常相似的方式进行分析(2.4 节)，很容易得出只存在一个均衡。如果 p 指在一次随机选择的博弈中随机选择的参与人选择“减速”的概率，均衡会出现在当 $p=0.8$ 时。(要检验这是否是一个均衡，注意当 $p=0.8$时，“减速”和“保持原速”产生相同的预期效用，即等于 0.4。)该均衡是稳定的：如果选择减速的司机的比例上升超过 0.8，保持原速成为较成功的策略，而如果该比例下降低于 0.8，减速成为较成功的策略。

在这种事态下不存在任何惯例能够确定十字路口的优先权，而由此造成的结果是相当麻烦的。有时候(确切地说，32%的情形)一个司机给另一个司机让路；有时候(64%的情形)两人都减速；而有时候(剩下的 4%的情形)两人都保持原速。毋庸多言，这些特定的百分比反映了我为博弈结果指派的特定效用指数，并不具有特殊的重要涵义。重要之处在于存在着两个司机都减速和两个司机都保持原速的情形；这些情形与如果两个司机中一人为另一人让路的情形相比，其结果对两个司机来说都要更糟。

非对称的交通博弈

相反假设社群中每个人都认为该博弈是非对称的，且他们关注的都是相同的非对称性，比方说左与右的区别。那么我们定义

A 为看到对手从左侧驶来的司机，而 B 为看到对手从右侧驶来的司机。当任何人回忆一场博弈时，他根据他的对手驶来的方位对博弈进行分类；这样他就能够区分作为参与人 A 的经验和作为参与人 B 的经验。使用与之前相同的效用指数，该博弈现在能够用图 3.2 所示的矩阵来描述。

		B 的策略	
		减速	保持原速
A 的策略	减速	0,0	2,3
	保持原速	3,2	−10,−10

图 3.2 非对称的交通博弈

这种形式的博弈能够用与非对称形式的钞票博弈十分相似的方式进行分析(2.5 节)。令 p 和 q 为在一次随机选择的博弈中随机选择的参与人 A 和参与人 B 选择"减速"的概率。对于参与人 A 而言，根据 q 是否小于、等于或者大于 0.8，"减速"将是比"保持原速"更成功、一样成功或者劣于后者的策略。这样如果参与人 A 能够从经验中习得，当 $q<0.8$ 时 p 将趋向于上升接近于 1；当 $q>0.8$ 时 p 将趋向于下降接近于 0。类似地，如果 $p<0.8$，q 将趋向于上升接近 1；如果 $p>0.8$，q 将趋向于下降接近于 0。这些趋势如图 3.3 以相位图的形式所示。

存在着三对 (p,q) 组合不具有变化趋势，它们是 (0,1)，(1,0) 和 (0.8,0.8)。每一对组合都构成对其自身最优反应的通用策略

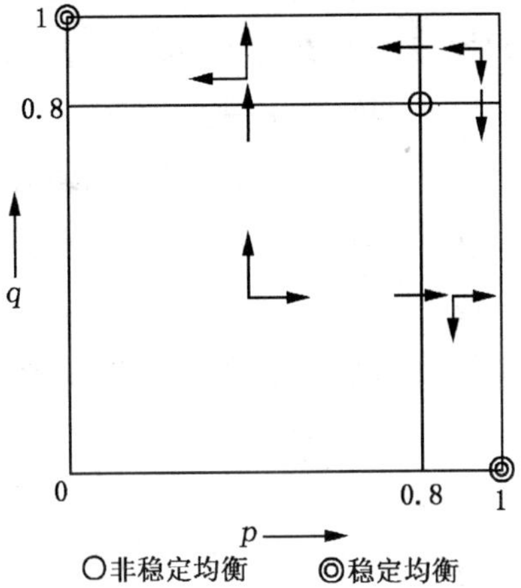

图 3.3　非对称交通博弈的相位图

(与 2.7 节相比较),因而代表了一种均衡状态。

这些均衡中前两种是稳定的。拿(0,1)来说,其代表了司机 A 总是保持原速而司机 B 总是减速的事态。在该事态下,对任何行为人而言最优的通用策略是显而易见的:"如果作为司机 A,保持原速;如果作为司机 B,减速。"换言之,通用策略(0,1)是对其自身唯一的最优反应,满足 2.6 节中所解释的稳定性条件(2.1)。或者用相位图的语言来说,任何离开点(0,1)的微小运动都会引导至向点(0,1)移动的区域内的某一点。相似的论证可以证明(1,0)也是一个稳定均衡。

相反,均衡点(0.8,0.8)则是不稳定的。在该事态中,所有司机中有 80%——无论是 A 还是 B——会减速;那么对任何行为人来说,每一项通用策略都和其他通用策略一样成功。因此(0.8,0.8)不是对其自身**唯一的**最优反应;事实是,每一项通用策略都是对(0.8,0.8)的最优反应。很容易表明(0.8,0.8)会被任何通用策略(p,q)侵扰,例如**要么**是 $p>0.8$ 且 $q<0.8$,**要么**是 $p<0.8$ 且 $q>0.8$。用相位图的语言来说,任何离开点(0.8,0.8)向北或向西的移动都会引导至向点(0,1)移动的区域内的某一点;而任何离开点(0.8,0.8)向南或向东的移动都会引导至向点(1,0)移动的区域内的某一点。

因此,非对称的交通博弈只有两种稳定均衡或称演化稳定策略;从长期来看,我们应当预期博弈的结果位于两种状态中的一种。换言之,某种优先权规则——或者是“为从右侧驶来的司机让路”或者是“为从左侧驶来的司机让路”——会演化出来,并且一旦演化出来其将自我施行。这就是惯例。这种惯例并不是由任何人发明的;它不是谈判的结果;没有人同意或赞成,它就是简简单单演化出来的。非对称的交通博弈是一个自发秩序的模型。

当仅有部分参与人认识到非对称性时的交通博弈

一名参与人要认识到博弈中的非对称性,他必须释放想象力。例如,在左一右非对称性的情形中,一名司机必须意识到他在十字路口的经验可以被归为截然不同的两类——一类是司机从左边向他驶来,另一类是司机从右边向他驶来。他还必须要意识到这种表面上不相关的非对称性或许具有某种重要意义。乍看起来假定**每个人**都会意识到某种非对称性似乎是武断的,但其实假定每个人都会意识到**同样的**非对称性则更加武断。

因而现在我应当考虑,如果交通博弈中只有某些参与人认识到左一右非对称性,而其他人认为该博弈是对称的,将会发生什么情况。我称第一组参与人为聪明人(他们足够聪明,能够识破非对称性),而第二组为愚笨的人。我假定没有人能够提前发现他的对手究竟是聪明人还是愚笨的人，在这种形式的博弈下均衡会是怎样的？

如果**没有**任何参与人根据他是角色 A 还是角色 B 而采取不同的行为，此时会出现一种均衡的情形。在这一情形下，均衡出现在当随机选择的参与人——A 或者 B——以 0.8 的概率选择“减速”的时候。（举例来说，聪明的和愚笨的参与人都会分成两派，80％的人不变地选择“减速”，20％的人不变地选择“保持原速”。）那么无论从以下三个视角中的哪个来看，两项策略都同样成功：聪明司机选择策略来扮演角色 A 的视角，聪明司机选择策略来扮演角色 B 的视角，以及愚笨司机的视角（他不能区分角色 A 与 B 的差别）。由于对任何人来说都不存在特定的倾向去改变策略，因而很明显这是一个均衡。然而，该均衡是不稳定的。回忆一下，在博弈中**所有**参与人都认识到非对称性的这种情形下，有可能有混合策略均衡，但是这种均衡是不稳定的：参与人 A 任何微小的、与参与人 B 不同的行为趋势都会自我放大，直到惯例建立起来。现在这个例子中，也是相同的力量在起作用，但它们仅仅能作用于那些聪明人。这样从长期来看，我们预期两种可能惯例中的一种——“为从右侧驶来的司机让路”或者是“为从左侧驶来的司机让路”——会在那些足够聪明以至于能够认出左—右非对称性的参与人中间确立起来。

当聪明的参与人开始采用一项惯例，愚笨的参与人会注意到他们的对手选择“减速”的频率发生了变化。例如，假设起初聪明的和愚笨的参与人都会分成两派，80％的人不变地选择“减速”，20％的人不变地选择“保持原速”。当一名聪明的参与人采纳了一项惯例时，他在所进行的博弈中以 50％的比例选择各项策略（因为在他的博弈中有50%的情况他扮演角色 A,50%的情况他扮演角色 B)。这样当一项惯例在聪明的参与人中间传播开来时,选择“减速”的总频率会开始低于80%。从愚笨的参与人的角度来看,他们不能从对手的行为中识破非对称模式,上述情况就暗示着“减速”现在是更加成功的策略。这样愚笨的参与人会倾向于转变策略。

当所有聪明的参与人都遵循一项惯例时,并且当(根据愚笨的参与人的比例),**或者是**愚笨的参与人以如下方式区分为“减速”和“保持原速”的两派时,即任意一个愚笨参与人的对手选择“减速”的概率为0.8,**或者是**所有愚笨的参与人都选择“减速”而其对手选择“减速”的概率小于0.8时,均衡就会出现。(无论在何种情况下,给定愚笨的参与人不能认识到非对称的惯例,他们都遵循他们能够找到的最成功的策略。)我们可以毫无困难地核实这类均衡是稳定的。

毋庸多言,聪明的参与人比愚笨的参与人更成功。举例来说,假设20%的参与人是聪明的,聪明的参与人的惯例是扮演角色 A 时保持原速而扮演角色 B 时减速。如果7/8的愚笨参与人(即参与人总数的70%)在每次博弈中都选择减速而剩下的1/8(参与人总数的10%)在每次博弈中都选择保持原速,那么就存在一种稳定均衡。那么每位愚笨的参与人在他所进行的博弈中有80%的情况会遇到选择减速的对手。(其中70%的情况他遇到愚笨的参与人选择减速,10%的情况他遇到聪明的参与人由于扮演角色 B 而选择减速。)这样对于一名愚笨的参与人来说任一策略的预期效用是相同的(即为0.4)。然而,聪明的参与人能够将他们扮演角色 A 的博弈和他们扮演角色 B 的博弈区别开来。当一名聪明

的参与人扮演角色 A 时，他的对手在 90%的情况下都会选择减速。（其中 70%的情况是对手是选择减速的愚笨的参与人；20%的情况是对手是知道自己扮演角色 B 的聪明的参与人。）如果参与人 A 保持原速（较好的策略），他得到预期效用 1.7。当一名聪明的参与人扮演 B 时，他的对手只有在 70%的情况下才会选择减速；如果参与人 B 减速（较好的策略），他得到预期效用 0.6。这样在随机选择的博弈中，一名聪明的参与人的预期效用为 1.15（1.7 和 0.6 的均值），而愚笨的参与人的预期效用为 0.4。

就理论意义而言，这种境况是一个稳定均衡。然而，这似乎不可能是故事真正的结局。毫无疑问，有些人从他们的经历中发现某些模式并且学会如何从这一知识中获利要比其他人更迅速；但是如果一种模式是存在的，并且如果认识这种模式能够从中获利，我们预期到随着时间推移会有一种趋势，越来越多的人会发现这种模式。一旦聪明的参与人演化出一项惯例，人们就会观察到一个清楚的模式：一般来说，司机（比方说）如果从左边驶来就要比从右边驶来更有可能减速。任何人能够识破这一模式就能够与已经得利的聪明的参与人一样，获得相同的利益。因此我们预期会有越来越多的人加入到聪明的参与人的行列，发现并遵循惯例。越多的人遵循惯例，惯例就变得越明白易懂，越容易被剩下的其他愚笨的参与人所认识到。该过程的长期趋势是向每个人都遵循惯例的状态发展。

因为我希望表明惯例的成长是能够真正自发形成的，我假定参与人没有相互沟通。沟通有可能通过如下方式加速上述过程，惯例一旦在一些参与人中建立起来，就会传播到其他人之中。注意在交通博弈中，一旦有人开始遵循一项惯例，他就想要其他人——特别是他的对手——也遵循该惯例。(一旦一项惯例建立起来,一名聪明的参与人从博弈中获得的预期效用随着聪明的参与人的比例的提高而提高——从聪明的参与人很少时刚刚大于0.4上升到每个人都是聪明人时的2.5。)因此,即便一名愚笨的参与人不能从自己的经验中推断出惯例的本质,他大概也会发现许多聪明的参与人热切地向他解释惯例。

有多种非对称性的交通博弈

到目前为止,我假设交通博弈中的参与人只能认出一种非对称性——区分左与右。这是为在欧洲大陆和美国曾经被普遍认识到的惯例提供了解释基础的非对称性:右行优先。然而,还存在着许多其他的非对称性。举例来说,参与人可能会关注两条交叉道路相对的地位,把它们区分为"主线"和"支线"(这是传统的英国惯例的基础,该惯例赋予行驶在主线道路上的车辆以优先权。英国富有经验的司机会记得在未标注的十字路口上解释该惯例时遇到的难题);或者参与人可能会关注车辆,根据某种重要性的程度来区分它们;或者他们可能会关注车辆行驶的速度。("慢车给快车让路"是一个可行的——尽管是危险的——惯例。)假定有些参与人特别易于发现一种非对称性,而另一些人则易于发现另一种。那么,其中一种非对称性如何能够被挑选出来?

考虑两种独立的非对称性,比方说左右之别和主线、支线之别(我假设在每个十字路口可以相当清楚地看出哪条路是主线)。现在假设一群司机发现了左—右的非对称性,但是没有发现主线—支线的非对称性;另一群司机则相反。那么两种惯例能够同时演化出来:或许第一群司机赋予右行以优先权而第二群赋予主线道路通行以优先权。最初,两个团体都相信他们自己的惯例是唯一存在的惯例，他们自己的成员是聪明的而其他参与人是愚笨的。哪一个团体会更成功？很明显，看哪一个团体人数更多。（回忆一下有些参与人是聪明人而另一些是愚笨的人的情形，聪明的参与人所占人数比例越大，就越成功。）然而，迟早有些参与人会开始意识到存在着两种非对称性、两种惯例，而不仅仅是一种；**所有**这类参与人都将会受到吸引去遵循有更多参与人所遵循的惯例。成功是成功之父（success breeds success），较为通行的惯例将会发展壮大变得更为通行，而其他惯例则会成为其成长的代价而被淘汰。如果存在三种或更多的惯例一起开始演化，同样的论证也适用。既然每个人都想要发现并遵循有最多的人在遵循的惯例，那么必然存在一种长期趋势，一种惯例以其他惯例为代价而建立起来。

3.2 何种惯例

如果交通博弈重复进行足够长的时间，似乎某个惯例就会演化出来。只要**某些**参与人对**某种**非对称性持有共识，那么对这些参与人来说就有在他们之间演化出惯例的机会；而他们缺乏这种惯例的任何境况，从根本上来说都是不稳定的。一旦这类惯例开始在一些参与人中建立起来，每个人都会获得激励去遵循它，因此其将会逐渐在社群中传播开来。有许多可能的惯例——或许这一数目是无限的——但最终它们中的一个会在任一特定的群体中自我确立起来。但仍有一个有趣的问题：是否某类惯例与其他的相比更可能确立起来？

3.1 节的分析为如何回答这个问题提供了一些线索。首先，很显然一项惯例不可能演化出来，直到有些参与人开始认识到他们正在进行一场非对称的博弈，并开始关注同一种非对称性。其次，为了建立向相位图一角的移动过程，必须存在某种行为上的非对称性——或者至少是有关行为的信念上的非对称性。假设起初没有人想到交通博弈是非对称的，因而其博弈结果为对称均衡（80%的博弈中选择“减速”）。然后有一些参与人开始认识到左一右的非对称性，然而就这一非对称性自身而言还不足以产生一种基于左右之别的惯例。对人们而言，无论是观察发现，还是信赖或猜测，还必须具有一种最初的倾向性，他们根据对手从左边还是从右边驶来做出不同的行为。这种最初的倾向性可能相当微弱，但仍能建立移动过程，并通过这一过程放大自身而形成惯例；但是这种倾向性必须存在。

如果我们只关心如下问题：“是否**某项**惯例最终会演化出来？”我们可以靠运气。我们迟早可以说，某种细微的行为非对称性会偶然出现；有些参与人会认为这不仅仅是运气而已，并预期非对称性会继续出现。即使这一预期毫无根据，也能自我实现。然而，当问及“**何种**惯例会演化出来”这一问题时，我们就不能依靠前面的论述说这是迟早会发生的。从某种意义上而言，备选的惯例之间相互竞争，以自我确立作为社群的**唯一**惯例。记住一旦一项惯例开始演化，每个人都受到其吸引；而如果一些惯例同时开始演化，最通行的惯例则最为吸引人。因此，在这种竞争中惯例之间的关系非常类似于幼苗挤在一小块地里的关系：最早开始茁壮成长的幼苗能够抑制其他幼苗的成长。能够自我建立起来的惯例是那些利用了被迅速识别出来的非对称性的惯例。因而我们必须问，是否特定类型的非对称性与其他类型的非对称性相比有可能更加迅速地被识别出来?

如果非对称性内嵌于博弈自身的结构之中,那么就极有可能被迅速识别出来。举例来说,到目前为止在我所表述的交通博弈中,我一直假定的“左”与“右”、“主线”与“支线”等只不过是标签而已:成为在主干道上行驶的参与人和成为在支路上行驶的参与人除了一条路被**称为**“主线”、另一条路被**称为**“支线”外,没有任何分别。但是现在假设**确实存在**某种其他差别,尽管这种差别很小。

在此有一种可能性,司机们偶尔没有意识到他是在十字路口。一个没有意识到他正要和另一辆车辆在十字路口相遇的司机并不知道他正在进行一场交通博弈;他保持原来的速度,但不是作为有意识地选择策略的结果,而仅仅是默认如此。现在假设当你行驶在主干道上的时候难以注意到十字路口。为了简化分析我假设某个比例的——假定为5%——行驶在主干道上的司机没有发现十字路口,而这种错误行驶在支路上的司机**永远都不会**犯。为了更精确些,5%的行驶在主干道上的司机没有发现十字路口,直到他们发现并想减速时已为时太晚。就他们没有选择他们的策略这层意思而言,他们无意识地进行着这些博弈;他们不可避免地选择保持原速的策略。然而,事后他们会意识到自己的粗心:他们知道他们在进行交通博弈,并知道了结果。

首先假设没有人意识到主线—支线这一非对称性的重要性:每个人都认为博弈是非对称的。[1] 每个司机都从经验中知悉当他驶近十字路口时,偶尔会没有注意到,但是这些错误从来没有在他面前彰显出它们所具有的特定模式。均衡看起来会是怎样一种

〔1〕 原文如此。疑为“对称的”,参见下一段及3.1节内容。——译者注

情况呢?

我将假定每个司机在他所进行的博弈中,有50%的比例是行驶在主干道上。因此他进行的所有博弈中有2.5%的比例是无意识参与的;他的策略选择范围只能扩展到剩余的、他有意识地进行的97.5%的博弈中。均衡出现在当所有参与人中有80%都选择减速时。(回忆一下,这使得两项策略在长期对没有察觉到博弈中的非对称性的参与人来说都同样成功。同样要记住每位参与人的记忆延伸至他所进行的所有博弈,无论是有意识参与的还是无意识参与的。)这要求82.1%的**有意识的**参与人都选择减速。只要非对称性仍旧没有被识别出来,这就是一个稳定均衡;如果有意识的参与人在超过82.1%的博弈中选择"减速","保持原速"就成为更成功的策略,反之则反是。

现在假设有一名参与人意识到主线—支线的非对称性可能是重要的。在他看来情况会怎样?他会发现行驶在支路上的司机更有可能会选择减速。由于行驶在支路上的司机都是有意识的参与人,他们在82.1%的情形下都会选择减速;相比较而言,行驶在主干道上的司机只有在77.9%的情形下会选择减速(即82.1%中的95%)。由于行驶在支路上的司机在超过80%的情形下都会减速,行驶在主干道上的司机的最优策略就是保持原速。相反,由于行驶在主干道上的司机在低于80%的情形下会减速,行驶在支路上的司机的最优策略就是减速。从我们参与人的角度看,这**犹如**一种赋予主干道以优先权的惯例已经开始演化出来——虽然在现实中,他是第一个意识到主线和支线之别的人。很明显,如果他采纳该惯例会取得最佳效果。通过这么做,他使得主线和支线上的司机行为的非对称性变得更显著了。

不难得出这样一个结论，当越来越多的参与人开始意识到非对称性（当然这变得越来越难以忽视），“主干道优先”的惯例会通过自我强化的过程自我确立起来。最终会达到一个稳定均衡，所有有意识的参与人都遵循这一惯例（在这一特定例子中，由于无意识的参与人都行驶在主干道上，所有参与人的行为都好像在遵循该惯例。如果我仅仅假定行驶在主干道上的司机更有可能没有注意到十字路口，最后的均衡将会是这样的惯例，该惯例有时候会被行驶在支路上的心不在焉的司机所破坏）。

来看本质上是同一种现象的另一个例子。考虑一下图 3.4 所示的非对称交通博弈的变体。和之前一样，我假定每个行为人在他进行的博弈中有一半机会扮演角色 *A*，另一半机会扮演角色 *B*。在这一博弈中非对称性不仅仅是个标签，因为当两个参与人都选择保持原速时，一名参与人从该结果中所得到的效用取决于他的角色：该结果对参与人 *B* 而言要比参与人 *A* 更糟。虽然如此，这一非对称性相对来说较小，而且可能在一段时间内也不会被注意到。

		B 的策略	
		减速	保持原速
A 的策略	减速	0,0	2,3
	保持原速	3,2	−9,−11

图 3.4　一个非对称交通博弈的变体

假设参与人依赖于过去的经验来指导他们自己在策略间进行选择。那么如果一名参与人没有识别出角色 A 与 B 之间的非对称性，他的经验只能告诉他在他和他的对手都保持原速的情形下，结果是在 50％的博弈中得到－9 的效用，在其他 50％的博弈中得到－11 的效用。这些结果的平均效用是－10。因而只要他未能认识到这些结果中的模式，即当他作为 A 时出现一种结果，当他作为 B 时出现另一种结果，他会如同在进行原始的交通博弈那样采取行动(如果双方参与人都保持原速，他们都得到－10 的效用，参见图 3.1 和图 3.2)。如果每个人都未能识别出非对称性，当 80％的参与人都选择减速时稳定均衡就会出现(比较 3.1 节中所分析的对称的交通博弈)。

然而，现在假设一名参与人意识到他所经历的作为角色 A 的结果与那些他所经历的作为角色 B 的结果略有不同。由于在无论何种情形下他的对手中有 80％都会减速，他会发现当他扮演角色 A 时“保持原速”是更为成功的策略；而当他扮演角色 B 时“减速”是更为成功的策略。(只要超过 78.6％的参与人 B 选择减速，“保持原速”对参与人 A 而言就更为成功；只要少于 81.3％的参与人 A 选择减速，“减速”对参与人 B 而言就更为成功。)所以识别出非对称性的参与人能获得直接的激励去采纳——或者开始采纳——“B 为 A 让路”的惯例。随着越来越多的参与人采纳这一惯例，参与人 A 选择减速的比例下降到 80％以下，而参与人 B 选择减速的比例上升到 80％以上。这使得 $A-B$ 的非对称性更显而易见，而遵循该惯例的激励更强烈。于是自我强化的过程又一次开始运作。

 有趣的是，内嵌于博弈结构之中的惯例——如果参与人逐渐开始意识到非对称性，便会趋于演化出来的惯例——并不一定是最符合参与人利益的惯例。图 3.5 就显示了交通博弈的另一个变体。与前一个例子一样，在其他方面看来是对称的博弈，其结果中存在些许非对称性。如果该例子用和前一个例子相同的方式进行分析，结果是演化出来的惯例又一次是“*B* 为 *A* 让路”，然而很容易看出相反的惯例能够产生更好的结果。如果每个人都遵循“*B* 为 *A* 让路”的惯例，每个参与人得到的平均效用是 2.4。（即当他扮演角色 *A* 时得到 3，当他扮演角色 *B* 时得到 1.8。）换一种情况，如果每个人都遵循相反的惯例，每个参与人得到的平均效用将会是 2.6。前一种惯例之所以会演化出来是因为对于处在没有任何其他人——或者说几乎没有任何其他人——遵循任何惯例的境况中的参与人来说，这是他能遵循的较好的惯例。

		B 的策略	
		减速	保持原速
A 的策略	减速	0,0	2.2,3
	保持原速	3,1.8	−9,−11

图 3.5 另一个非对称交通博弈的变体

关键之处在于：如果我们要解释为何特定的惯例会演化出来，我们必须问为何行为人会受到该惯例的吸引，而不是问对作为整体的社群而言该惯例服务于什么样的目的。一旦一项惯例开始建立起来，便不存在为何行为人会受到其吸引这类的困惑：每个人都想要遵循它，因为所有其他人都这么做。是否一项不同的惯例对每个人来说会更好，这不是任何人直接关心的内容，因为没有人有力量改变所有其他人正在做着的事。因此，惯例演化中至关重要的时期是最初的时候。为了解释一种惯例为何会演化出来，我们必须解释它最开始为何会吸引参与人。

3.3 凸显性

3.2 节的分析是基于行为人依经验习得的假定：当一些行为人能够从他们过去的经验中推断出，当他们在扮演一类角色时一项策略对他们而言更成功，而当他们在扮演另一类角色时另一项策略更成功，此时惯例开始演化出来。这种惯例演化的阐释背后的核心观念是从生物学家那里发展而来的，特别是梅纳德·史密斯和帕克尔（Maynard Smith and Parker，1976），我仅仅是将他们的思想挪用到了人类背景之下。

谢林那本令人着魔的著作——《冲突的策略》（1960）——提供了一种非常不同但是可以作为补充的分析理路。考虑一下两个行为人首次进行交通博弈时所处的立场，他们都不知道对方通常会如何进行博弈。他们能够看到谁从左侧驶来，谁行驶在主干道上，谁驾驶着较大的车辆，等等；但是他们不知道任何基于这些非对称性的优先权惯例。那么对每位参与人来说最优策略是什么？

很明显，像传统博弈论使用的那种演绎推理对这些参与人的帮助很小。每个人都知道如果他的对手保持原速他最好减速，如果他的对手减速他最好保持原速。但是他如何能知道他的对手将会做什么呢？如果他试图将自己摆到他对手的立场上，他会发现他的对手和自己一样面临完全相同的难题。演绎推理似乎导向了无限递归:对 A 来说何种行为是理性的取决于 B 将要做何行为;但如果 A 试图通过询问对 B 来说何种行为是理性的来预测 B 的行为的话,他会发现这取决于**他自己**将要做何行为。同样明显的是参与人不能从他们进行博弈的经验中获得引导,因为他们不具有这种经验。从表面看来,他们的难题无法解决;他们所能做的只是从两项策略中选择其一,并希望这是最优策略。

然而,谢林表明人们常常能够非常成功地解决这类问题,似乎人类具有一种能力来协调他们的行为,而这种能力是与从演绎意义上而言的“理性”截然不同的某样东西。这里是谢林的一个例子(Shelling, 1960,p. 54～58)。两个人不允许彼此沟通,他们每个人被要求说“正面”或者说“反面”。如果两个参与人给出相同的回答,他们都将获得奖励;如果他们给出不同的回答,则什么也得不到。这是一个纯协调博弈的例子。(之所以是“纯粹的”,是因为参与人之间不存在利益冲突,他们应该被看作是搭档而非对手,和桥牌这类纸牌游戏中搭档们的立场比较一下。)该博弈的逻辑是一清二楚的:每个参与人都想要做出和另一位参与人一样的行为。但是演绎推理看起来对参与人没有帮助。怎样才能做到无论如何都只说“正面”而不说“反面”;或者说“反面”而不说“正面”? 理性分析似乎建议参与人说什么都没关系,反正他只有 0.5 的概率赢取奖品。

谢林向 42 个人提出这个问题(显然他向每个人都问这假设的问题:“如果你玩这个游戏你会做什么?”),36 个人选择“正面”。因此如果这个抽样是有代表性的,选择“正面”的参与人就有 0.86 的概率赢取奖品;而选择“反面”的参与人,概率只有 0.14。对每个参与人而言——给定他人说“正面”的倾向性——很明显选择“正面”是最优策略；且谢林抽样的人中86%的人知道这一点。这是怎么回事呢？

在该问题的一个变体中，谢林让人们写下任意的正数。同样，如果两个搭档选择了相同的数就会获得奖励。有无限个正数，并且它们中任意一个都和其他的数一样能满足条件，只要两个搭档都选择它。理性分析表明赢取奖品的概率其实为零。事实上，40%的人选择了数字1，这样当与随机的搭档进行博弈时，赢得这场博弈的概率就达到了0.4。他们怎么会知道1是适当的答案呢？

具有相同逻辑结构的、更现实一些的博弈是会面博弈（rendezvous game，2.3节中曾简要提及）。参与人与其搭档不能彼此沟通，但是想要会面。问题是到何地（可能还有何时）去才有希望发现自己的搭档也在那儿。谢林要求抽样出来的人说出纽约城中的某个地方。超过50%的人选择同一个地方：中央车站（Grand Central Station，谢林的调查对象都来自于康涅狄格的纽黑文，且这一问题大概是在20世纪50年代晚期问的）。当问到约定一个时间时，几乎每个人都选择中午12点。

所有这些博弈在结构上都和交通博弈类似。（不同之处在于交通博弈不是一个**纯**协调博弈。在一个纯协调博弈中，对任何一方参与人来说最重要的是他自己的行为与其搭档的行为相协调。在交通博弈中存在着某种利益冲突，因为如果要一方参与人为另一方让路，每一方都不愿成为让路的那个人。）如果这些博弈重复进行，惯例最终会演化出来——诸如“总是选择‘正面’”和“总是去中央车站”。但是如果每个人仅仅依靠试错（trial and error），可能会花很长的时间来让惯例开始自我确立起来。（想一想在纽约城有多少地方可以去，对任何人来说如果他随机选择一个地方，能够遇到他的搭档的机会有多渺茫。）然而，谢林的调查对象并没有重复进行这些博弈，却显示出一种立刻向惯例集中的非比寻常的能力。不知怎的他们好像预先知道何种惯例是最有可能出现的。如果人们具有某种这样的能力，即便是有缺陷的能力，也可能对于解释惯例起初如何开始演化——以及因此何种惯例自我确立起来——来说非常重要。（记住一旦**某些**人采纳了一项惯例，自我强化的过程就开始运作。）

那么，人们协调他们行为的能力背后隐藏着什么？谢林的回答是，在人们能够协调他们行为的所有可能的方式中，某些方式要比其他的更凸显、更引人注意或者更突出。凸显性（prominence）“取决于时间、地点以及人本身”；在最后的分析中他说，“我们像处理逻辑问题一样处理我们的想象力问题”（Shelling，1960，p. 58）。虽然如此，人们通常共有一些有关凸显性的观念，并且使用这些观念来解决协调问题。

凸显性有时候和未意识到的**优先性**思想有关。拿“正面”与“反面”的硬币例子来说，我认为，我们大多数人都会感觉到“正面”比“反面”具有某种程度的优先性——它不知怎的就是比较重要。我的感觉毫无疑问就是如此，即便我无法说清这种信念。（孩提时代，扔硬币时候我总是喊“反面”，因为我有某种感觉，我这么做是在支持失败者。）谢林的调查对象明显也有相同的感觉。更为关键的是，他们一定猜测（因为他们怎么可能已经知悉？）别人也有着他们的感觉，“正面”比“反面”更重要。

正如谢林所指出的，凸显性通常与独特性联系在一起。在一个正整数集合中，1 引人注目的原因是它是最小的，没有其他的性质能够像“最小的正整数”一样重要，这就是对任何正整数而言的独特性。我如何能够证明“最小的正整数”要比“不吉利的数”或者“一美元折合的美分数”这类性质更重要呢？我不能，但是我感觉是这样的。记住在这类博弈中，不必试图表现得更聪明；检验好答案的标准是看其是否和其他人的答案相一致。如果谢林的调查对象具有典型性，数字 1 **确实是**适当的答案，只不过是因为这是大多数人所给出的答案。“位于中心”是另一个性质，常常为一个集合中的某物赋予独一无二的凸显性。这或许说明了中午 12 点在一天所有可能时间中的凸显性。

凸显性也可以由类推来决定。为何火车站作为一个会面场所引人注目？当然不是因为火车站本身具有凸显性。（假设谢林的问题是：“说出纽约城的一个标志性地方。”他的调查对象仍会集中回答是中央火车站吗？我怀疑不是。）我认为，对此的解释是思想之间的关联性。我发现，谢林向他的调查对象提出的特殊问题是，他们素未谋面。然而，这又与一个常见问题相联系，两人提前约定时间和地点相互见面。这类会面通常会安排在火车站的一部分原因是因为火车站常常是外来人到达城市后第一个联络场所；一部分原因是火车站的设计正提供了一个人们等待与他人会面的场所（伦敦有句谚语：“在查林十字车站（Charing Cross Station）的大钟下等我。”），所以早已存在一种将会面安排在火车站的默契。我认为，谢林的调查对象用了这一共同知识来解决为尚未安排的会面找一个场所的问题。

这种类推尤其重要，因为它们为惯例在新环境下的自我复制提供了一种方法。当然，从某种意义上说，由于任何两个协调问题从来都不会是完全相同的，因此所有惯例都依靠类推。让我们再一次思考交通博弈。假设我已经驾车在某个国家周游了几个月，我已经观察到司机们在十字路口具有明显的赋予右行以优先权的倾向。我驶近一个以前从来没有路过的十字路口，我如何知道“右行优先”是**这一个**十字路口合适的惯例呢？或者假设以前我总是在白天开车，但是现在我是在晚上开车。我如何知道晚间的惯例和白天的是一样的呢？事实是对于这些我不能确知；但是寻找我目前的、不可避免的独特难题和那些我曾经面对过的难题之间最显而易见的类推，对我而言当然是有意义的。

现在想象一个居住在有着许多十字路口的地区的社群。假设一条惯例仅仅在一个十字路口开始演化出来，该惯例是行驶在一条路（比方说，南北走向的路）上的司机和行驶在另一条路（东西走向的路）上的司机相比拥有优先通过的权利。可能还有许多其他特征来区分这两条路，或许南北走向的道路更宽且交通更繁忙；南北走向的路有些坡度而东西走向的路是平的，诸如此类。这些特征中任何一项都能够用来描述该惯例：我们可以说行驶在南北向道路上的司机拥有优先于行驶在东西向道路上的司机通过的权利；或者说行驶在主干道上的司机拥有优先通过权；或者说行驶在上下坡路上的司机拥有优先于行驶在水平道路上的司机通过的权利。只要该惯例明确用于这一特定的十字路口，所有这些描述的意思都是一样的。

现在考虑同一个社区内其他的十字路口。司机们现在可以参照第一个十字路口做出类推，因为那个路口的优先权惯例已经建立起来了。一个以主线和支线之分来思考原初惯例的司机会具有某种预期，相同的惯例也会适用于或者出现在其他地方。对他来说，解决协调问题的这一方法具有特殊的凸显性。他会倾向于采用如下的策略，行驶在支路上时让路，行驶在主干道上时保持原速。假如有大量司机如此思考问题，“主干道优先”的一般性惯例便会开始演化出来，自我强化的过程就开始运作了。当然，其他司机可能做出不同的类推。一些可能用南北和东西走向来解释原初的惯例，并期望发现东西走向的交通让路于南北走向，因此这一惯例也可能开始传播。哪一种对惯例的解释在一开始最流行，将会逐渐排挤掉其他的解释，这样最迅速地影响到最大多数人的类推将会为惯例的自我建立提供基础。

某些惯例比其他的更具有创造力，这是从它们更适宜于通过类推来自我复制的意义上而言的。“行驶在平路上的司机为行驶在坡路上的司机让路”这条规则只能适用于某类非常特殊的十字路口。“东西走向的通行让位于南北走向”这条规则也是同样的道理(尽管它可能在一个拥有网格状交通规划的城市中传播开来)。“给行驶在主干道上的司机让路”适用于较多的十字路口，尽管仍有许多情况表明这一惯例也会不明确。“为从右侧(或者左侧)驶来的车辆让路”远具有创造力，因为它能够适用于任何十字路口。确实，无论何时只要车辆、船只、飞机、马匹或者人相互处于相撞的路线上却还未正好迎头撞上，该惯例就能够适用。这样它就能够通过类推从一个场合传播到许多其他场合中去。例如，它可能最初作为开放水域中船只航行的规则演化出来，随后传播到公路交通领域。

因此一般性惯例——具有广泛的可适用范围的惯例——可能是已建立起来的惯例库中占主导地位的惯例。特殊性惯例存续于特定的情形中，正如稀有的植物和动物能够生存于特殊的栖息地；但是在向新环境传播的过程中最通用的惯例是最成功的。

3.4 社会生活中的惯例

交通博弈可以作为许多惯例的模型，这些惯例使得人们能够以一种合理和谐的方式共同生活。考虑社会生活中货币扮演的角色这样一个例子。在每一个现代社会，本质上毫无价值的纸片和金属块被人们接受，用来交换具有真正价值的商品和服务。在较早的时代，更通行的是使用金币或者银币作为货币。这些金属确实具有某种内在价值，特别是作为装饰品的时候，但是如果这些金属不作为货币使用的话，用其他商品来度量的金银的交换价值则会小得多。(这就是简单的供求问题。如果它们没有被用作货币，对于金银的需求要比原本小得多；因此金银的价格相对于其他商品来说要更高。)从这种意义上而言，金银具有的购买力可能远远超过它们的内在价值。

货币的价值本质上是一种惯例，我们每个人承认货币具有价值是因为所有其他人都这么做——17 世纪时洛克(Locke)早就认识到了这一点："金银与衣食车马相比，对于人类生活的用处不大，其**价值**只是从人们的共识而来。"他论述道："人们已经同意让**一小块**不会耗损又不会败坏的**黄色金属**值一大块肉或一大堆粮食。"这种同意如何可能存在？洛克描述了货币作为一种"默许同意"而获得其价值的过程；这种同意"不需要社会契约"便可达成[Locke, 1690，政府论(下篇)，第 5 章]。[1] 似乎他脑中所想的是渐进的惯

〔1〕 此处译文引自中译本《政府论》(下篇)，叶启芳、瞿菊农译，商务印书馆 1964 年版，第 32、25 页。——译者注

例演化。[①]半个世纪后,休谟提供了对于货币价值类似的解释。根据休谟所言,对于产权规则的人类认知是一种惯例,"是逐渐发生的,并且是通过缓慢的进程,通过一再经验到破坏这个规则而产生的不便,才获得效力"。并且"金银也是以这个方式成为交换的共同标准,而被认为足以偿付比金银价值大出百倍的东西"(Hume,1740,第3卷,第2章,第2节)。〔1〕是否如休谟所言产权规则是惯例,将成为第四和第五章的主题。

在任何特定的社会人们用什么来作为货币在很大程度上是任意的,同样我们是给从右侧驶来的车辆让路还是给从左侧驶来的车辆让路也是任意的。然而,一旦货币惯例建立起来了,就具有极大的维系力,黄金作为货币的惯例已经持续了数千年。如今,没有法律来阻止英国人用德国马克、法国法郎或者美元来进行交易,这些通货都可以在银行里自由获取而且从本质上来说并没有不适合在英国使用。然而普通商店仍只用英镑来标识商品价格并且不接受其他国家的通货,普通人身上只携带英国通货。为何我们都继续使用英镑?基本的回答就是:"因为所有其他人都这么做。"我们不携带外国货币是因为我们知道商店不会接受;店主不承担处理外国货币而带来的成本是因为他们知道他们的顾客会携带英镑。因而在英国用英镑进行贸易是一种惯例。

互补品的标准化提供了更多有关惯例的例子,例如唱片和留声机。唱片的生产商想要让他们的产品与尽可能多的留声机相兼容;留声机的生产商也想要他们的产品与尽可能多的唱片相兼容。

〔1〕 此处译文引自中译本《人性论》(下册),关文运译,商务印书馆1980年版,第531页。——译者注

所以对于“为何几乎所有的留声机生产商将他们产品设计成播放时转速为33rpm(转/分钟)”这个问题的基本回答是:“因为所有其他人都这么做。”同样的原则似乎也隐藏在市场交易地点、交易时间和购物时间的演化的背后:卖者希望在买者聚集的地点和时间进行交易,而买者希望在卖者聚集的地点和时间去购物。[2]类似地,大多数社区都有关于何时何地刊登特定类型的分类广告的惯例。例如,每个人都知道,售房广告习惯上刊登于特定报纸的周六版。这些惯例能够起作用是因为卖者希望他们的广告被尽可能多的买者看到,而买者希望阅读有许多卖者刊登广告的报纸。

正如休谟(Hume, 1740,第3卷,第2章,第2节)所认识到的,语言也是一套惯例系统。我们都希望用我们想要与之交流的人们所能够理解的方式来言说和书写,因此对社群而言存在着一种自我强化的趋势来演化出共同的语言。例如,英语看起来已经自我确立为经济学的国际语言。母语不是英语的经济学家要学习阅读英语,因为这是大多数经济学家写作所用的语言;而他们用英语写作是因为这是大多数经济学家能够阅读的语言。简而言之,经济学家使用英语是因为其他经济学家都这么做。隐藏在语言演化背后的进程也能够被视为在表意符号的演化中起着作用,例如一根香烟上划了一道斜线,这样一幅图表示“禁止吸烟”。任何人想要用表意符号来交流信息,都会希望该表意符号被尽可能多的人理解,因此会想要使用最广为人知的传达相关信息的表意符号。这样就存在一种使得表意符号标准化的自我强化的趋势。

交换圣诞卡片是一个比较家常的例子。我认为在大多数时候,人们想要把卡片送给那些也会送卡片给自己的人,而不是给其他人。至少在英国,圣诞期间邮政投递如此之慢以至于很难等到在你投递卡片给别人之前就看到他是否寄送卡片给你;而很晚才寄送卡片则是一个信号,表明你原先根本不想寄卡片。因此每年人们双双进行着和交通博弈在本质上具有相同结构的博弈。一方面,圣诞卡片博弈更容易进行:这不是匿名博弈。这样就有可能采取谨慎规则,寄送卡片给那些正是在去年送卡片给你的人。但是在试图预料寄送卡片给你的人这张名单的**变化**——猜测谁将首次寄送卡片给你,谁会决定今年不送卡片给你——的时候,就需要真正的技巧了。许多人在预料这些变化时看起来确实相当成功。我想,由于存在着哪一种人际关系与交换圣诞卡片相关这样的惯例,他们的成功是可能的。这些惯例是微妙且模糊的——这就是为何获得圣诞卡片博弈的成功要求技巧和想象力——但是它们确实存在。

这些例子几乎无穷无尽。大量社会组织依赖于像我已经描述的那些惯例。这些是从未被有意识地设计的规则,遵守这些规则符合每个人的利益。正是因为这些规则不是被设计出来的,正是因为遵守它们符合我们的利益,我们很容易就忽视了这类规则的重要性。人们亟欲将社会秩序与计划和约束联系在一起——认为秩序必定是人类设计的产品,而且必须要求强制施行。正如哈耶克(1960,p. 159)所指出的,广为流传着一种观念,“未能认识到人类活动的有效合作,并不需要某个有权下达命令的人进行刻意地组织”。[1] 我们对于人类理性的感觉易于阻止我们去发现这种可能性,社会秩序或许是自发的。

---

〔1〕 此处译文参考了中译本《自由秩序原理》(上册),邓正来译,生活·读书·新知三联书店 1997 年版,第 199 页,稍作改动。——译者注

4⊙

产　权

4.1 霍布斯的自然状态

在前一章，我引用休谟的主张认为财产法从根本上来说是一种惯例，是自发演化出来的——“是逐渐发生的，并且是通过缓慢的进程，通过一再经验到破坏这个规则而产生的不便，才获得效力”(Hume，1740，第3卷，第2章，第2节；以及前文3.4节)。在本章以及下一章，我将探询休谟是否正确：我将问，是否在缺乏任何正式法律体系的情况下，自我施行的产权规则能够从只关心自身利益的个人交往行为中演化出来。

回答这一问题的一个出发点是考虑一种自然状态：人类不需要政府或者正式法律而生活在一起的一种状态。霍布斯在《利维坦》(*Leviathan*，1651)中给出了有关自然状态的经典阐释，特别是在第13章“论人类幸福与苦难的自然状况”。

霍布斯一开始论述说人[①]为了适于在自然状态中求生而具备的技能、体力和智力这些自然禀赋大体上是平等的：

> 自然使人在身心两方面的能力都十分相等，以致有时某人的体力虽则显然比另一人强，或是脑力比另一人敏捷，但这一切加总在一起，也不会使人与人之间的差别大到使这人能要求获得人家不能像他一样要求的任何利益，因为就体力而论，最弱的人运用密谋或者与其他处在同一种危险下的人联合起来，就能具有足够的力量来杀死最强的人。

由此霍布斯推论出在自然状态下，人与人之间将永远处于战争状态：

> 由这种能力上的平等出发，就产生达到目的的希望的平等。因此，任何两个人如果想取得同一东西而又不能同时享用时，彼此就会成为仇敌。他们的目的主要是自我保全，有时则只是为了自己的欢乐；在达到这一目的的过程中，彼此都力图摧毁或征服对方。（Hobbes，1651，第13章）

人为获利而战，并且由于每个人都知道他人会试图剥夺他自己所拥有的东西，那么每个人都会另有一种嗜好去征服他的邻人：即便他不想要拿走他们所拥有的东西，他也想要尽可能削弱他们攻击自己的力量。霍布斯说，"对任何人而言，最合理的自保之道就是先发制人"(1651，第13章)。因此人为安全而战。霍布斯进一步论述道，人类天性希望获得他人的尊重，并且倾向于相信别人低估了自己；任何对自己的轻视都会使他们感到怨恨并寻求报复。于是人为荣誉而战。

所有这些的结果都是极度令人不快的：

> 根据这一切，我们显然可以看出：在没有一个共同权力使大家慑服的时候，人们便处在所谓的战争状态之下。这种战争是每一个人对每个人的战争。因为战争不仅存在于战役或战斗行动之中，而且也存在于以战斗进行争夺的意图普遍被人相信的一段时期之中……
>
> 在这种状况下，产业是无法存在的，因为其成果不稳定。这样一来，但凡土地的耕作、航海、外国进口商品的运用、舒适的建筑、移动与卸除需费巨大力量的物体的工

具、地貌的知识、时间的记载、文艺、文学、社会等都将不存在。最糟糕的是人们不断处于暴力死亡的恐惧和危险中，人的生活孤独、贫困、卑污、残忍而短寿。(Hobbes，1651，第13章)[1]

自然状态中生活的核心问题是没有确定的产权规则；每个人都试图抢走他能够得到手的一切。霍布斯指出了这一点，声称在自然状态下"每一个人对每一种事物都具有权利"(1651，第14章)。[2] 每个人都具有一种自然权利去做任何他判断为能够最好地保全自己生命的事，并且处于一场一切人反对一切人的战争的动荡不安中，他能获得的任何东西都可能有某种用处，帮助他保全自己对抗敌人，即对抗所有其他人。因此，根据霍布斯所言，每个人对自己攫取或争抢的东西都拥有权利。

作为一个会出现在这种自然状态下的交往行为模型，我们可以采用霍布斯自己的例证："两个人都想取得同一东西而又不能同时享用"时的这种情形。或许一个人刚好捡了一堆木头用来生火；另一个人出现想要这木头为自己生火。他们要么达成和解要么就战斗。如果其中有一人拥有强大的力量，以至于**他无需费力**就肯定能赢得战斗，那么结果就很明显：强壮的人拿走木头。但是根据霍布斯所言(并且我同意他)，这不是典型的情形。人类在体力和智力上十分平等，大多数人都具有力量向大多数其他人施加**某种**伤害。如果两个人争斗，战斗本身有可能伤害双方，即使(这不是

[1] 此处译文参考了中译本《利维坦》，黎思复、黎廷弼译，商务印书馆1985年版，第92～95页，稍作改动。——译者注

[2] 此处译文引自中译本《利维坦》，黎思复、黎廷弼译，商务印书馆1985年版，第98页。——译者注

必需的情况）胜利的战利品足以补偿胜利者由于争斗而遭受的损失。假如这个例子中的两个人都有某种能力可以伤害他人，他们的交往行为就具有一种类似博弈的特征。我将探究产权惯例是否能够从这类博弈的重复进行中演化出来。

如果能够预期这类惯例会演化出来，霍布斯的自然状态的图景就过度悲观了。不可否认，霍布斯的图景不是每个人每时每刻都在战斗；每个人仅仅是时刻准备着去战斗，使其“以战斗进行争夺的意图”被所有其他人都知晓。但是在霍布斯的自然状态下，关于谁占有何物的惯例似乎没有确定下来；没有人对此抱有任何信心，只要他不逾越某些公认的界限，他就能够和平地生活。对霍布斯而言自然状态是战争状态，而一套惯例体系则至少代表了一种不放下武装的休战状态。

正如我在第一章中所述，自然状态的思想能够用来作为描述某些人类生活重要领域的模型。例如，两个人围绕一堆木头发生冲突这种情形在国际事务中有明显的类似情况。当两个国家围绕某种有价值的资源的占有发生争执时——比方说，领土、捕鱼权或者航行权，通常是双方都有能力向对方施加巨大伤害的情形。如果双方国家都超出限度提出各自的要求，那就只有全面战争了，但是这种战争对胜者和败者都耗费巨大（甚至可能没有任何赢家；在核武器力量下，全面战争意味着相互灭绝）。国际关系中的惯例会允许不友好的国家在和平的状态下共存而不是展开全面战争。

从更小的层面来说，构成日常生活的许多人类交往行为都有自然状态的因素蕴含其中。比如邻里间争吵这种平常情形。A 的花园和 B 的花园的确切界线在何处？当 B 想要睡觉时 A 的聚会可以吵闹到什么程度？当 B 在下风处晒日光浴时 A 可以点燃一堆篝火吗？诸如此类。当两户人家住得很近时，有许多种微妙的（以及不那么微妙的）方式能够伤害对方；因而每一方都有能力将争吵升级为一种局部战争。当然，原则上来说这类争议通常都能够在法庭上解决，但是将邻里间的争吵诉诸法律就好比将国家间的争议诉诸战争：这是最后的解决方式，但是（就利益攸关的方面而言）通常对双方都耗费巨大。因而双方在他们的争吵升级到法院传讯令状和禁令的程度之前，都很想达成某种和解。在此，对于达成个人处理分歧的条件，惯例又一次可能是重要的。

4.2 鹰—鸽博弈

我以描述一个非常简单的博弈作为开始，该博弈看起来抓住了霍布斯的两人争吵例子的主要特征，这两个人"都想取得同一东西而又不能同时享用"。梅纳德·史密斯和普莱斯（Maynard Smith and Price，1973）这两位生物学家曾经使用了这个博弈，作为动物间的竞争模型，以"鹰—鸽博弈"（The hawk-dove game）这个名称而为生物学家所熟知。而对大多数博弈论专家来说更为熟知的称呼是"怯鸡博弈"（chicken），指的是青少年一味蛮干的博弈[2]（参见 Rapoport，1967）。我将使用生物学家的名称，因为我对于该博弈的演化分析大量依赖于他们的工作。

梅纳德·史密斯和普莱斯关注的是在基因上已经预先决定的这种情形下的动物行为。这样在他们的模型中，个体并不在策略间进行**选择**；相反，个体还具有一种遗传性倾向去遵循一种特定的策略。策略能否成功是用达尔文主义者的"适应性"概念来衡量的；具有先天倾向去遵循一项策略的动物能够成功地自我繁殖，就这种程度而言该策略是成功的。随着自然选择过程的进行，越来越多的成功策略逐渐取代了不那么成功的策略。为了避免误解，让我重复一下我在2.6节中所说的话：我关注的是**社会的**演化而非**生物的**演化。为了使梅纳德·史密斯和普莱斯的博弈适用于人类背景，我用主观的效用概念替代了达尔文主义者的适应性，来作为对成功的度量，并且我假定较为成功的策略取代较为不成功的策略是通过模仿和学习的过程而非生物学上的自然选择过程。尽管如此，梅纳德·史密斯和普莱斯的许多分析依然可以用于人类情形下。

假设两个行为人A和B，为了他们中谁应当拿走某一有价值的资源而发生了冲突。每一方都有能力去伤害对方。这可以是实质伤害——双方都能够向对方施加痛苦或造成损伤——但无需如此。在国际事务中——这或许是与霍布斯主义的自然状态最接近的现代类似状态——战争可供作为最后的解决方式，但是还有许多较温和的方式可以让一个国家用来为了追求自身的目标而有意地伤害其他国家（可以断绝经济、体育或者外交关系，或者为从一国到另一国的旅行施加障碍）。而邻里吵架的情形，最后的解决方式也只是打官司而非实质的战争。关键是每个行为人都有能力做**某些事**，而别人最好他不做这些事。我使用“战斗”这个词涵盖一切A和B要伤害对方的方式。目前我假定A和B在他们伤害和受伤害的能力方面完全平等：如果要战斗，他们势均力敌。

假设行为人可以采纳的只有两种可能策略。一种策略是顺从性的；梅纳德·史密斯和普莱斯称之为鸽策略。实际上，鸽要求仅获得一半资源的所有权（换之在人类的竞争中，我们可以假设鸽子提议用某种随机装置——像是抛硬币——给每个人同等的机会来获得资源)。然而,鸽子不准备用战斗来支持他们的主张;如果他们的对手表现出任何要战斗的倾向,鸽子立刻承认失败。

另一种策略——鹰策略——则是攻击性的:这是一种试图用战斗赢得全部资源的策略。如果鹰遇见鸽,鹰要求得到全部资源且发出信号表明他已准备战斗;鸽则会立即让步,允许鹰不用战斗就拿走资源。但是如果鹰遇见鹰,它们就会打起来。梅纳德·史密斯和普莱斯假定在战斗中有某个可识别的时刻,这时赢家会脱颖而出;输家接受失败而赢家拿走资源。在这一阶段输家——可能赢家也会——会遭受某种伤害:这是将鸽与失败的鹰区分开来的关键。由于两名竞争者势均力敌,我们必须假定它们中哪一方赢得胜利只是个机会问题。这样长期进行战斗的行为人就能够预期他会赢一半输一半。

很明显对任何人来说最值得欲求的事态是当选择"鹰"策略的时候遇见鸽:不需要花费任何代价就可以赢得全部资源。次优的是当选择"鸽"策略时遇见鸽:这样不需要花费任何代价就分享一半资源(或者有 50%的机会赢得全部资源)。原则上其他两种事态——当选择"鸽"策略的时候遇见鹰和当选择"鹰"策略的时候遇见鹰——可以任意排序,取决于对已知的鹰策略的最优反应是战斗还是投降。然而,如果最优反应是战斗,这个博弈就没有什么价值,因为那样的话选择"鹰"策略对所有策略来说都是最优反应,对任何人而言就绝没有理由去选择"鸽"策略。假设在战斗中被伤害的风险十分大且伤害非常严重,那么使得"鸽"策略成为对"鹰"策略的最优反应就很有意义了。换言之,最糟糕的事态是卷入战斗中。图 4.1 所示的是与这些一般性假设相符的特定的预期效用矩阵。(要求用预期效用是因为存在着随机因素:两只鹰之间任何一场单独竞争的结果都是偶然决定的。)

参与人的策略 \ 对手的策略	鸽	鹰
鸽	1	0
鹰	2	−2

图 4.1 对称的鹰—鸽博弈

这一博弈的结构与交通博弈有些相似,但是这两个博弈是不同的:鹰—鸽博弈中参与人之间存在着更大的利益冲突。在交通博弈中,选择减速的司机(更顺从的策略)**想要**其对手保持原速;在鹰—鸽博弈中,鸽子宁愿遇见其他的鸽子。

正如我在交通博弈中所作的分析,我假定有一个许多行为人组成的大社群,每个人都具有由图 4.1 所示的效用指数所代表的偏好。每个行为人进行这一博弈许多次,在任何一次博弈中,其他任何一个人都有相同的可能成为他的对手。

目前我假定和交通博弈一样,这一博弈是匿名进行的,每个行为人只记得他关于该博弈的**一般性**经验,但不记得和特定对手相遇时是如何做的。当参与人群体很大,且任何给定的一对行为人相互间进行博弈的次数非常少,在这些情形下,该假设看起来还是合适的。比如两个司机为谁应该占用停车场最后一个车位而发生争执这种情形;或者火车站两个急匆匆的人为谁应该第一个使用公用电话而发生争执这种情形，这些就是参与人不太可能再次相互碰见的鹰—鸽博弈的例子（如果他们再次遇见也可能认不出对方了）。不可否认，还有许多其他的例子，相互之间非常熟悉的两个行为人重复进行着鹰—鸽博弈——例如，邻里间吵架的情形。我将在后面的章节考虑这些情形（4.8 节和 4.9 节）。

假设参与人没有发现博弈中任何的非对称性，将每次博弈都理解为“我”和“我的对手”之间的博弈，那么这就是具有稳定均衡的对称博弈。令 p 为随机选择的参与人在随机选择的博弈中选择“鸽”策略的概率。那么根据 p 是小于、等于或者大于 $\frac{2}{3}$，“鸽”是比“鹰”更成功、一样成功或者劣于后者的策略。这样当且仅当 $p=\frac{2}{3}$ 时存在着均衡，且该均衡是稳定的。如果在所有情形中超过 2/3 的时候选择“鸽”，“鹰”则成为更成功的策略；如果在所有情形中超过 1/3 的时候选择“鹰”，“鸽”则成为更成功的策略。这样，只要该博弈被理解为是对称的，任何对 $p=\frac{2}{3}$ 的偏离都会被自我纠正。

这一均衡具有霍布斯主义的自然状态的外表。不可否认，有些冲突可以和平解决：鸽子遇见鸽子的冲突。但是所有其他的冲突——在我的例子中是 56%〔1〕——以武力或者以武力相威胁来解决。当鹰遇见鸽时，鹰凭借以战斗相威胁而获胜，而鸽则投降。当鹰遇见鹰时，就是一场两败俱伤的战斗。由于没人知道他的对

〔1〕 疑误。根据上下文，鸽子遇见鸽子的情形是 1/3，其他的情况是 2/3，即 66%。——译者注

手会采用何种策略，没有人总是有信心能够赢得争议中的资源，或者是得以分享该资源。换言之，不存在确定的产权规则。如果战争“不仅存在于战役或战斗行动之中，而且也存在于以战斗进行争夺的意图普遍被人相信的一段时期之中”，那么这就是“每一个人对每个人的”战争状态（参见 4.1 节）。

战争状态使得每个人都遭受痛苦。在均衡中每个行为人——无论他总是选择“鸽”策略，还是总是选择“鹰”策略，抑或是有时候选这个策略有时候选那个策略——从每次博弈中获得的预期效用都为$\frac{2}{3}$。如果换作每个人都选择“鸽”策略，那么每个人从每次博弈中获得的预期效用是 1。因此，相对于这种和平的事态而言，战争中没有赢家。这不是恃强凌弱的情形；回想一下，我们假定每个人都拥有平等的战斗能力，并且每个人都可以选鹰。于是，如果他预期他的对手不会战斗，每个人就获得同样的激励去战斗。每个人都偏好和平状态甚于战争状态；但是在和平状态中，每个人都会获得激励去战斗。

所以，由于缺乏非对称性，鹰—鸽之类的冲突导致了霍布斯主义的自然状态。人们自然会问如果换作参与人认识到博弈中的某种非对称性，会发生什么。由于我想首先考察某个较为复杂、但更为实际的霍布斯博弈形式——两个人欲求同一东西而又不能同时享用，所以这个问题我将在 4.5 节中再回答。

4.3 消耗战

鹰—鸽博弈提供了描述人与人之间冲突的简洁模型，但是存在严重的局限。一个非常明显的问题是战斗代表了一种要么全有要么全无的事态，在这之中胜利者的出现全靠偶然。在现实中，人与人之间相互战斗的许多方式涉及的是一个相互伤害的漫长过程。一个人失败不是由于遭受了对手随机性的制胜一拳，而是选择的结果：战斗在持续，直到一方认为自己受不了了，并承认失败。

例如，拿邻里争吵来说。每一方都能够向对方施加持续不断的小骚扰；在类似于邻里关系的战争中，这种过程可以持续下去——双方都受到伤害——只要双方都坚持。只有当争议的一方让对方压倒自己时战争才会结束。或者拿两个司机在一条小巷中迎面相遇的例子来说，这条小巷太窄以至于无法让两辆车并排通过。一方必须掉头驶向最近的避车处；但是哪个司机应当掉头？每个司机都可以选择拒绝掉头坚持向前开，但如果都这么做就会陷入僵局。这种情况持续得越久，双方司机遭受的迟误就越久。当一方司机让步并且同意掉头时这场竞争才结束。注意这个例子可能更宜用讨价还价博弈而不是战斗博弈来理解。该问题的本质是两名司机必须就他们中谁掉头**达成一致**；每一方都能够试图坚持达成一个利于他自身利益的协议，但是他们坚持得越久，双方的成本也就越大。很明显，国际关系争议和劳工争议就类似于此。

这类问题能够形式化为一个简单的博弈，两名参与人各自选择用承受成本的方式来赢得某一奖励；选择承受较大成本的参与人赢得该奖励，但是没有一方参与人能够收回他已经投入竞争的成本。可能最早对这类博弈做出分析的是塔洛克（Tullock，1967）。该博弈一个更广为人知的形式后来由舒贝克（Shubik，1971）表述为美元拍卖博弈（dollar auction game）。至于在怯鸡博弈的情形中，大部分是由生物学家进行了这类博弈的演化分析。

梅纳德·史密斯(1974)做出了开拓性的工作。理论生物学的文献中研究了许多梅纳德·史密斯博弈的变体(例如,Maynard Smith and Parker, 1976; Norman *et al.*, 1977; Bishop and Cannings, 1978; Bishop *et al.*, 1978),在此是一个非常简单的形式。由于我的分析大量依赖于生物学家的工作,我将使用他们对该博弈的称呼:消耗战(the war of attrition)。

假设两名参与人 A 与 B,围绕某项资源发生了争议。只要他们仍处于争议中,每一方都以每单位时间某个固定的速率遭受效用损失。[3]在任何时间,每一方参与人都可以选择投降,在这种情形下另一方取得资源。如果双方参与人恰好同时投降,便分享资源(会出现该事件的发生概率小到几乎为零)。对每一方参与人来说,赢得资源的效用为 v,分享资源的效用为 $v/2$,战斗中的效用损失是每单位时间 c。

如果我们用同时选择策略的方式来分析这一博弈,每一方参与人必须选择一段坚持时间,即一段时间限制,在这段时间中如果他的对手仍然没有投降,他自己便会投降。这样可供每一方参与人选择的纯策略集合就能够被理解为一个所有可能的坚持时间的集合。令 l_A 和 l_B 为两名参与人选择的坚持时间。战斗的时间长短由 l_A 和 l_B 中较短的时间给定;具有较长的坚持时间的参与人赢得战斗。这样如果 $l_A>l_B$,A 赢得战斗,获得 $v-cl_B$ 的效用;B 输了战斗,获得 $-cl_B$ 的效用。相反,如果 $l_A<l_B$,A 得到 $-cl_A$ 的效用,而 B 得到 $v-cl_A$ 的效用。在 $l_A=l_B$(极度不可能)的情况中,每一方参与人获得的效用为 $v/2-cl_A=v/2-cl_B$。

正如我在其他博弈中所作的分析,我假定该博弈匿名进行。该假定的一个含义是指在博弈过程中参与人之间不能通过相互沟通达成什么目的。乍一看参与人似乎不能通过在博弈一开始简单地告诉对方他们的坚持时间来避免战斗的需要。但是理所当然的是，无论他的真实意图可能是什么，让对手相信自己的坚持时间非常长是符合每一方参与人的利益的。任意一方参与人都可以选择唬人——声称具有比他实际所能达到的更长的坚持时间。在匿名博弈中，唬人是不会受到惩罚的。如果行为人不能记住他们与特定的其他行为人进行博弈的经验，任何人讲实话都不能获得信誉；所以没有人会因唬人而损失什么。然而，每一方参与人都记得他的一般性博弈经验。这样如果每个人都唬人，唬人将会终止信任。因而参与人之间的沟通不能对博弈结果产生什么实际意义是显而易见的。

在这一节中我将仅仅分析对称形式的消耗战；非对称形式将会在 4.7 节中进行考察。很容易发现，在对称博弈中，没有纯策略能够成为均衡策略。令 I 为采用特定坚持时间 l^* 的纯策略，令 J 为坚持时间比 l^* 长的任一纯策略。如果选择 I 的行为人遇见选择 J 的人，J 策略类型的参与人更加成功；因为 I 不能成为对自身的最优反应。这是常识：如果你能确信你的对手会在某个特定时间投降，正好在那个时候自己也选择投降是愚蠢的。

因此，如果存在一个均衡策略，其必定是一项混合策略。描述一项混合策略的一种方式是用投降率来表述。假设一场消耗战博弈已经持续了一段时间，比方说 60 分钟，没有参与人投降。那么我们可以问一个特定的参与人在接下来非常短的时间段内——比方说接下来的几秒钟内——投降的概率是多少。假设这一概率是 0.001，那么这个参与人在博弈的这一时点的投降率是每秒 0.001，或者每分钟 0.06。一项混合策略能够通过规定在每个可能的博弈阶段的投降率这种方式来描述。令 t 表示博弈中经过的时间，我把参与人在时间 t 的投降率写作 $S(t)$；通过将投降率 $S(t)$ 指派给每个时间 t 的投降函数就可以充分描述一项混合策略。[4]

结果是对称的消耗战具有一个唯一且稳定的均衡。该混合策略是投降率不随时间变化而变化，且等于 c/v。这一结果由毕晓普和坎宁斯(Bishop and Cannings，1978)作了正式证明。这里我简单论述为何该策略是一个均衡策略，但是我不再复述毕晓普和坎宁斯关于唯一性与稳定性的证明。

考虑参与对称的消耗战的任意一名行为人，面对随机的对手。考虑第一个参与人可能采用的两项备选纯策略。第一项策略是令 $l=t$：参与人会战斗到时间 t，但如果那时他的对手不投降，他自己便会投降。第二项策略是令 $l=t+\delta t$，其中 δt 代表非常短的一个时间段。从长期来看两项策略中哪一项会更成功?

无论何时我们的参与人遇到一个在时间 t 之前投降的对手，两项策略产生的结果则完全相同。因此为了相互比较，我们将注意力集中到时间 t 的时候对手仍然在战斗的情形。考虑在时间 t 仍然在继续的任意一场战斗，如果我们的参与人决定直到 $t+\delta t$ 才投降，而不是立即投降，他会遭受超过时间 t 的战斗所带来的额外成本。由于他的对手在 δt 期间会投降的概率接近于零，额外的战斗造成的预期效用损失大约为 $c\delta t$。然而，如果对手在该期间**真的**投降了，我们的参与人会从赢得的资源中获得大量的效用(大量，即相对于 $c\delta t$ 而言)。对手会在 t 到 $t+\delta t$ 期间投降的概率大约为 $S(t)\delta t$，其中 $S(t)$是对手在时间 t 的投降率。因此由于这一胜利概率而获得预期效用得益为 $vS(t)\delta t$。这样两项策略相对的成功可能性取决于 $c\delta t$ 和 $vS(t)\delta t$ 的相对大小；或者说(消去 δt)取决于 c

和 $vS(t)$ 的相对大小。根据 $vS(t)$ 是大于、等于或者小于 c——或者这么说，$S(t)$ 是大于、等于或者小于 c/v，"在时间 $t+\delta t$ 投降"是比"在时间 t 投降"更成功、一样成功或者劣于后者的策略。[5]

现在考虑混合策略 I，对所有的 t 有 $S(t)=c/v$，即具有固定投降率 c/v 的策略。面对该策略，**所有的**坚持时间都同样成功(在任何时间 t，"立即投降"的选择和"继续战斗"的选择同样具有吸引力)。换言之，每项策略——纯策略、混合策略并且包括 I 本身——都是对 I 的最优反应。这证明了 I 是一项均衡策略。

与鹰—鸽博弈相对应的均衡相比，这一均衡甚至更是一种每一个人对每个人的战争状态。**所有的**争议都通过战斗来解决；不存在与鸽子遇见鸽子这种情形相对应的情况。不存在确定的产权规则——除了一条规则，资源总是归属于更加坚定的战斗者的争议方所有。(不是更强壮的一方：所有行为人在战斗能力方面都是平等的。)或许最麻烦的是：从长期来看，没有人能够从参与消耗战中得到任何好处。每个人都不会比如果不存在可争斗的资源时的生存状况更好；就好比大家不战斗，行为人用毁掉大家都想要的资源的方式来解决分歧这种情况一样。[6]

为什么会这样？在均衡中，所有的坚持时间都同样成功。一种可能的坚持时间是零：参与人可能在博弈刚一开始就投降。这种参与人赢得任何资源的概率小到几乎为零。(具有固定的投降率，对手选择**正好** $t=0$ 时作为他的投降时间的概率实际上为零。)然而，由于他根本不战斗，他没有承受战斗带来的成本。从零坚持时间中得到的预期效用因而为零。由于所有的坚持时间都同样成功，从**任何**坚持时间中——因此从均衡策略 I 中——得到的预期效用都必定为零。那么，经过许多次博弈，任何行为人从他的胜利中得到的利益正好被战斗的损失所抵消。这一结论独立于资源的价值以及每单位时间的战斗成本之外。资源越有价值，或者战斗的成本越小，人们准备战斗的时间就越长。投降率总是趋于这样一个水平，资源的价值耗散在战斗中。这是真正的霍布斯主义的自然状态。

4.4 分割博弈

在鹰—鸽博弈和消耗战中，都有可能出现双方参与人平等地分享资源，而不需要战斗的情况。在鹰—鸽博弈中这是如果双方参与人都选择“鸽”策略的结果；在消耗战中这是如果双方参与人都选择零坚持时间的结果。但是这些和平的解决方式并不是均衡。如果所有其他人都选择“鸽”策略，对任一行为人而言选择“鹰”策略就有利；如果所有其他人都在博弈开始时就投降，对任一行为人而言稍微战斗得长一些就有利。社会演化并不偏爱分享的规则——至少就这些博弈而言。

出现这种情况的部分原因是由于这两种博弈的结构阻止了参与人达成如下形式的协议，“如果你做……我就做……”。拿鹰—鸽博弈来说，双方参与人可能都对这样一种协议的想法感兴趣，他们都选择“鸽”策略，于是就可以分享资源。但是博弈是如此建构以至于没有一方参与人能够基于对方选择“鸽”策略为条件来选择同样的策略。如果参与人能够相互沟通，他们可能各自**承诺**选择“鸽”以回报对方同样的承诺；但是没有什么能够防止他们违背自己的承诺。如我所假定的，如果该博弈是匿名进行的，就不存在任何方式任何人能够从遵守承诺中博得信誉；所以承诺和威胁一样，是没有用的。同样的论证也适用于消耗战。双方参与人可能都对这样一种协议的想法感兴趣，他们都在博弈一开始就同时投降；但是他们都不能达成这样一种协议，因为双方都不能信任对方的话。

这与真实生活的匿名博弈中的一个真正的难题相对应。考虑两名司机在一条窄巷迎面相遇的情形。如果他们同意用扔硬币来决定谁掉头，如果扔硬币的结果符合一名司机的利益，那么另一名司机要掉头，怎样才能让两名司机都感到满意呢？或者假设内战中交战双方都扣有人质，如果双方互不信任，怎样才能安排人质交换？但是，正如人质的例子所示，这些问题并不总是不可解的。（如果有许多人质，双方可能商定一次释放一个人质，双方同时开始释放人质。）如果存有信任就比较容易讨价还价；但是信任并不总是讨价还价的必要条件。因而，似乎值得考虑一下这样一种博弈，双方参与人围绕一种资源发生争议，而分享该资源的协议**确实是**可以达成的。

我考虑的这种博弈是由谢林所提出的博弈的一种变体(1960，p. 61)，我称之为分割博弈(the division game)。其核心思想是两个行为人所争议的是可分割的资源。如果他们能够就有关在他们之间如何分割资源达成协议，那么就有和平的解决方式；如果他们不能达成协议，就会有一场战斗，双方都受损。

该博弈的正式结构如下。有两名参与人，一项策略是要求享有资源的某个份额：一名参与人可以在 0(什么都不要)和 1(全部的资源)之间提出任何要求。如果两人所提的要求是匹配的——它们要求的总和不超过 1——每一方参与人就能取得正好如他所要求的份额，从他获取的每单位资源中赢得单位效用。[7]如果两人的要求不匹配，每一方参与人损失一单位预期效用，[8]代表战斗的净成本（亦即，在考虑了赢得战斗以及因此获取资源的可能性之后）。正如我在鹰—鸽博弈和消耗战中所做的分析，我假定该博弈匿名进行，参与人没有认识到非对称性（该博弈的非对称形式将在4.6节进行分析）。

这一博弈的一项策略或许不是纯粹的（即一项单一要求）就是混合的（亦即，两项或者更多不同的要求，每项要求都附带一个概率）。我提出一种策略包含了所有那些被指派了一个非零概率的要求，且如果两人的要求相加总和正好等于1，它们是互补的。[9]现在考虑任意两项策略 I 和 J，使得 J 是对 I 的最优反应。很容易证明如下结论，其将成为我关于分割博弈分析的核心结论：对每一项包含于 J 之内的要求而言，必定存在一项包含于 I 之内的互补要求。我称之为互补结论（complementarity result）。

为何这一结果会成立？假设 I 在一特定区间内不包含任何要求，比方说0.2～0.4之间。假设参与人在进行分割博弈并且知道对手的策略是 I，那么就知道他不会提出0.2～0.4之间的要求。所以如果参与人准备要求超过0.6的份额，很明显他应当至少要求0.8；在这段区间内宁愿多要求一些而不是少要求一些，这样就不会有丝毫损失。从这类论证推出，当面对任何给定的策略 I 进行博弈时，唯一可能值得提出的要求是那些与包含在 I 内的要求互补的要求——互补结论。

这一结果的一个含义是唯一能够成为均衡的纯策略的是要求0.5。（考虑任意一项纯策略 I，令 c 为包含在 I 内的要求。如果 I 是一个均衡，其必定是对自身的最优反应；因此，根据互补结论，其必定包含要求 $1-c$。但是如果 $c\neq 0.5$，这就与 I 为一项纯策略的假定不符。)很容易发现纯策略 $c=0.5$ 是一个稳定均衡，因为其是对自身的唯一最优反应(如果参与人知道其对手将要求享有刚好一半的资源，他的最优策略必定也是要求得到一半资源)。

从任意两项互补要求 c 和 $1-c$(其中 $c<0.5$)出发，有可能构建起一项稳定的混合策略均衡(注意纯策略均衡 $c=0.5$ 是这一混合策略均衡集合中的一种限定情形)。考虑任意一项要求 c，其中 $c<0.5$；且考虑如下策略，以概率 p 提出要求 c，以概率 $1-p$ 提出要求 $1-c$。面对选择这一策略的对手，唯一可以做出的合理要求是 c 和 $1-c$(亦即，两项要求的互补性包含在原初策略之内)。要求 c 的预期效用为 c；要求 $1-c$ 的预期效用为 $p(1-c)-(1-p)$。如果 $p=(1+c)/(2-c)$，那么这两个预期效用是相等的。注意如果 c 位于 $0\leqslant c<0.5$ 的区间内，p 位于 $0.5\leqslant p<1$ 的区间内，这样必定存在某个概率 p 使得双方的要求都同样成功。令 I 为与该特定的概率值 p 相关的策略，面对 I，任意要求，或者这些要求的任意概率混合，都是最优反应。因此 I(这种概率混合策略)是对自身的最优反应——一项均衡策略。

注意成为对 I 的最优反应的策略只有那些仅包含要求 c 和 $1-c$ 的策略(这是互补结论的一个含义)。因此，要检验 I 的稳定性我们只需要考虑其是否会被某种其他的、要求 c 和 $1-c$ 的概率混合所侵扰，但这种侵扰不会获得成功。令 J 为任意一项策略，使用不同于 I 的两项要求的概率混合。很容易得出，尽管 J 是对 I 的最优反应，但策略 I 是比 J 更优的对 J 的反应；因此 J 不能侵扰 I(参见 2.6 节)。换一种方式论述，考虑一个社群其中的参与人始终要求或者是 c 或者是 $1-c$ 的社群。如果要求 c 的参与人比例上升超过其均衡水平，$1-c$ 就成为较好的要求，反之则反是；因此任何对这两项要求的均衡混合的偏离都会被自我纠正。

我现在将指出我所描述的均衡是该博弈唯一的稳定均衡。令 I 为任意一项均衡策略，根据假定，由于 I 是对自身的最优反应，如下所述必定为真：如果 I 包含任意要求 c，其必定也包含了互补要求 $1-c$（这是互补结论的另一个含义）；如果 I 只包含一项要求，或者只有一对互补要求，那么它是我已经描述过的一组稳定均衡中的一员。因此假设其包含更多的互补要求组合：比如它包含了要求 c、$1-c$；d、$1-d$，或许还有其他组合。I 是一个稳定均衡吗？令 J 为仅包含两项要求的均衡策略，c 和 $1-c$，很明显 J 是对 I 的最优反应（由于 J 是一项均衡策略，其包含的所有要求必定都同样成功；且 J 是这些要求中某些要求的概率混合）。由于 J 是一项均衡策略，所以 J 是对自身的最优反应。但是根据互补结论，I **不是**对 J 的最优反应（I 包含的要求并不与包含在 J 之内的要求互补）。这样 J 是比 I 更优的对 J 的反应。这证明了 I 能够受到 J 的侵扰。换言之，任何包含了超过一组互补要求的均衡都是不稳定的。

因此分割博弈具有一个稳定均衡家族，每一个包含一组不同的、与特定概率混合相结合的互补要求 c 和 $1-c$；对每一个在区间 $0 \leqslant c \leqslant 0.5$ 内的 c 值都存在着一个均衡。在均衡中提出任意一项要求的预期效用必定都为 c，所以每个参与人能够从博弈中得到的效用取决于均衡的性质。一种极端的情况是均衡出现在 $c=0.5$ 时，这代表了一条平均分配的自我施行的规则——一项惯例。在一个认识到该惯例的社区中，每个人都知道他能够预期的是什么：在每一次争议中都分享一半资源。争议总是不需要战斗就能解决（当然，尽管每个人都准备为他能分享一半资源而战：这就是为何该规则是自我施行的)。另一种极端的情况是均衡出现在 $c=0$时,在这一均衡中提出要求 0 和要求 1 的概率都为 0.5,战斗是家常便饭(有 1/4 的博弈要发生战斗)。并且正如在消耗战中一样,没有人从参与该博弈中得到任何好处:提出任何要求的预期效用都为零。一个处于这种均衡下的社区有点像霍布斯主义的自然状态。这种事态,如果一旦达成便是自我持存的。如果每个人都只要求分享一半,每个人都宁愿这样;但是当没有一个人这么做时,任何行为人要这么做只能使他的生活更糟糕。

4.5 鹰—鸽博弈中的产权惯例

我现在已经考察了三个博弈,这三个博弈以不同的方式模型化了两名行为人围绕一项资源发生争议时的霍布斯难题。在每一种情形下,我假设参与人没有认识到他们角色之间的任何非对称性。这些博弈往往会产生带有霍布斯主义性质的稳定均衡;它们可以被视为在霍布斯主义的自然状态下分配资源的模型。我现在将考察如果非对称性**被**识别出来,这些博弈会如何进行,我以鹰—鸽博弈作为开始(这一博弈的对称形式已在 4.2 节中给出)。

非对称的鹰—鸽博弈的分析变得与非对称的交通博弈的分析十分近似(3.1 节)。假设在鹰—鸽博弈的每一种情况下参与人的角色之间都存在着某种标签性质的非对称性,因此该博弈能够被描述为在"*A*"和"*B*"之间进行的博弈。(例如,就两个人为谁应该第一个使用公用电话而发生争执这种情形来说,那么 *A* 可能是等待时间更久的那个人。)

在这一博弈中，一项策略用一对概率(p,q)来描述，这是如下策略的简写："如果扮演A，以p的概率选择'鸽'；如果扮演B，以q的概率选择'鸽'。"(用2.7节的语言来说，这是一项通用策略——参与人A的策略与参与人B的策略的结合。)用图4.1所列出的效用指数很容易计算得出，对参与人A而言，"鸽"策略是比"鹰"策略更成功、一样成功或者劣于后者的策略，取决于他的对手的q值是小于、等于还是大于$\frac{2}{3}$；同样，对参与人B而言，两项策略的相对成功性也取决于**他的**对手的p值。这样就存在三项均衡策略：(0,1)、(1,0)和$\left(\frac{2}{3},\frac{2}{3}\right)$。

这些均衡中的前两个是稳定的。拿均衡(0,1)来说，这一策略很明显是对自身唯一的最优反应。如果参与人A确信**其**对手会总是选择"鸽"——而这会是$q=1$时的情形——对参与人A而言选择"鹰"是有利的。如果参与人B确信**其**对手会总是选择"鹰"——而这会是$p=0$时的情形——对参与人B而言选择"鸽"是有利的。换言之，如果一方参与人确信他对手的策略是"如果扮演A，选择'鹰'策略；如果扮演B，选择'鸽'策略"，最好他自己也采取同样的策略。这一均衡相当于**现实**财产权利的基础体系，对争议资源的享有这一权利归属于参与人A。说该均衡是稳定的就是说这些产权规则是自我施行的。

均衡(1,0)是我刚刚描述过的均衡的镜像，现实财产权利归属于参与人B。由于这是两种稳定均衡，他们都是(根据我的定义)惯例。

均衡$\left(\frac{2}{3},\frac{2}{3}\right)$与对称博弈的均衡(4.2节)相对应。在对称博

弈中唯一的均衡策略是在三分之二的博弈中选择“鸽”；且该策略是稳定的。然而，在非对称博弈中，$\left(\frac{2}{3},\frac{2}{3}\right)$是不稳定的。其会受到任意一项通用策略($p,q$)的侵扰，只要该策略或是 $p>\frac{2}{3}$且 $q<\frac{2}{3}$或是 $p<\frac{2}{3}$且 $q>\frac{2}{3}$。换言之，从每个人以 2/3 的概率选择“鸽”的事态出发，任何参与人 A 更多地选择“鸽”和参与人 B 更少地选择“鸽”的趋势都会自我强化；相反的趋势也是如此。最显而易见的是，均衡$\left(\frac{2}{3},\frac{2}{3}\right)$会受到(0,1)或者(1,0)的侵扰。如果只有少数参与人开始遵循这些惯例中的一种，那么每个人都会获得激励同样去这么做。

遵循我在交通博弈(第三章)的情形中使用的相同推理，重复进行鹰—鸽博弈可能会导致某个产权惯例演化出来。即便一开始该博弈被视为是对称的，我们预期迟早会有某些参与人认识到某种非对称性，然后基于该非对称性的惯例会开始自我确立起来。

因此如果鹰—鸽博弈被用来作为霍布斯主义的自然状态的模型，霍布斯的结论似乎过分悲观：如果行为人在一个最初是处于“每一个人对每个人的”战争状态的社会中追逐他们自身的利益，确定的产权规则能够自发演化出来。但是其他两个博弈又如何呢?

4.6 分割博弈中的产权惯例

对称形式的分割博弈在 4.4 节中做了描述。回忆一下在该博弈中每一方参与人各自提出要求分享(在 0～1 的区间,包含 0 和 1)一块可分割的资源;如果这些要求的总和等于或小于 1,每一方参与人就能得到他要求的份额;如果他们要求的总和超过 1,就会有一场双方都受损的战斗。我现在将考察这一博弈的非对称形式,在这种情况下每次博弈在一方被标识为"A"和另一方被标识为"B"的参与人之间进行。

考虑策略组"如果扮演 A,要求享有 c;如果扮演 B,要求享有 $1-c$",其中 c 取区间 $0\leqslant c\leqslant 1$ 内的某个值。对在此区间内的 c 的任何值而言,这都是一个稳定均衡策略。原因很容易发现,假设参与人确信其对手的策略是:"如果扮演 A,要求享有 c;如果扮演 B,要求享有 $1-c$。"那么参与人的最优反应是要求得到其对手不会要求的一切,而这意味着如果其对手扮演 A(亦即,如果参与人扮演 B),则要求享有 $1-c$;如果对手扮演 B(亦即,如果参与人扮演 A),则要求享有 c。所以"如果扮演 A,要求享有 c;如果扮演 B,要求享有 $1-c$"是对其自身唯一的最优反应。这是一个稳定均衡策略。

该博弈没有其他稳定均衡。为何没有?回忆一下 4.4 节中为对称的分割博弈所证明的"互补结论"。在对称的博弈中,如果 I 和 J 是两项策略,且如果 J 是对 I 的最优反应,那么对每一项包含在 J 之内的要求 c 而言,必定存在着一项包含在 I 之内的互补要求 $1-c$(说一项策略"包含了"一项要求等于是说,在该策略下,提出该项要求的概率为非零概率)。现在考虑非对称博弈。在非对称博弈中的任何策略都可以被分解为策略 A("如果扮演 A,做……")和策略 B("如果扮演 B,做……");一个均衡由策略 A 和策略 B 组成,各自都是对另一项策略的最优反应。使用互补结论，策略 A 不能成为对策略 B 的最优反应，除非对包含在策略 A 之内的每一项要求 c 而言，都存在着一项包含在策略 B 之内的互补要求。反之则反是：策略 B 不能成为对策略 A 的最优反应，除非对包含在策略 B 之内的每一项要求 $1-c$ 而言，都存在着一项包含在策略 A 之内的互补要求 c。这样，如果策略 A 和策略 B 互为对对方的最优反应，策略 A 必定只包含了某个要求集合 $c_1, c_2, \cdots$，而策略 B 必定只包含了互补要求集合 $1-c_1, 1-c_2, \cdots$。

现在令 I 为非对称博弈的任意一项均衡策略。由于前一段中的论证，我们知道 I 必定采取如下形式："如果扮演 A，以概率 p_1 要求 c_1，以概率 p_2 要求 c_2，……；如果扮演 B，以概率 q_1 要求 $1-c_1$，以概率 q_2 要求 $1-c_2$……"如果 I 只包含一对互补要求（"如果扮演 A，以概率 1 要求 c_1；如果扮演 B，以概率 1 要求 $1-c_1$"），它就是我已经描述过的稳定均衡组中的一员，因此假设其至少包含了两对互补要求（$c_1, 1-c_1$）和（$c_2, 1-c_2$）。

根据假定，I 是一个均衡策略并因而是对其自身的最优反应。这意味着参与人 A 提出的两项要求 c_1 和 c_2 在对抗已知的遵循策略 I 的参与人 B 时同样成功。类似地，参与人 B 提出的两项要求 $1-c_1$ 和 $1-c_2$ 在对抗已知的遵循策略 I 的参与人 A 时同样成功。这样策略 J"如果扮演 A，以概率 1 要求 c_1；如果扮演 B，以概率 1 要求 $1-c_1$"在对抗选择策略 I 的对手时必定和 I 一样成功；但 J 是对其自身唯一的最优反应，这样作为对 J 的反应其就比 I 更好。这证明了 I 会受到 J 的侵扰——I 是不稳定均衡（参见 2.6 节），证实了我一开始要证明的观点：唯一能够稳定的均衡是那些基于单一一对互补要求的均衡。

所以，给定参与人认识到**某种**非对称性，重复进行分割博弈会导致某种将资源的特定份额指派给各方参与人的惯例演化出来。该惯例也许会演化成——像鹰—鸽博弈那样——将全部资源指派给一名参与人；也许可能会被规定成一种平等分割；也许可能会被规定成一种特定的非平等分割。无论该惯例会成为怎样，其都可能被认作是一种**现实的**产权规则。这是对 4.5 节结论的复述。

4.7 消耗战中的产权惯例

我把对非对称的消耗战的分析留到最后是因为它特别复杂，以及因为我将得出的结论不完全和得到普遍承认的观点相一致。消耗战的对称形式我已在 4.3 节中做出了描述。回忆一下，每一方参与人选择一段坚持时间 l；每一方参与人以每单位时间效用 c 的成本相互战斗，直到坚持时间较短的参与人投降为止；另一方参与人随后拿走资源，获得的效用值为 v。

我现在假设在两名参与人的角色之间存在着某种非对称性。遵循生物学文献，我采取“占有者”(possessor)和“挑战者”(challenger)之间的非对称性(假设在一开始争夺某种资源时，一名行为人已经占有了该资源，而另一人则要求把该资源给他)。我假定每个行为人在他进行的一半博弈中扮演占有者，一半博弈中扮演挑战者。

假设起初没有人认识到非对称性，因此该社群处于一种对称的均衡，具有固定的“投降率”c/v(参见 4.3 节)。当行为人认识到了占有者和挑战者之间的非对称性时，这一事态会继续成为一种均衡状态，但是如鹰—鸽博弈的对称均衡那样，其将会变得不稳定。

由于我们分析的是非对称博弈，我们必须考虑如下形式的通用策略："如果扮演占有者，做……；如果扮演挑战者，做……。"在对称均衡中的行为模式可以用通用策略 I 描述如下："如果扮演占有者，以固定的速率 c/v 投降；如果扮演挑战者，也以固定的速率 c/v 投降。"由于面对投降率为 c/v 的对手时所有的坚持时间都同样成功(参见 4.3 节)，**所有**通用策略都是对 I 的最优反应。

通过与非对称的鹰—鸽博弈相比较，我们可以预期这一均衡会受到一项通用策略的侵扰，该策略规定两名参与人——占有者和挑战者——谁应当拿走资源。考虑一下占有者总是保有资源的惯例。该惯例可以用通用策略 J 表述如下："如果扮演占有者，永不投降；如果扮演挑战者，在时间 $t=0$ 时投降。"(时间 t 从博弈开始时进行度量)。遵循这一策略的参与人当他作为占有者时总是准备着为保有资源而战，当作为挑战者时从不准备战斗。由于所有策略都是对 I 的最优反应，$E(J,I)=E(I,I)$(亦即，选择策略 J 对抗策略 I 所获得的预期效用等于选择策略 I 对抗策略 I 所获得的预期效用)。所以 J 是对 I 的最优反应。容易计算得到 $E(I,J)=0$ 和 $E(J,J)=v/2$；因此 J 是比 I 更好的对 J 的反应。这意味着 I 会受到 J 的侵扰，I 不是一个稳定均衡。

只要**某些**行为人遵循 I，所有其他人都遵循 J，J 就是较为成功的策略。因此，似乎如果策略 J 开始侵扰策略 I，这种侵扰会持续下去直到每个人都遵循 J，而这一事态将会是一种稳定均衡。然而并非如此：J 也不是一个稳定均衡。

问题在于尽管 J 是**一个**对其自身的最优反应，但不是**唯一的**最优反应。考虑策略 K："如果扮演占有者，在 $t=t^*$ 时投降；如果扮演挑战者，在 $t=0$ 时投降。"这里 t^* 可以取任意一个大于零的值。面对选择策略 J 的行为人，K 与 J 自身一样成功；因为选择 J 的行为人如果扮演挑战者时总是立刻投降，对他们的对手而言，任何非零的坚持时间和任意其他时间相比都一样好。但是，通过完全相同的论证，面对选择策略 K 的对手，K 与 J 一样成功。那么，正式地说，J 不满足稳定性条件(参见 2.6 节)。

这意味着没有力量能阻止策略 K 侵扰策略 J。不可否认，也没有力量去鼓励这种侵扰；在一些行为人遵循策略 J 而其他人遵循策略 K 的群体中，两派行为人都会同样成功。这种情形称为漂移状态：选择各项策略的行为人比例不确定且易于向随机的潮流趋势漂移。然而，请注意如果占有者平均选择的坚持时间少于 c/v，挑战者就能获得激励选择不投降，因此挑战者总是立刻投降的惯例面临崩溃的危险。如果每个人都遵循这一惯例，就没有力量能阻止占有者的坚持时间向越来越短的趋势漂移；但是如果坚持时间过短，惯例也会崩溃。

这种崩溃危险的真实性有多少？在类似上述的情形下考虑如下事实通常是合理的，参与人不会**总是**选择最成功的策略；他们只是会有选择这类策略的**倾向**。有两个主要原因可以解释为何当更为成功的策略可供选择时行为人有时候会选择较为不成功的策略。首先，行为人无法发现哪一项策略最成功，除非他们时不时与他人进行实验。其次，参与人会犯错误。在惯例是基于博弈参与人的角色之间的某种非对称性的时候，似乎就特别有可能发生这种情况。理解他人所遵循的惯例，特别是决定如何将其应用到特定情形中去，常常需要想象力和洞察力。例如，必定会出现这种边缘状况，两个行为人中谁应当被视为占有者谁应当被视为挑战者是不清楚的；在这种情形中，将自己视为——比方说——占有者的参与人可能会遇上一名认为角色应当倒转过来的对手。

汉默斯坦和帕克尔(Hammerstein and Parker, 1982)考察了这种可能性。[10]汉默斯坦和帕克尔假定参与人在两种角色中获得的效用之间存在着某种差别。对那些将自己视为占有者的人而言令资源价值为 v_A，对那些将自己视为挑战者的人而言令资源价值为 v_B；令相应的战斗成本为每单位时间 c_A 和 c_B。假设 $c_A/v_A < c_B/v_B$。那么，用汉默斯坦和帕克尔的话来说，A 是“受到偏爱的角色”。(要么是占有者将资源价值估计得更高，要么是他们在战斗中承受较少的战斗成本，要么两种情况都有。)这一假定的原因过一会儿就会明了。

然后汉默斯坦和帕克尔假定行为人在判断他们的角色时有时候会犯错误。假设在每次博弈中一方参与人是“真正的”占有者而另一方是“真正的”挑战者，但是每一方参与人都有很小的概率将错误的角色归于自己身上。那么将自己视为占有者的参与人通常会面对将自己视为挑战者的对手；反之则反是。但偶尔自称为占有者的人会遇见也自称为占有者的人，而自称为挑战者的人会遇见也自称为挑战者的人。

现在一项通用策略必须明确当行为人**相信**他是占有者时，以及当他**相信**自己是挑战者时，他将如何进行博弈。考虑策略 J：“如果(行为人相信自己)扮演占有者，永不投降；如果(行为人相信自己)扮演挑战者，在 $t=0$ 时投降。”在非对称博弈的原初形式——永远不会犯错的博弈中，这是一项均衡策略，尽管是不稳定的。现在由于两个原因这不再是一项均衡策略。首先，就参与人相信自己是占有者而其对手遵循策略 J 的情形来说。如果对手将自己视为挑战者(正如他可能就会这么做),那么他会在 $t=0$ 时投降。然而,如果他在 $t=0$ 时**没有**投降,那么这是因为他将自己视为占有者;并且如果确实发生了这种情况,他将永不投降。因此我们的参与人最好要计划在 $t=0$ 之后尽快投降:面对永不投降的对手时延长战斗是毫无意义的。其次,拿参与人相信自己是挑战者的情形来说。存在着某种较小的可能性,他的对手会将自己也视为是挑战者;如果确实发生了这种情况,对手会在 $t=0$ 时投降。这样我们的参与人计划战斗非常短的一段时间就是有意义的——时间的长短只要在面对扮演挑战者的对手时刚好足以确保胜利就可以。这样的结果是对 J 的最优反应——无论一个人将何种角色归于自身——在 $t=0$ 之后尽快投降,但在 $t=0$ 时不投降。那么很明显策略 J 不是对自身的最优反应。

然而,正如汉默斯坦和帕克尔所表明的,该博弈确实有一个稳定均衡。在这一均衡中博弈分为两阶段。到某个时间 $t=t^*$ 为止,唯一投降的参与人是(自称为)[11]挑战者的人。挑战者以如下的速率投降,使得**对所有挑战者而言**所有从 0 到 t^* 的坚持时间都同样成功,但使得占有者继续战斗则会更好。这是因为占有者比挑战者更有可能遇到挑战者;所以如果唯一投降的参与人是挑战者,占有者的对手就比挑战者的对手具有更高的投降率。如果超过 $t=t^*$,那么将只有占有者还在进行博弈,因此该博弈变得实际上是对称的。占有者现在以速率 c_A/v_A 投降(与对称博弈的均衡相比较),投降率确保所有大于 t^* 的坚持时间对占有者而言都同样成功。因为 $c_A/v_A<c_B/v_B$,这一投降率太慢,以至于无法让挑战者在超过 $t=t^*$ 时仍值得继续进行博弈。

这一均衡能够被视为是一条自我施行的**现实**产权规则:占有者和挑战者之间的争议总是以利于占有者的方式解决。但这不是一项惯例,因为它不是**两个或更多个**稳定均衡中的一个。在非对称的鹰—鸽博弈和分割博弈中,**要么**是利于参与人 A 的规则,**要么**是利于参与人 B 的规则会演化出来;任一规则一旦建立起来,就会自我施行。这样,在那些博弈中,利于哪一方参与人只是一个惯例问题。但是在汉默斯坦和帕克尔对消耗战的分析中,只有一条产权规则能够自我施行;利于哪一方参与人不是一个惯例问题,而是由博弈的结构所决定的。[12]这使得消耗战的逻辑根本上不同于其他两种博弈。

我现在将以略有不同的方式允许参与人在消耗战中犯错误。这一方式要求不存在任何受到偏爱的角色;因而我假定 c 和 v 的价值对占有者和挑战者而言是相同的。

在描述汉默斯坦和帕克尔的分析时,我将参与人形容为"自称为占有者的人"和"自称为挑战者的人"。在某种程度上这种用词有些误导,因为这表明每一方参与人认为他**知道**自己的角色。如果行为人重复进行消耗战,并且如果他在判断自己的角色时容易犯错误,那么他会通过经验习得他在犯此类错误。更准确地说,他会习得他有时候没能正确地预测他的对手会扮演何种角色(注意参与人不是真正关心自己"真正的"角色:对他而言重要的是他的对手会担当何种角色),因而更适合用概率来论述。"自称为占有者的人"是认为他自己可能是占有者的参与人,并且因此他的对手可能会扮演挑战者。类似地,"自称为挑战者的人"是认为他自己可能是挑战者的参与人。对每一方参与人而言在任意一场博弈中都有某个概率他是"真正的"占有者;我称这一概率为我们所讨论的参与人的信心程度。

实际上，汉默斯坦和帕克尔假定只有两种信心程度是可能的：参与人或几乎确信他是占有者或几乎确信他是挑战者。这也许是一种有用的简化假定，但是——至少对人类竞争而言——相当武断。似乎没有明显的理由将信心程度的个数限制为两个。由于具有充分的博弈经验，行为人或许开始能区分出许多因素，这些因素对于哪一方参与人是占有者的传统判断能够产生影响；根据他所进行的博弈的特殊特征，他也许或多或少可以相信他是占有者。在有些情形下几乎会确信他就是占有者：他会从他所进行的绝大多数这类博弈中习得这一点，因为他的对手扮演挑战者的角色。在其他情形中他则会比较确信自己是占有者，等等。我认为我们应当假定存在着许多不同的信心程度。

在附录中，我分析了基于许多种信心程度假定的非对称消耗战，并考虑到了“信心”是一个连续变量的限定情况。它揭示了在这种限定情况中，博弈具有两个稳定均衡。这些均衡的本质特征是参与人根据信心程度的高低而选择是否投降。

根据惯例的演化是有利于占有者还是挑战者，有两种可能性。就占有者受到偏爱的情形来说，在均衡中存在着唯一的坚持时间和信心程度之间的正向关系：参与人越确信自己是占有者，他准备战斗的时间就越长，这样就总是由更相信自己是占有者的参与人赢得竞争。这是真正的惯例。越相信自己就是占有者，就越不相信对手是占有者，因此就预计他会越快投降；这样自己的信心越大，就越没有理由投降。换种情况说，相反的惯例也可能演化出来。那么，在均衡中就存在着唯一的参与人的坚持时间和他相信自己是占有者的程度之间的**反向**关系：总是由更确信自己是挑战者的参与人赢得竞争。

如果行为人擅长判断他们的角色，信心程度的分布会使得，在大多数博弈中一名参与人较为确信自己就是占有者而另一人较为确信他就是挑战者。这种竞争会很快解决：有短暂的战斗，然后一方参与人让步。哪一方参与人让步由惯例来决定：如果惯例利于占有者，较为不确信自己是占有者的参与人将会是投降者。在一名局外的观察者看来，看上去好像投降的参与人从事的不过是一场象征性的战斗，但事实上他短暂的战斗期服务于一个目的：使他能够在他的对手比他更加不自信的情况下（不太可能）赢得资源。

如果人们接受这一分析，消耗战的逻辑最终非常类似于鹰—鸽博弈和分割博弈的逻辑。这些博弈中的每一个博弈，任何非对称性都能构成一项惯例的基础，该惯例明确了双方参与人谁应当拿走处于争议中的资源：或者应当如何在双方之间分割这些资源。这种惯例是一条**现实**产权规则。

4.8　扩展博弈

到目前为止我假定博弈是匿名进行的：参与人不知道他们的对手是谁，或者他们的对手在以前的博弈中如何行为。然而在现实生活的许多情形中，我们与相同的人一次又一次发生冲突；当一次冲突出现时，我们能够记得我们与那个对手以前的冲突是如何解决的。我们也观察我们没有亲身参与的冲突，因此我们可以知道我们的对手与他人发生冲突时如何行为。我现在将探究如果放弃了匿名性假定我的结论将会受到多大程度的影响。

为了简洁起见，我将只考虑三个博弈中最简单的一个博弈的非匿名形式：鹰—鸽博弈。我提出两种备选方法来使如下思想模型化，参与人知道他的对手在以前的博弈中如何行为；第一种方法是假定每一方参与人知道他的对手在以前**对抗自己**的博弈中如何行为，而第二种方法是假定每一方参与人知道他的对手在以前**对抗其他人**的博弈中如何行为。这里先说第一种假定（第二种是4.9节的主题）。

考虑一个社群中某种博弈在随机抽取的对手之间重复进行。这些博弈不是匿名的：每个人记得他以前和谁进行过博弈，以及以前的每次相遇发生了什么。然而，没有人知道他未曾亲身参与的博弈中发生的状况。再假设人们通过某种随机过程加入和离开这个社群，那么任何行为人都会不断遇见新对手。假设比尔发现他第一次和查理进行博弈，结果也可能这是他们所进行的唯一一次博弈（因为他们中任何一个都有可能在他们有机会再次相遇之前离开社群）。然而，还是存在某种概率他们会进行另一次博弈，而**这一回**可能是他们最后的博弈，但还是存在某种概率他们会第三次遇见；以此类推。为了简单些，假设经过任意一次博弈，两个对手会再次相遇的概率是相同的——不论他们是谁，不论他们之前遇到过多少回，令这一概率为 π。

我们现在可以将任意两名特定对手之间的博弈序列处理成为一个有着自身性质的博弈。为了避免混淆，我将序列中每一回合称为单个博弈，而将术语“博弈”保留用来指序列本身；我将这一类型的博弈称为扩展博弈。[这种博弈有时候被称为“超博弈”（supergames）或者“循环博弈”（iterated games）。]类似地，我将序列每一回合行动中所选策略称为已选策略，而将术语“策略”保留用来指规定整个博弈如何进行的计划。

注意每个行为人重复进行扩展博弈对抗不同的对手，当他第一次遇见一名新对手时，没有经验能够引导他。这样我们可以将扩展博弈处理为匿名进行的一次博弈，即使每个回合(除第一次外)是与已知的对手进行博弈。这允许我们在扩展博弈层面使用通常的均衡和稳定性概念。

分析扩展博弈的主要问题在于存在大量的可能策略——即便是像鹰—鸽博弈这样当单个回合非常简单的时候。指出特定的一些策略是稳定均衡常常相对简单些，但是要证明给定的稳定均衡策略列表是详尽完备的则极为困难。就扩展形式的鹰—鸽博弈而言，我将仅止于描述两个稳定均衡策略。

假设参与人之间存在着某种非对称性，因此在**每一回合**中一人是“*A*”而另一人是“*B*”。在博弈的每个回合，每一方参与人都有某种概率扮演 *A* 某种概率扮演 *B*，每个回合的概率独立于其他回合的概率。(举例来说：你和我重复面对这样一个问题，我们中谁应当拥有岸边捡起的漂流木。有时你在我之前赶到岸边；有时我在你之前赶到岸边。)现在考虑扩展博弈的如下策略：“在每个回合，如果扮演 *A* 选择‘鹰’，如果扮演 *B* 选择‘鸽’。”

很容易看出这是一个均衡策略，因为在每个回合，“鸽”是对“鹰”的最优反应，反之则反是。同样也能表明该策略是稳定的，[13] 如果上述命题为真，那么很明显相反的策略，“在每个回合，如果扮演 *A* 选择‘鸽’，如果扮演 *B* 选择‘鹰’”，也是一个稳定均衡。所以产权惯例能够从扩展形式的鹰—鸽博弈中演化出来，正如它们能够从我在 4.5 节中所陈述的简单博弈中演化出来一样。

4.9 守诺博弈

假设你和我将要进行鹰—鸽博弈。如果你能够说服我你将不变地守诺选择"鹰"策略,且如果我仍可自由地选择"鸽"策略,那么你能够确保胜利。如果我真的相信你必定选择"鹰",我的最优反应很明显是选择"鸽"。自从谢林(1960)指出没有自由去选择策略反而能够成为一种优势的悖论之后,这一鹰—鸽博弈的特征就成为备受关注的主题。很明显,我们似乎应当期望鹰—鸽博弈中的参与人**试图**说服他们的对手相信他们关于选择"鹰"策略的坚定守诺,但是这类守诺如何才是可信的?

毫无疑问,问题在于说话是不算数的。任何人都能够说"我绝对守诺选择'鹰'策略",而无需兑现。只要博弈是匿名的,一个人欺骗说谎就不会受罚;所以每个人都会试图唬人,而没有人愿意受骗。但是换一种假设,博弈是公开进行的,因此每个人都知道所有其他人做出过何种威胁,以及这些威胁是否被兑现。那么一个人说到做到就有可能赢得信誉——或者,换一个角度——一个人做出空头威胁也能赢得信誉。我希望能提出一种简单的方式在演化博弈论框架中来模型化这一信誉概念。[14]

如果博弈是重复且公开进行的,使你的威胁让人们相信的方式是兑现它们。从长期来看每个人都有能力将自己束缚于他所选择的任何道路上。他所要做的只是宣布他不变地以特定方式行动的意图,然后完全遵照他所说的去做。这时守诺的成本是:为了维护你的信用,你必须兑现你的威胁,即便从短期角度来看你不那么做可能更好。

请注意一名参与人能够在他遇见对手之前就约束自己。某人说"我将在每次博弈中选择'鹰'策略,无论我的对手会是谁",然后这个始终如一说到做到的人,带着他已经宣布的守诺进行每一次博弈,如他所说的那样。(当然,他可能不幸遇见某个做出完全相同的守诺的人,然后双方没有一人可以让步却不损害其未来的信用。)因此当两名参与人相遇时,不是简单地由两人中首先宣布守诺选择"鹰"策略的人赢得博弈:他们可能早早都已做出了守诺。

守诺的做出能够用我所称的守诺博弈(games of commitment)来模型化。守诺博弈有两个回合,第二回合由一个传统博弈构成,比方说鹰—鸽博弈,这时参与人必须同时在备选策略中做出选择[我称这些策略为"行动"(move)]。在第一回合,每一方参与人可以选择守诺。一项守诺可以是任何有关的参与人将在第二回合中做出的行动的明确陈述,有条件的或者无条件的。例如,"我将选择'鹰'策略"是一项守诺;"如果我被指定扮演角色 A,我将选择'鹰'策略"也是守诺;"如果我的对手不做出守诺,我将选择'鹰'策略",也是守诺。守诺同时做出。守诺博弈的关键规则是参与人在第二回合选择的行动必须与他在第一回合做出的任何守诺相一致。这是对所谓马蒂尔达效应(Matilda effect)[1]的简单表述:在长期不存在可信的谎言,只有可信的真实。

在守诺博弈中一项策略具有两个要素。要有守诺(或者是不

---

[1] Matilda effect 首先由科学史家 Margaret W. Rossiter 在 1933 年提出,作为对马太效应(Matthew effect)的必然推论,意指:妇女在科学中的工作常常被忽视。——译者注

做守诺)的决定;然后是博弈第二回合的计划,与任何已做出的守诺相一致,其中行动的选择可能以对手的守诺为条件。均衡和稳定性的概念现在可以用通常的方式来定义。

整合了鹰—鸽博弈的守诺博弈在重要方面与鹰—鸽博弈本身的结构相似。守诺博弈中最具攻击性的策略是做出无条件守诺:“我将选择‘鹰’策略。”对此能够成为最优反应的唯一策略是以选择“鸽”策略作为回应,这是相对顺从的策略。但是面对任何**这些**策略,最具攻击性的策略很明显是最优反应。因此对攻击性策略的最优反应是顺从性的策略,反之则反是。这是我在这一章所描述的全部博弈的一个典型特征。

因此,发现产权惯例能够从守诺形式的鹰—鸽博弈的重复博弈中演化出来就不会让人觉得惊讶。然而,证明这一点并不容易,困难在于能够做出的不同守诺陈述的数量是无限的。我能做的顶多是发现有一种守诺形式是对其自身唯一的最优反应。

和通常一样,假设在每次博弈中一名参与人扮演“*A*”而另一名参与人扮演“*B*”。为了表达守诺可以在特定博弈之前做出的思想,我假定参与人不知道他们所扮演的角色直到他们已经宣布了他们的守诺之后。现在考虑如下守诺:“如果我扮演 *A*,我将选择‘鹰’策略;如果我扮演 *B*,我将选择‘鹰’策略,除非我的对手做出了与此完全相同的守诺。”假设你相信你的对手会做出如此守诺,我将该守诺称为 *C*。什么样的守诺对你来说是最好的呢?

如果你做出了除 *C* 之外的任何守诺,或者如果你根本不做出守诺,你将进入博弈第二回合面对一名守诺选择“鹰”策略的对手。在这些情况下你能够得到的最好效用值为 0。(如果你守诺自己选择“鹰”策略,将会比这更糟。)相反如果你做出守诺 *C*,如果到头

来你是扮演 B，你能够得到的效用值为 0。（在这一情况下，你的对手会守诺选择“鹰”策略，你则自由选择“鸽”策略。）而如果到头来你是扮演 A，假定你的对手做出对他而言唯一明智的行动，你会得到的效用值为 2。（在这一情况下，你守诺选择“鹰”策略，而你的对手自由选择“鸽”策略。）所以如果你能够指望你的对手不会在第二回合做出愚蠢的行动，C 是你唯一能做出的最优守诺，就此意义而言，C 是对其自身的最优反应。

如果每个人都做出守诺 C，争议的解决总是利于参与人 A。这可以解释为一项产权惯例——根据这一惯例——依靠每个人的守诺为后盾来捍卫每个人自己的东西。

4.A 附录：带有“信心程度”的非对称消耗战

假设在每一次消耗战中，一方参与人扮演“占有者”，另一方参与人扮演“挑战者”，但是参与人可能不确定他们自身的角色。特别是，假设一名参与人可能经验 n 种不同的信心程度，$L_1, \cdots, L_n$。对一个处于随机选择的博弈中的随机挑选的参与人而言，他具有信心程度 L_i 的概率必定是某个概率值 r_i；且很明显 $\sum_i r_i = 1$。令 p_i 为具有信心程度 L_i 的参与人实际上是占有者的概率，我将赋予信心程度以数值使得 $p_1 < \cdots < p_n$；换言之，较高的数值对应于较大的自信，相信自己是占有者。

考虑特定一场博弈中任意一名参与人并令他在这次博弈中的信心程度为 L_i。假设发生如下情况，对手的信心越大（亦即，**他的**

信心程度越高)，他的坚持时间就越长。我的目的是表明如果每个人都遵循一个特定的均衡策略，以上所述就**将会是**如此；但就目前而言我只是简单地假定会如此。更确切地说，假设存在时间点 t_0，t_1，…，t_{n-1}，其中 $0=t_0<t_1<\cdots<t_{n-1}$，使得(1)对每一个 $j=1,\cdots,n-1$，具有信心程度 L_j 的对手不变地在区间 $t_{j-1}\leqslant l\leqslant t_j$ 内选择坚持时间；(2)具有信心程度 L_n 的对手不变地选择大于或等于 t_{n-1} 的坚持时间。

现在假设我们的参与人进行他的博弈，时间已过去了 t_{j-1}，而他的对手还没有投降。很明显他的对手必定具有信心程度 L_j，…，L_n 中的一种。考虑对手的信心程度为 L_j 的概率，换言之，该对手是仍在进行博弈的、最缺乏自信的参与人中的一个。很明显，如果 $j=n$，这一概率值必定为 1.0：当到了 t_{n-1} 时，任何仍在进行博弈的对手必定具有信心程度 L_n。但是假设 $j<n$，那么能够证明如下结论：我们的参与人信心程度越高，他的对手具有信心程度 L_j 的概率越高。这符合如下直觉：我们的参与人越相信自己是占有者，他的对手就越不可能是占有者，因此他就越不自信。

证明在此。在时间 t_{j-1}，当对手相信自己是占有者时，他具有信心程度 L_j 的概率为：

$$r_j p_j \Big/ \sum_{k=j}^{n} r_k p_k \qquad (4A.1)$$

类似地，当对手相信自己是挑战者时，他具有信心程度 L_j 的概率为：

$$r_j(1-p_j) \Big/ \sum_{k=j}^{n} r_k(1-p_k) \qquad (4A.2)$$

我们知道 $p_j<p_{j+1}\cdots<p_n$。假定 $j<n$，由此推出式(4A.2)大于式(4A.1)。这样对手如果是挑战者就比他如果是占有者更可能具

有信心程度 L_j。

当时间 $t=0$,对手是占有者的概率为 $1-p_i$;因此该对手越不可能是占有者,我们的参与人的信心程度就越高。随着博弈的进行,对手是占有者的概率在增加。(博弈进行得越久而对手仍未投降,就越能证明对手的信心。)然而,由贝叶斯定理(Bayes's theorem)推出在任意给定时间内,对手越不可能是占有者,我们的参与人的信心程度就越高。将这一结论与前述结论相结合,很明显在时间 t_{j-1} 对手越有可能具有信心程度 L_j,我们的参与人的信心程度就越高。

回忆一下投降率的定义(4.3 节),我将参与人的获胜率定义为他的对手的投降率。考虑我们的参与人在 t_{j-1} 到 t_j 之间任意时间的获胜率。在这段时间唯一会投降的对手是那些信心程度为 L_j 的人。这样我们的参与人的获胜率是具有信心程度 L_j 的对手的投降率,乘以对手具有这一信心程度的概率。这一概率越大,我们的参与人的信心程度就越大。因此得出如下结论:在任意时间 $t<t_{n-1}$,参与人的信心程度越高,他的获胜率越大。

现在就有可能描述如下均衡策略 I。在博弈的第一阶段,唯一投降的参与人是那些信心程度为 L_1 的人;他们以此速率投降,以至于那些信心程度为 L_1 的参与人的获胜率为 c/v。当所有这类参与人都投降的时候:时间为 t_1。在博弈的第二阶段,唯一投降的参与人是那些信心程度为 L_2 的人;他们以此速率投降,以至于那些信心程度为 L_2 的参与人的获胜率为 c/v,以此类推直到 t_{n-1}。在博弈的最后阶段,剩下仅有的参与人是那些信心程度为 L_n 的人。那时他们以 c/v 的速率投降,如对称的消耗战那样;这样博弈最后阶段所有参与人的获胜率都为 c/v。

我们如何能够确信 I 是一个均衡策略？拿一个信心程度为 L_i、其对手都遵循策略 I 的参与人来说，现在考虑如果该参与人选择永不投降的策略他的获胜率会是多少。到时间 t_{i-1} 为止，投降的参与人都不如他自信，因此他的获胜率恒大于 c/v。从 t_{i-1} 到 t_i，投降的参与人和他完全一样自信，因此他的获胜率恰好等于 c/v。从 t_i 往后，投降的参与人比他更自信；因此他的获胜率绝不会大于 c/v：到 t_{n-1} 为止其小于 c/v，之后正好等于 c/v。

现在回忆一下 4.3 节中所证明的结论。考虑两项策略“在时间 $t+\delta t$ 投降”和“在时间 t 投降”（其中 δt 为非常短的一段时间）的相对成功性。根据在时间 t，相关参与人的获胜率（或者说他对手的投降率也一样）是大于、等于或者小于 c/v，前者比后者更成功、一样成功或者劣于后者。将这一结论应用到当前的情形中，信心程度为 L_i 的参与人将他的投降延迟，至少等到时间 t_{i-1}，必定是有利的。从 t_{i-1} 到 t_i，我们的参与人的获胜率正好等于 c/v，因此在此区间内所有的坚持时间都同样成功：他何时投降并不重要。如果我们的参与人的信心程度 L_i 小于 L_{n-1}，过了 t_i 之后会有一段时间内他的获胜率小于 c/v；且以后也不会再超过 c/v（如果他留在博弈中等待艰辛的结局，他的获胜率最终会回到 c/v）。这样我们的参与人在 t_i 之后不再留在博弈中必定是有利的。如果参与人的信心程度为 L_{n-1}，在 t_{n-1} 之后他是否留在博弈中无关紧要，因为他的获胜率永远不会下降而低于 c/v；但是他留在博弈中也没有什么得利。

这一论证证明了 I 是对其自身的最优反应。（回忆一下，策略 I 要求信心程度为 L_i 的参与人在区间 t_{i-1} 到 t_i 之间选择坚持时间；对具有这一信心程度的参与人而言，这是对遵循策略 I 的对手的最优反应。)然而,如果信心程度的数目是有限的,I 就不是一个稳定均衡。问题在于那些信心程度为 L_{n-1} 的参与人。对这些参与人而言——与那些具有较低信心程度的人相比较——获胜率从来不会低于 c/v。这样将他们的投降延迟到 t_{n-1} 之后,他们也没什么可损失的(尽管也没有什么可得到的),如果他们这么做,均衡可能会崩溃。

这是摆在汉默斯坦和帕克尔(Hammerstein and Parker, 1982)面前的难题。他们的模型本质上和我提出的模型等价,但是仅有两个信心程度。较低的信心程度——我这里记为 L_1——是参与人将自己视为挑战者,但是也许会犯错。较高的信心程度 L_2 是参与人将自己视为占有者,但也许同样会犯错。如果 c 和 v 的价值对所有参与人而言是相同的,那么存在一个均衡,具有一种信心程度的参与人比具有另一种信心程度的参与人早投降。

然而,由于我已经叙述过的理由,这一均衡是不稳定的。汉默斯坦和帕克尔通过假定 c/v 的值根据参与人信心程度的不同而不同来做出回应。这就允许了一种稳定均衡的存在,相信自己扮演"不受偏爱的角色"(具有较高 c/v 值的角色)的参与人首先投降。

另一种方法是放弃有限数目的信心程度的假定。相反我们可以假定"信心"(比方说,那个概率 p 是占有者)是一个随机变量,其分布可以用一个连续的概率密度函数来描述。根据这一假定,由信心程度为 L_{n-1} 的参与人所造成的特殊问题就消失了。

我已经描述了信心程度数目有限的情形下的均衡策略 I。其连续情形时的类推如下:对每一个 p 值(即每一个信心程度)都存在着唯一的坚持时间 $l(p)$;较高的 p 值与较长的坚持时间相联系。对一个信心程度为 p 的参与人而言，直到 $l(p)$ 为止获胜率大于 c/v，在 $l(p)$ 时正好等于 c/v，之后小于 c/v。这样 $l(p)$ 对信心程度为 p 的参与人而言是唯一最优的坚持时间。由此得出这一均衡策略是对其自身**唯一的**最优反应，它是稳定的。这一策略能够被理解为是一项利于占有者的惯例。

不用说（由于在我的模型中“占有者”和“挑战者”不过是标签而已）还有另一个稳定均衡策略，除了标签之外其余都相同，只是参与人投降的顺序颠倒了过来，这等同于利于挑战者的产权惯例。

5◎

占 有

5.1 十讼九胜[1]

当在北海下面发现了石油和天然气储备后就出现了问题，谁有权利去开发这些石油和天然气？潜在的权利主张者是民族国家。[①]鉴于大多数民族国家有能力对大多数其他国家施加伤害，找到某种能够被普遍接受的分割储备资源的方法就很重要。实际上，这些国家卷入了分割博弈的一种变体中，只是参与人有很多而不仅仅是两名。

达成的解决方案是将海床各个部分分配给其海岸线恰好距海床最近的国家。依照任何抽象的正义理论，这一方案看起来都完全是武断的。这一协议安排的主要受益人是英国和挪威。西德，尽管人口众多且有相当长的北海海岸线，得到的结果却很糟糕。为何西德会默许如此不公平的分配呢？就此事而言，为何分配应当限制在具有北海海岸线的国家内进行呢？非洲和亚洲的贫穷国家可以利用分配正义的论证来支持他们对北海石油的主张权利。如果回答说这些国家缺乏军事力量来支持这样的主张，那么挪威又拥有多少军事力量呢？且美国和苏联绝对比任何北海国家更强大；然而他们也什么都没得到。

一种回答可能是这一特殊的海床分割方案是由国际法所规定的。1958 年日内瓦召开的一次国际会议草拟了一项公约，当经过

〔1〕 来自于古语：Possession is nine points of the law(占有者十讼九胜)，见后文，语出自古希腊悲剧作家欧里庇得斯。——译者注

22个国家批准后该公约即生效;第22个国家在1964年签署了该公约。根据这一项公约,每个国家都有权开发利用与其海岸线相连的大陆架。大陆架的国际边界由有关国家的协议来确定,但是在存在争议的情形下,则使用中间线(亦即,与两国海岸等距离的线)来确定。然而,事实上北海国家间的协议与该公约相去甚远。挪威海岸和北海油田之间有一道很深的海沟;根据日内瓦公约这些油田都位于英国大陆架,即使在有些情况下距其最近的海岸线是挪威的。结果北海国家选择了更加简单的规则,无视海床的深度,将大陆架各个部分分配给其海岸线与之距离最近的国家,因此北海的分配不是简单地通过适用已有的国际法来达成的。但无论如何,我们需要解释最开始日内瓦公约为何会被承认。日内瓦公约的缔约国也在进行一种分割博弈:为何他们对中间线的解决方案感兴趣?

设想米尔顿·弗里德曼(Milton Friedman)所提出的:

> 你和三个朋友沿着街行走,而你恰好看到并且捡起在人行道上的一张20美元的钞票。当然,你会是很慷慨的人,假使你和他们均分这些钱,或者至少请他们喝一杯的话。但是,设想你没有这么做。另外三个人联合起来并迫使你和他们平均分享这20美元是否有理呢?我怀疑,大多数的读者会脱口而出说没有道理。(Friedman, 1962, p.165)[1]

这是另一个分割博弈的例子,这次有四名参与人。弗里德曼

〔1〕 此处译文参考了中译本《资本主义与自由》,张瑞玉译,商务印书馆1968年版,第10章,稍作改动。——译者注

认为如果他的读者进行该博弈，他们会认识到“谁发现谁拥有”（finders keepers）的规则。尽管我们可能告诉我们的孩子说正确的做法是把钱送到警察局去，但我还是确信弗里德曼是对的：大多数人**会**承认发现 20 美元的这个人拥有这笔钱。无论如何，发现者的权利主张远比当他发现时恰巧在他身边的朋友们的权利主张强有力得多。

假设你驾驶自己的车驶近一座跨河长桥。桥的宽度仅能容纳一辆车，而另一辆车从另一头驶近这座桥。它比你先到达桥并开始过河。你是停下来让这辆车驶过去，还是继续向前开并期望那辆车的司机会看到你驶过来并掉转头往回开？我的观察是大多数司机认识到一项惯例，首先上桥的车拥有路权。

我认为，在每种情况下冲突都会通过诉诸惯例来解决。在每种情况下惯例都通过将各争议标的分配给已经与标的物具有最紧密联系的权利主张者来运作——“联系”在某种意义上指其本身也是约定俗成的。首先上桥的司机与桥具有特殊联系——成为第一权利主张者的关系，或者成为占有者的关系。第一个捡起 20 美元的人也与这笔钱具有类似的关系。在北海的情形中，海床的各部分被分配给了国土距该部分海床最近的国家。

在本章的余下部分我将论证许多用来解决人类冲突的产权惯例是以此方式运作的：它们利用了权利主张者和标的物之间已有的联系。这类惯例不可避免地倾向于偏袒占有者，因为对某物的占有具有与其非常明显的联系。占有者十讼九胜的箴言不仅仅是对一特定的司法体制的一项特征的描述；其描述了人类事务的一种普遍倾向。我将提出一些理由来解释为什么此类惯例趋向于从重复进行的产权博弈中演化出来，即鹰—鸽博弈、分割博弈和消耗战皆属于其中的博弈大家庭。

5.2 博弈结构中的非对称性

在3.2节我提出备选惯例之间的关系类似于幼苗挤在一小块地里的关系。每一株幼苗,如果允许有空间让其长大成熟,就能够成为繁衍生息的大树;但是首先长大的幼苗是最繁盛的,会遏制其他幼苗的生长。类似地,可能有许多想得到的惯例,每一个都能成为一个特定博弈的稳定均衡,都能够自我建立起来;但是为了确立起自身,一项惯例必须在与其竞争的惯例之前先发展起来。当行为人开始意识到遵循惯例是符合他们利益的时候,该惯例开始发展起来。所以我们应当问,为了让行为人迅速得出上述结论,一项惯例必须具有何种属性。将惯例之间说成是竞争者的关系既方便又形象;但是必须记住这其中不包含任何目的或意图的因素。只是自然选择的过程使有些惯例比其他惯例更成功;最成功的惯例会被建立起来。

正如我在3.2节中所论述的,一项惯例如果利用了一种非对称性就会比其竞争者具有先发优势,这种非对称性以如下形式内嵌于相关博弈的结构之中:如果最初没有人识别出该非对称性,第一个发现了非对称性的人会立即获得激励去以惯例规定的方式行为。这一论述适用于我在第四章所描述的产权博弈,正如其也适用于我在第三章所描述的协调博弈那样。

考虑鹰—鸽博弈,并假设在每一次竞争开始时,一行为人已经占有了处于争议中的资源而另一人则没有。我将称前一个参与人为占有者而后者为挑战者，这是一种标签性质的非对称性。然而，出于两个主要理由，我们可以预期在现实中这种非对称性的意义要更深刻些。首先，我们可以预期，大约一名行为人当他是占有者的时候，比当他是挑战者的时候对争议资源的估价会更高些，因为在任何时候一个人所占有的东西可能是他认为特别有价值的东西(这就是为何他把它们带在身边，紧紧看守，或者诸如此类的事。并且人们围绕着长期占有的东西养成了生活习惯，掌握了使用它们的技巧)。其次，我们可以预期如果发生了战斗，占有会被赋予某种优势；这样行为人当他是占有者的时候会比他是挑战者的时候稍稍更有可能赢得战斗。

我将在此考虑上述可能性中的第二个(对第一个可能性的分析会得到本质上相同的结论)。图 5.1 所示的是鹰—鸽博弈的一个变体，其中 *A*(占有者)的战斗平均结果要比 *B*(挑战者)稍微好一些。在鹰—鹰相遇的情况中 *A* 与 *B* 之间预期效用的不同(−1.9和−2.1)反映出了如下假定，*A* 稍微更有可能成为胜利者。请注意这一不同**不是**一种人际效用比较，而是关于每一方参与人各自的偏好问题；是每一方参与人作为占有者的经验与作为挑战者的经验之间的比较。

		B 的策略	
		鸽	鹰
A 的策略	鸽	1,1	0,2
	鹰	2,0	−1.9,−2.1

图 5.1　一个非对称鹰—鸽博弈的变体

这一博弈的非对称性相当微小，且有可能经过一段时间也不会被察觉到。尽管平均来看，占有者比挑战者赢得更多，但是挑战者也经常赢。一名参与人也许要经过许多次战斗才能意识到占有使得他获胜的机会变得不同。对于没有注意到非对称性的参与人而言，以及对于因而将他作为占有者和作为挑战者的经验混在一块的参与人而言，该博弈显得具有原始的鹰—鸽博弈的结构（图 4.1）。如果最初没有人识别出非对称性，该社群会处于如下均衡，随机选择的博弈中的任意一方参与人有$\frac{2}{3}$的概率选择“鸽”策略（参见 4.2 节）。在这种境况下，任何开始认识到非对称性的人会发现在他扮演占有者的博弈中，“鹰”策略比“鸽”策略稍微更成功些，而在他扮演挑战者的博弈中，“鸽”策略稍微更成功些。这样就会有一种趋势，使得人们采纳如下惯例，占有者要求得到所有资源，挑战者让步；且这一趋势会自我强化。

因此在鹰—鸽这类的博弈中，演化出来的惯例可能利于普遍说来对争议资源赋以相对较高价值的一类参与人；或者利于对战斗行为赋以相对较低成本的一类参与人；或者利于一旦出现战斗则特别可能获胜的一类参与人。类似的结论也可以适用于消耗战和分割博弈（在消耗战中参与人不能从战斗能力上区别开来，因为只有当一方参与人选择投降时才输掉战斗；在这一博弈中，演化出来的惯例可能利于那样的参与人，对他们来说，资源的价值相对于每单位时间的战斗成本而言是最大的，亦即那些具有较低 c/v 值的人）。然而，请注意如果惯例能够开始建立起来，其能够自我持存而不需要偏爱这些特定的参与人类群；它甚至可以对他们进行差别对待。[②]然而，关键在于这样的惯例在一开始不太可能自我确立起来。

这一连串论述支持一个理由，为何利于占有者的惯例在一个自然选择的世界相对更成功，而许多其他惯例也有相似优势。例如，拿争议资源归最厉害的战斗者的惯例来说，或者拿争议资源归最需要它的人的惯例来说，两者中没有一个看上去比利于占有者的惯例更直接地与相关非对称性有联系。这些惯例不是会更有可能建立起来吗？

5.3 凸显性与占有

如果一项惯例要发展，其必须首先为人们所认识：每个人必须逐渐发现他同伴的行为中具有某种模式，并且自己也去遵循这一模式是符合他的利益的。在惯例发展的早期阶段，当只有一小部分人遵循时，这些模式有可能难以识破。人们更有可能发现——有意识或无意识地——那些他们正在寻找的模式。这样如果人们具有某种对惯例的预期，那么它就更有可能发展起来。

这并非如听起来那样像是在兜圈子。这种产生在先的预期与谢林的凸显性概念相符，后者我们在 3.3 节做了讨论。尽管这个概念晦涩难懂，并且其所依赖的方法超越了理性分析所能达到的程度，但是毫无疑问**确实**存在一些解决方式比其他方式更凸显。

当休谟撰写他的《人性论》时，他脑海里似乎也有某种类似于谢林的凸显性观念的想法——特别是阐述透彻的、标题为“论正义与财产权的起源”和“论确定财产权的规则”的两节（Hume，1740，第 3 卷，第 2 章，第 2—3 节）。正如我之前所指出的，休谟论述说产权规则是自发演化出来的惯例——正如他所提出的，逐渐形成并且通过缓慢的过程和我们违反它们时反复体验到的不便感而获得力量。他试图回答我所面对的问题：为什么一项特定的产权惯例会演化出来，而不是其他的惯例？为了回答这个问题，他认为我们必须借助"想象力"而不是"理性与公益"(1740，第3卷，第2章，第3节)。

休谟举出了如下分割博弈的例子：

> 我首先考虑处于野蛮和孤立状态下的一批人；随后假设他们感到那种状态的苦难，并预见到社会将会带来的利益，因而互相找寻对方做伴，提议互相保护、互相协助。我还假设，他们赋有那样大的智慧，以致立刻看到，建立社会和互助合作的这个计划所遭到的主要障碍就在于他们的天性中的贪欲和自私；为了补救这种缺点，他们缔结了稳定财物占有、互相约束、互相克制的协议。我感觉到，这种推论方法并不完全自然；不过我这里只是假设这些考虑是一下子形成的，而事实上它们是不知不觉地逐渐形成的；除此以外，我认为下面这种情形也是很可能的，即：若干人由于各种意外事情与其原来的社会分离以后，也可以被迫互相形成一个新的社会；在那种情形下，他们就完全处于上述的那种情况。
>
> 因此，显而易见，在这种情况下，当确立社会和稳定财物占有的一般协议缔结以后，他们遇到的第一个困难就是：如何分配他们的所有物，并分给每个人以他在将来必然可以永远不变地享有的特殊部分。这个困难不会阻挡他们很久，他们立刻会看到，最自然的办法就是，每个

> 人继续享有其现时所占有的东西，而将财产权或永久所有权加在现前的所有物上面。(Hume, 1740，第 3 卷，第 2 章，第 3 节)

注意这是一场一次性博弈，即便如此其还是被用作描述演化过程的一个简单模型(考虑"……事实上它们是不知不觉地逐渐形成的")。休谟声称利于占有者的规则具有一种自然凸显性；这导致了人们集中采用该规则作为博弈的解决方案，一场博弈中达成任何协议都要比没有协议来得好。

为何这一解决方案特别具有凸显性？休谟诉诸为他所称的人类心灵寻求对象间的关系的自然倾向：

> 我在前面已经提到人性有一种性质，即：当两个对象出现在一种密切的关系中时，心灵就容易给予它们以一种附加的关系，以便补足那种结合……例如，当我们排列各种物体时，我们总是把那些互相类似的东西置于互相接近之处，或者至少置于相应的观点之下；这是因为我们把接近关系与类似关系结合起来，或把位置上的类似关系与性质上的类似关系结合起来，就感到一种满意……财产权既然形成一个人和一个对象间的关系，所以就很自然地要把它建立在某种先前的关系上，而且财产权既然只是社会法律所确保的一种永久所有权，所以就很自然地要把它加在现实占有上，因为现实占有是与永久占有类似的一种关系。(Hume, 1740，第 3 卷，第 2 章，第 3 节)〔1〕

〔1〕 以上译文引自中译本《人性论》(下册)，关文运译，商务印书馆 1980 年版，第 543～545 页。——译者注

我认为在此有一条重要的真理。如果我们正在进行一场博弈，要达成协议以一种方式将对象分配给个人，那么**确实**存在一种获得解决方案的自然凸显性，使得分配方案基于某种预先存在的人与对象的关系。预先存在的关系与博弈中所决定的关系之间的相似程度越接近，解决方案基于这种关系就越凸显。

将黑圈与其中一个白圈连线(见图 5.2)。如果你选中和你的搭档相同的圆圈，赢得 10 英镑；否则，什么也得不到。

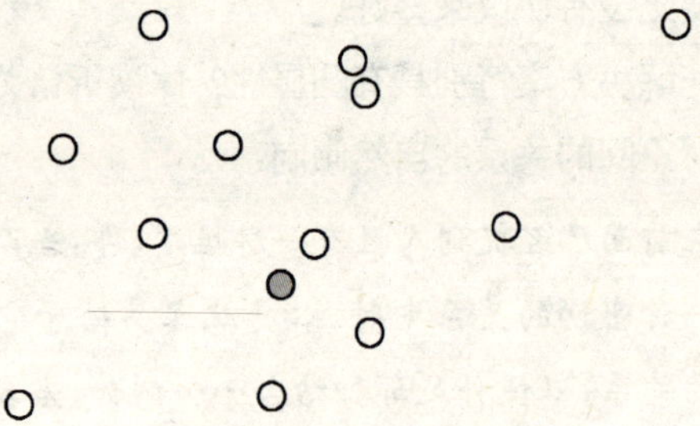

图 5.2 纯协调博弈

如果这听起来像是对财产法保守的理性化解释，考虑如下的纯协调博弈，是谢林所讨论的那种(参见 3.3 节)。你和你的搭档被分开且不允许沟通，然后你们各自都看到了如图 5.2 所绘的圆圈图案。你们要画一条线将黑圈与任意一个白圈连起来，如果你们都选中了相同的白圈，每个人得到 10 英镑；否则，你们什么也得不到。你会选哪个圆圈？我的直觉是大多数人会选择最接近黑圈的白圈。我认为，原因就是休谟给出的那个。要求你在黑圈和白圈之间建立一种关系(通过一条线相连的关系)，你自然会去寻找已经存在于图形之中的某种其他关系，由此一个且仅有一个白圈可以与黑圈相连。这类关系中最凸显的，当然是两个圆圈距离最近这一关系。(我不能**证明**这是最凸显的关系。为什么不是白圈位于黑圈正下方这种关系呢,或者两个圆圈距离最远这种关系呢?我只能说距离最近似乎对我来说是最凸显的关系,并且希望读者也有同样的反应。)

正如我在3.3节所论证的,凸显性常常依赖于类推。当人们面对需要用惯例来解决的新问题时,他们倾向于通过与其他境况——这些境况下惯例已经建立完善——进行类推来寻找凸显的解决方式。这样惯例能够从一种环境传播到另一种环境下。最易于传播的惯例是那些最具普遍性的(亦即,能够适用于最广泛的情形)和最具创造力的(亦即,最容易通过类推进行扩展的)惯例。争议的解决利于占有者的思想看起来特别具有创造力和普遍性。

利于占有者的惯例比比皆是。或许最纯粹的例子是由英国法所体现的原则,对一块土地的权利或者对一条道路的权利能够通过一段较长时期的无争议地占有或使用来取得。无论从什么道德角度来看该原则是多么武断,其似乎被普遍认为是一项有效的惯例,即使是在一些无法以诉讼解决问题的情况下。想一想邻里、同事、雇主与雇员之间的小争执和优先性、"风俗习惯"(custom and practice)有多少的重要关联。如果你的邻居、同事或者雇主开始做一些让你感到恼怒的事,你**立刻**就会抱怨——抱怨的时间远在一项优先权确立之前。如果不是因为建立了某种惯例允许风俗继续保持下去,那么为何优先性会如此重要呢?并且注意这一惯例是如此普及——其能够用来解决如此多不同的争议。

与利于占有者的惯例相近似的类推是利于第一权利主张者的惯例——那些通过惯例所定义的方式,首先申报了他们对争议资源的权利主张的人。拿排队的惯例,或者是"先到先得"(first come, first served)的惯例来说，这里的原则是，就围绕某样东西可能发生争议的所有的人来说——也许是使用公用电话的机会，或者是商店里享受服务的机会，或者是乘上公共汽车的机会——第一个人确定了最强有力的权利主张。以“后来者先走人”(last in, first out)的原则来决定当工厂或办公室裁员时谁应当被解雇也是这种情况。就在飞机和火车上已经完善建立起来的一种惯例来说，一旦一个人占了一个座位，这个座位在余下的旅程中都是他的，即使他会暂时离开座位，也属于这种情况。

作者列奥·华姆兹利(Leo Walmsley)描述了一条直到20世纪30年代仍在约克夏(Yorkshire)海岸为人们所承认的惯例。暴风雨后，值钱的漂流木被冲上了岸，在大潮之后第一个赶到岸边任何地方的人，都有权捡走漂流木；他拣选的任何东西堆成堆并用两块石头作标记，就被认为是他的，他可以选择任何时间带走(Walmsley, 1932, p. 70～71)。这是两条原则的有趣混合——权利主张在先原则和财产通过劳动获取原则。当漂流木被冲上岸时其不属于任何人，但是通过将它捡起来堆成堆，人们把这些木头变成了自己的。

后一项原则最著名的明确阐释来自于洛克，他认为这是自然法的状态——一种对人们的自然理性而言是显而易见的道德法：

> 虽然泉源的流水是人人有份的，但是谁能怀疑盛在水壶里的水是只属于汲水人的呢？他的**劳动**把它从自然手里取了出来，**从而**把它**拨归**私用，而当它还在自然手里时，它是共有的，是同等地属于所有的人的。
>
> 因此，这一理性的法则使印第安人所杀死的鹿归他所有……被认为是文明的一部分。人类已经制定并且增订了一些明文法来确定财产权，但是这一关于原来共有

> 的东西中产生财产权的原始的自然法仍旧适用。根据这一点，任何人在那广阔的、仍为人类所共有的海洋中所捕获的鱼……由于劳动使它脱离了自然原来给它安置的共同状态，就成为对此肯费劳力的人的财产。[Locke, 1960，政府论(下篇)，第5章]〔1〕

和休谟一样，我不相信这一产权原则仅仅依靠理性就能从虚无中发现。但是洛克如下所说的**确实**是对的，在缺乏"明文法"的情况下，这一原则**确实**被广泛认为是一种解决争议的方法。我认为，这是一条演化出来的惯例。

一个人对他耗费了劳力的那些东西具有特殊的权利主张，这一惯例可以被理解为是利于占有者的惯例大家族中的一员。休谟令人信服地论证了这一点。他说，占有的概念不能用任何精确的方式来定义；我们使用的定义是基于想象而不是基于理性或者公益。尽管如此，我们关于占有的定义会与如下简单的情形相符：

> 一个人如果追一只兔子追得精疲力竭，而若有另外一个人跑到他前面，攫取那个猎物，他就会认为那是一种非义的行为。但是同一个人如果前去摘一个他手所能及的苹果，而此时又有一个较他更为敏捷的人，跑在他前面，取到那个苹果，他就没有任何抱怨的理由。(Hume, 1740，第3卷，第2章，第3节)

休谟认为这些例子证明了如下的原则，一个人通过

〔1〕 此处译文参考了中译本《政府论》(下篇)，叶启芳、瞿菊农译，商务印书馆1964年版，第20～21页。——译者注

在某物上耗费劳力，他就能够在该物上确立起占有的权利主张。通过比较野兔和苹果的例子，他指出：

这种差别的理由就在于：兔子的僵卧不动不是它的自然状态，而是人的勤劳的结果，因而在那种情形下形成了对猎人的一种强烈的关系，而在苹果的情况下则没有这种关系。(Hume, 1740，第3卷，第2章，第3节)

劳力的付出建立起人与对象之间的关系，并且这类关系在作为要求将对象分配给个人的难题的解决方案时具有一种自然凸显性。此外，我认为在劳力创造关系和简单的占有创造关系这两者之间有一种自然的思想关联。我们将权利主张在先与占有联系在一起，而什么算作权利主张在先则是个惯例问题；在对象上耗费劳力也许可以被认为是申报权利的一种方式。正如堆积漂流木的例子或者休谟的野兔例子所表明的，花费劳力常常是通向实质占有的第一步，这也是一个共同经验问题。

休谟提出与占有相关的另一种凸显性形式：

当某些对象和已成为我们财产的对象密切联系着，而同时又比后者较为微小的时候，于是我们就借着添附关系(accession)而对前者获得财产权。例如，我们的花园中的果实，我们的牲畜的幼畜，我们的奴隶的作品，即使在占有之前就已被认为是我们的财产。(Hume，1740，第3卷，第2章，第3节)[1]

[1] 以上译文参考了中译本《人性论》(下册)，关文运译，商务印书馆1980年版，第547、549页，稍作改动。——译者注

换言之，惯例可能利用了人与对象之间的两步关系：如果我占有了对象 X，并且如果在对象 X 和某个“微小”的对象 Y 之间存在着某种特别凸显的关系，那么这可能足以在我与 Y 之间建立起一种凸显的关系。这一思想可以帮助解释北海分割问题中的中间线解决方案所具有的吸引力。在地理特征上，相邻关系看上去具有一种不可避免的凸显性，从这种意义上说将海床各部分与距离最近的陆地，从而与占有该陆地的国家联系在一起，是很自然的。

另一种对中间线方案的解释是，它从长期存在的捕鱼权惯例中获得了凸显性。长期以来每个国家在其海岸之外的海域有权利控制捕鱼就获得承认，尽管该权利延伸的范围经常处于争议中——如英国和冰岛之间的“鳕鱼战”(cod wars)。中间线规则是这一原则的自然扩展，因此这或许是惯例通过类推传播的一个例子。然而为何海岸捕鱼权的惯例建立起来了呢？休谟关于添附关系的思想可以帮助解释为何这一惯例看起来是对捕鱼权争议的一种自然解决方案。

5.4 平等

遵循休谟的思想，我已经论证了利于占有者的惯例具有一种自然凸显性；或者更一般地说，利用了参与者个人与争议对象之间关系的惯例在产权博弈中具有一种自然凸显性。我怀疑有许多读者更易反对说至少就分割博弈而言，还有另一类凸显的解决方案：均分方案。或许需要补充一下，这一方案没有像出现在我们面前那样出现在休谟的面前，是因为我们比他生活在一个更平等的年代。如此说当然有道理，然而，均分方案不容易定义——因此并不那么独一无二地凸显——就像它乍看起来那样。

考虑一下北海的情形。为什么争议方不同意在他们之间平等地分割海床？一旦一方开始认真思考这种可能性，各种各样的困难就会浮现。首先要决定谁是争议方，谁可以接收平等的份额。假设我们承认只有民族国家能够算作权利主张者——一条同样也是中间线规则背后的前提假定。那么允许**哪些**国家去主张权利？除非我们回答“全世界的所有国家”，否则界线在哪里？北海沿岸国家？欧洲国家？**任何**沿海国家？捡到 20 美元的例子也有类似的问题。如果规则是平等分享，为了主张权利你距离发现钞票的人多近才算？在**这一**例子里将全世界的每个人都作为权利主张者对待显而易见是荒唐的。注意问题不在于一名中立的仲裁人寻求公平的解决方案。我们每个人，如果摆到仲裁人的立场，或许都能够发现一种公平的方案值得他或她去维护。问题在于：是否存在任何单个“权利主张者”的定义，该定义是如此凸显，以至于能够为争议多方所承认是独一无二地明显的或自然的？对“为了分享对象，争议方必须与之有多接近”这样的问题，有一个回答不可避免地具有凸显性，就像数字 1 在正整数集合中引人注目一样，这就是：“比所有其他人都近。”

北海例子中的第二个难题是(尽管捡到 20 美元这个例子没有这个问题)处于争议中的资源一定不可能是同质的。争议方知道北海的某些海域比其他地方更有可能产出石油和天然气；所以北海**海域**的平等分割是不适当的。但是对海床**价值**的平等分割则要求一种价值单位——先于详细的勘探，勘探要等到分割方案得到同意之后才能进行。似乎没有任何独一无二的明显方式来定义一种平等分享。将这些困难与另一规则——海床的各部分归属于与之距离最近的国家——的简单明了相比较。后者也许是有些武断，而平等分割的规则则没有；但是中间线解决方案的武断就某种意义而言部分是由于它的凸显性。由此我的意思是解决方案的武断为受害方的特殊辩护提供了一些根据；围绕"中间线在哪里"这一问题[3]，留给诡辩论证的余地也要比围绕"什么是平等分享"问题进行的论证少得多。

以下是谢林提出的大致观点——独一无二是凸显性的一个重要因素——的一个例子。如果将同一幅地图分别给两个人看，并且要求各自选择一个地点相互见面，他们会寻求限定了单一一个地点的规则。如果这幅地图上有一座房子和几个十字路口，他们会在房子见面；如果有几座房子和一个十字路口，他们会在十字路口见面(Schelling，1960，p. 58)。这种运作方式趋向于反对模糊的惯例或者允许进行争论性解释的惯例：人们有一种预期，模糊的惯例不会建立起来。

5.5　模糊性

模糊的规则在另一方面也有缺陷。想象一下一个社群中人们在进行鹰—鸽博弈，并假设一开始两条惯例一起开始演化，利用了博弈中两个不同的非对称性。有些参与人遵循如下策略："如果扮演 A，选择'鹰'策略；如果扮演 B，选择'鸽'策略"。其他人则遵循如下策略，"如果扮演 X，选择'鹰'策略；如果扮演 Y，选择'鸽'策略。"给定遵循各项策略的参与人人数，惯例越明确，遵循该惯例的参与人就越成功。说惯例是模糊的就是说参与人有时候不确定他们在扮演何种角色；这样在有些博弈中都试图遵循同一惯例的参与人，却都选择了“鹰”策略。惯例越模糊，这种危险性就越大。当两条惯例一起演化的时候，参与人会被引向选择当时产生较好结果的惯例（参见3.1节）；因此在建立惯例的竞赛中，模糊的惯例处于不利地位。

在鹰—鸽博弈这类博弈中，参与人之间存在着利益冲突。无论可能是什么样的惯例，遵循既定的惯例是符合每个行为人利益的，但是对于惯例的内容，参与人也并非漠不关心。参与人或许会试图将模糊性转变为他们自身的优势——简单说，或许会试图欺骗。如果在鹰—鸽博弈中有一项惯例，参与人 A 选择“鹰”策略，被他的对手认为自己是参与人 A，对每一方参与人来说都是有利的。这样如果有可能伪造构成 A 的特征，人们会发现假冒是有利可图的。但是如果每个人都冒充，惯例就会崩溃。这样我们可以预期最终自我确立起来的惯例利用的不仅仅是相对来说明确的、而且还是相对来说防欺诈的非对称性。

这些考量就无法接纳那些微妙的、主观的或者要求敏锐判断的惯例——无论从道德角度来看我们多么同意它们。例如，就资源应当按需分配的规则来说，用产权博弈的观点看，这可以被转化为如下规则，争议资源应当归属于可以从中获得较高效用的参与人。要应用这一规则，就需要做一次人际间的需求或效用比较。众所周知这种比较是很难做出的。有些作者——特别是在经济学界——坚持认为人际效用比较是无意义的。我认为这种说法有失偏颇；有许多例子表明几乎所有人都能够对如下形式的问题的答案表示同意：“谁更需要 X？”（谁更需要一碗饭，是你还是埃塞俄比亚快要饿死的农民?)如果人际需求的比较真的是毫无意义的,就很难解释我们怎么能设法在任何事情上全部达成一致,然而很“明显”:对于毫无意义的问题没有显而易见的答案。但是在通常情况下,人们有可能对于“谁更需要 *X*”这类问题给出不同的回答,即便是最坚定的功利主义者也会毫无疑问地承认这一点。此外,能够用来作为判断相对需求的基础的多种证据还远不能够防止欺诈。(假设在拥挤的列车上一个看上去很健康的人要求你给他让座。他说他心脏有问题,你会相信他吗?)基于占有的惯例在道德上看来或许是武断的,但是它们往往相当明确,而且依赖于不那么容易造假欺骗的有关占有的定义。

甚至当一项惯例建立起来之后,也会有一种趋势,它会向更精确的方向演化:惯例会逐渐变得更明确。举一个假想的例子,想象一个进行鹰—鸽博弈的参与人社群,在其中如下的惯例,“如果是长得好看的参与人,选择‘鹰’策略;如果是长得不好看的参与人,选择‘鸽’策略”,成功地(绝无仅有)建立了起来。现在每个人都相信所有其他人的预期是两名参与人中长得好看的那个会拿走资源。每一方参与人的问题是他不确定如何在特定场合解释该惯例,但是注意每个人都想要以和他人同样的方式进行解释。假设我同保罗·纽曼(Paul Newman)进行鹰—鸽博弈,并且我知道有一条惯例,长得好看的参与人拿走资源。假设我认为自己长得比他好看,因而我就该选择“鹰”策略吗?如果我相信他会把这一惯例解释成利于他自己的惯例,那么我就不会选择“鹰”策略。如果我的博弈经验表明那些长得像保罗·纽曼的人几乎总是选择“鹰”策略,那么我最好选择“鸽”策略。对我来说重要的不是我对这一惯例**应当**作何解释的想法,而是**按照惯例**作何解释。

因此在我的例子里人们会发现他们在进行一场与凯恩斯(Keynes)所描述的著名博弈具有某种相同结构的博弈——20世纪30年代的报业竞争：

> 参赛者要从100张照片中选出最漂亮的6张。选出的6张照片最接近于全部参赛者一起所选出的6张照片的人就是得奖者。由此可见，每一个参赛者所要挑选的并不是他自己认为是最漂亮的人，而是他设想的其他参赛者所要挑选的人。全部参赛者都以同样的方法看待这个问题(Keynes，1936，p. 156)。[1]

如果这类博弈重复进行，我们可以预期关于美的惯例会开始建立。更一般而言，如果一项模糊的惯例在博弈中建立了起来，重复进行该博弈会导致更进一步的惯例的演化，来决定原初的惯例作何解释。

是什么力量决定了对一项模糊惯例的**哪一种**解释会成立呢？显而易见，是和决定相互竞争的惯例集合中哪一项惯例建立起来相同的那种力量。所以我们可以预期会出现一个社会自然选择过程，偏爱凸显的、明确的和防欺诈的解释。这样，一个微妙的、主观的概念——例如美——就不可能继续作为一项惯例的基础；它会趋向于被更朴实的、更客观的替代概念——例如高大或者头发颜色——所代替。一旦大家都知道(比方说)较高的参与人总是取得资源，没有人会再去关心高大原本只是美的替代概念；越是客观的惯例越能获得自己的生命。类似地，以相对需求为基础的惯例不

---

〔1〕 此处译文引自中译本《就业、利息和货币通论》，高鸿业译，商务印书馆1999年版，第159页，稍作改动。——译者注

太可能维持这种不确定状态，即使其设法建立了起来。它往往会被更为明确的替代概念所代替——例如占有。

所以，我们用来解决产权争议的许多惯例在道德上看来是武断的，我认为这并不是意外（它们对我们而言可能具有道德力量，这是因为它们是既定惯例；但是我们发现很难为它们提供任何独立的道德辩护）。社会演化的力量偏爱朴实而生机勃勃的惯例，良好的判断力在这方面是不管用的。

5.6 生物演化的证据

我已经说了很多次我不是在撰写一本关于生物演化或者社会生物学的书。尽管如此，生物学的证据也不是完全无关的。许多不同的动物物种，围绕资源展开竞争，通过利于占有者的方式来解决争端，这是引人注目的事实。雄性斑木蝴蝶（speckled wood butterfly）利用被太阳光照耀的小块地方作为吸引雌性的地方；它们保卫这些地方抵抗入侵的其他雄性。当两只雄性蝴蝶发生了冲突，它们进行数秒钟的盘旋飞行——一种仪式性的战斗——直到其中一只飞走而另一只回到太阳照射的小块土地上。成功的雄性蝴蝶几乎不变地就是先前占有这块地方的那只蝴蝶。雄性燕尾蝶利用小山头作为领土；同样，竞争几乎总是以先前的占有者获胜为结束。雄狮争夺发情期的母狮；第一头开始守护一头特定母狮的雄狮——通常在它发情周期开始前几天就守护——确立了占有地位，直到发情期结束，而其他雄狮则尊重这一点（Maynard Smith，1982，p. 97～100），等等。利于占有者的“惯例”在许多物种之间独立地进行演化。

当然，这些“惯例”是由基因决定的。雄性蝴蝶并不是通过经验习得而知道，当它们占有阳光照射的地方时要坚持不让步，当它们侵入另一只雄性蝴蝶的土地时要让步，是有利于它们的。相反，它们是有一种内在的驱动、激励或欲望去如此行为，但我所描述的人类惯例并不是这种。我们对衣、食、性有内在的欲求，但是对于在火车上某位乘客已经留有公文包或衣服表示已占的座位还去抢占，我们并没有内在的厌恶。

那么，为什么我们对生物学证据感兴趣呢？出于两个原因。首先，因为在社会演化和生物演化过程之间有许多结构上的相似性。社会惯例理论不是动物行为的生物学理论的一种情况，但是两种理论存在显著的同构。如果利于占有者的明显惯例表明了动物行为演化一贯的趋势，那么对于发现这类真正的惯例在人类社会中建立了起来我们也无需惊讶。对本章的论述进行批评的人可能很容易——但我希望，并不会令人信服——声称这全部都是对财产法的事后理性化，就好像其真的存在于自由民主中一样。（或许是：对财产法的事后理性化，就好像其曾经真的存在于19世纪的自由国家中一样。）他或许会说仅仅是因为我们在这种财产法之下被抚养长大，我所描述的惯例看起来才是自然的。仅仅是因为我们通过资本家的眼睛看问题，才假定占有对我们而言如此凸显；或许在社会主义社会中演化出来的惯例会相当不同。生物学证据并不证明这一批评是无效的，也并不证明基于产权的惯例在人类社会中演化出来具有一种内在趋势，但是其至少有启发意义。

还有第二个理由要求我们认真对待生物学证据。由于有如此多的动物确实具有一种先天的占有意识和领土意识，如果对我们这一物种来说也确实如此就没有什么出人意料的了。特定的行为人能够通过占有确立所有权，所有权应当得到保护，这一观念或许不完全是一项人类发明：我们或许与生俱来就有先天的能力以此方式思考问题。这当然不是意味着我们**被迫**遵循基于占有的惯例。如果其他类型的惯例建立起来，我们会有充分理由承认遵循那些惯例符合我们的利益。但是占有的概念具有一种自然凸显性——作为构成我们这一物种本质的一部分，自然具有最真实的意义。

6 ⊙

互　惠

6.1 囚徒困境

假设你是一名美国教师，我是一名英国教师。我们交换访问彼此的大学，互换住处。由于遇到了一群爱热闹的美国人，我很想在回英国之前在你的住处搞一次聚会。我知道这会导致什么——烟头烧着了椅子，啤酒弄脏了地毯——但是这很大程度上与我无关：之后我不用生活在这搞得一团糟的地方；而同时你也遇见了一群放纵的英国人，你也想在离开前夜为他们搞一次聚会……

假设，不管双方的聚会造成了什么样的损害，诉诸法律都是不可能的。（你不能由于弄坏了地毯而被引渡。）假设一旦我们的互访结束，我们和我们的制度对对方都不能进行任何处理，那么我们就是在进行一场简单的一次性博弈：互访博弈（the exchange-visit game）。

我们每一方都要在两项策略中进行选择：办一次聚会，或者忍住不办。我将把我们双方都办聚会这一事态作为已知事实，并且从我的观点看，对这一结果赋予零效用。那么“忍住不办聚会”就是这样一种行为，对忍住不办聚会的人施加了成本，但是却为另一方带来了好处。令 c 表示如果我不办聚会我会损失的效用，令 b 表示如果你不办聚会我会得到的效用。那么对我而言最糟糕的结果是我不办聚会而你办了；对我来说这一结果的效用是 $-c$。对我而言最好的结果是你不办聚会而我办了；对我来说这一结果的效用是 b。如果我们都表现出克制而不办聚会，我获得的效用是 $b-c$。[①] 不用说，b 和 c 都是正的。我还假定 $b>c$：相对于我们都举办聚会的结果，我更喜欢我们都表现出克制而不办聚会的结果。现在假设从你的角度来看这个博弈，和从我的角度来看是完全一样的。那么（暂时不考虑任何标签性质的非对称性）我们得到图 6.1所示的对称博弈。

		对手的策略	
		合作 （不办聚会）	背叛 （办聚会）
参与人的策略	合作 （不办聚会）	$b-c$	$-c$
	背叛 （办聚会）	b	0

注：$b>c>0$ 且 $\pi>c/b$。

图 6.1　互访博弈

当然，这一博弈是著名的囚徒困境的一种形式。在囚徒困境中，每一方参与人在两项策略“合作”和“背叛”中进行选择。[2]对每一方参与人而言，如果他选择合作而他的对手选择背叛，就会出现最坏的结果；其次则是他们都选择背叛的结果；比这要好的结果是他们都选择合作；但是对每一方参与人而言最好的结果都是他选择背叛而他的对手选择合作。在互访博弈中办聚会是背叛策略而不办聚会是合作策略，我为互访博弈各个结果指派的效用值确保了我的博弈与囚徒困境博弈具有相同的结构。[3]

现在想象一个学者的世界性社区，其中行为人相互之间进行重复**但是匿名**的互访博弈。这样每个行为人都积累了博弈的一般经验，但是没有关于特定对手行为的经验。那么博弈的分析就极其简单，只有一个均衡策略：纯策略“背叛”（举办聚会）。且该均衡是稳定的。

注意“背叛”是唯一的最优反应，不仅仅是对其自身而言，而且是对**所有**策略而言，不管是纯策略还是混合策略。根据常识来说：由于直到回家之前你都不会知道我做过什么，那么我做的任何事都不会影响到你是否在我的住处办聚会。如果你办了聚会，我最好也办一场聚会；而如果你表现出克制不办聚会，我仍然最好利用你的善良本性无论如何都要办场聚会。因为“背叛”是一项占优策略，不管参与人将该博弈理解为对称的还是非对称的，都没有区别。不管我的角色如何，而且不管我期望你做什么，对我而言背叛总是最好的。

描述这一结果的一种方式是说存在一个互利交易的机会——我们都想要能够达成一个不办聚会的协议——但是这个机会却得不到利用，因为尽管我们能够达成协议，但是我们却不能执行协议。（我们或许可以各自**承诺**照看好对方的家，但是我们每个人随后都获得了违背承诺的激励。）

这里还有同类问题的另一个例子，我将其称为交易博弈（the trading game）。假设你从一个远房亲戚的邮票藏品中继承了一枚稀有的邮票。你对邮票不感兴趣，漠然地决定要卖掉它。你在杂志上刊登广告，最终接到一个集邮者的电话，他开价 50 英镑，你接受。现在你必须决定如何安排邮票和钱的交换事宜。集邮者住在 300 英里外，因此见面是不切实际的。你提出让他通过邮局寄给你 50 英镑现金；你一收到钱就会立刻给他寄出邮票。这一方式使你免于了被他骗走邮票的危险。他回应了另一个相反的提议：你寄给他邮票，一旦邮票寄到他会寄钱给你。用那种方式**对他来说**

是安全的。很明显你和他的立场是相对的;你们两人不能同时是安全的,因此最终你们达成一个对称的解决方案。你承诺你径直寄给他邮票,他承诺他也如此寄给你钱。他会遵守承诺吗?你会吗?

这一博弈与互访博弈有着相同的结构:遵守承诺是合作的策略,违背承诺是背叛的策略。唯一的稳定均衡(假定博弈是重复且匿名进行的)又是每个人总是选择背叛:尽管每个人都会从交易中得利,但没有人交易。

这里是最后一个例子,休谟提出的:

> 你的谷子今天熟,我的谷子明天将熟。如果今天我为你劳动;明天你再帮助我,这对我们双方都有利益。我对你并没有什么好意,并且知道你对我也同样没有什么好意。因此,我不肯为你白费辛苦;如果我为了自己利益帮你劳动,期待你的答报,我知道我将会失望,而我所依靠于你的感恩会落空的。因此,我就让你独自劳动,你也照样对待我。天气变了,我们两人都因为缺乏互相信托和信任,以致损失了收成(Hume, 1740,第 3 卷,第 2 章,第 5 节)〔1〕。

这个博弈和前面两个稍微有些不同,在休谟的博弈中参与人选择合作还是背叛是**依次做出的**(而不是同时做出的)。但是这一区别并不重要,对休谟博弈的最终分析会表明唯一的稳定均衡(给定博弈是重复且匿名进行的条件下)是谁都不帮谁。实际上,这是

---

〔1〕 此处译文引自中译本《人性论》(下册),关文运译,商务印书馆 1980 年版,第 561 页。——译者注

休谟自己的结论，只是我们的表达没有那么文绉绉。

6.2　扩展囚徒困境博弈中的互惠

我在6.1节中所考虑的博弈都是匿名进行的。在匿名的境况下，遵守承诺不太可能得到好处。如果你在一次博弈中违背承诺，被你欺骗的人没有办法采取报复行动，因为根据假定他将不会再遇到你——或者如果遇到你也认不出你。并且再根据假定，由于你的对手从不知道在以前的博弈中你是如何行动的，所以就没有办法为恪守诺言建立起信誉。我现在将考虑，如果在互访或者囚徒困境类型的博弈中参与人有机会再次相遇，会发生什么情况。

我通过分析囚徒困境的扩展形式来做这项工作。扩展博弈(有时候称为循环博弈或者超博弈)的思想在4.8节中已经提出。一个扩展博弈由同样的两名行为人进行的回合序列构成；每个回合本身就是一次简单的博弈，其中两名行为人各自在备选策略或者行动中做出选择。我将分析每回合采取如图6.1所示的形式的扩展博弈，即由重复进行的互访博弈构成的博弈。(当然，互访博弈是囚徒困境博弈的一种情况。)在扩展博弈的每一回合之后，有$1-\pi$的概率博弈会结束；否则，进行另一回合博弈。这样博弈并不是永远进行下去，但是也永远不会有这样一个阶段，参与人知道他们是最后一次相遇。我认为，这是大多数人类交往行为运作的方式。

我们现在可以使用通常的均衡和稳定性概念来分析扩展博弈。[④]这类分析的主要困难是可能策略的数目庞大。一项策略是进行整个扩展博弈的计划，因为一项策略可能使得一名参与人在一个回合中的行动基于他的对手在以前的回合中的行动，可能策略的数目随着可能进行的回合数增加而激增。如果囚徒困境博弈只进行一个回合，每一方参与人仅有两个可能策略；如果进行 2 个回合，有 8 种可能策略；如果进行 3 个回合，有 128 个策略；如果进行 4 个回合，有 2^{15} 或者说32 768个策略；如果进行 5 个回合，有 2^{31} 或者说大约2 150 000 000个策略！当然，在我所分析的扩展博弈中，可能进行的回合数目是无限的。

分析这种非常复杂的博弈的一种途径是考虑一些特别简单的策略。然而，在这么做之前，我将对 π 的值做一个重要假定。

在这整一章里我将假定 $\pi < c/b$。为了弄清楚这意味着什么，请设想两名参与人之间的一个协议，他们在每个回合都选择合作。如果该协议得到遵守，双方参与人都可以获得 $(b-c)(1+\pi+\pi^2+\cdots)$ 或者 $(b-c)/(1-\pi)$ 的预期效用。现在假设每一方参与人都知道如果他一旦违背了协议，他的对手将会永远不再选择合作。(注意这是他的对手所能做的**最严厉的**报复。)那么如果一方参与人在第一回合违背了协议而他的对手遵守了协议，这名参与人得到的效用为 b。从那以后他每回合得到的效用为零，因为没有参与人会选择合作。那么，他遵守协议是否对自己有利，取决于 $(b-c)/(1-\pi)$ 是大于还是小于 b，或者同样可以说，取决于 π 是大于还是小于 c/b。假定 $\pi > c/b$，则就使得相互合作的协议的达成有了**可能**。

扩展的囚徒困境博弈在 $\pi < c/b$ 的情形下具有相当不同的结构。我们知道如果囚徒困境博弈在一个回合之后结束，唯一的稳定均衡策略就是背叛。说博弈确定在一个回合后结束就是指 $\pi=0$

的情形。因而，我们可以预期如果 π **接近于零**——如果博弈**非常有可能**在一个回合之后就结束，互惠合作的策略就不会是稳定均衡。结果是 π 的关键值是 c/b：只要 π 大于这个值，互惠合作就能够成为一个稳定均衡。注意 $\pi > c/b$ 的假定无需暗示典型的博弈是长期的：举例来说，如果 $b=2$ 且 $c=1$，当 $\pi > \frac{1}{2}$ 时就满足这一假定，即如果每次博弈所进行的平均回合数大于 2.0 就满足假定。

现在我将考察扩展的囚徒困境博弈的一些简单策略。我主要关心的是那样的策略，参与人的合作以他的对手的合作为条件——互惠策略。但是首先我要考虑的是其中两个最简单的策略。这就是无条件的合作策略——不管你的对手行为如何，每个回合都选择“合作”——以及无条件的背叛策略——每个回合都选择“背叛”。我将这些策略标记为 S(Sucker，容易受骗的人所用的策略)和 N(nasty，用心险恶的人所用的策略)。

我们立即知道 S 不能够成为均衡策略。如果你知道对手在任何情况下都将选择合作，你选择合作就没有意义。因此，成为 S 的最优反应的唯一策略是那些(像 N)在每个回合都用背叛来回应 S 的策略；S 不是对其自身的最优反应。

同样也很明显 N **的确是**一个均衡策略。如果你知道对手在任何情况下都将选择背叛，那么同样你曾经选择的合作就没有意义。因此成为 N 的最优反应的唯一策略是那些在每个回合都用背叛来回应 N 的策略。由于 N 就是这样一个策略，它就是对其自身的最优反应。换言之，江湖险恶，你自己不险恶些就得不到好处。

N 是一个稳定均衡策略吗？对 N 仅有的最优反应是那些策

略:当对抗 N 策略时,每个回合都选择背叛。但是 N 不是具有这一性质的唯一策略。除非他的对手以前至少有一次选择过合作,否则参与人永不选择合作,我称这样的参与人遵循的是一种谨慎策略。N 是一项谨慎策略,但它不是唯一的谨慎策略。很容易发现**所有**谨慎策略(没有其他策略)都是对 N 策略的最优反应。还要注意如果两名遵循谨慎策略的参与人相遇,他们永远不会选择合作。这样只要每个人都遵循这样或那样的谨慎策略,**所有**谨慎策略都会产生相同的结果:从来没有人会选择合作。造成的结局就是没有力量能够防止选择 N 策略的参与人的世界被某种其他的谨慎策略所侵扰,但是也没有什么力量能够孕育出这种侵扰。这种情形是一种漂移状态(参见 4.7 节)。

如果我们要对 N 的稳定性或者非稳定性说更多,我们必须允许参与人有偶尔犯错的可能性。我通过如下假定来使犯错模型化,在每个回合都存在某个小概率值,意图背叛的参与人实际上选择了合作,反之亦然。我假定犯了错的参与人立刻会意识到他做了什么;他的对手知道实际做出的行动,但是他不知道这是有意的还是无意的。给定这些假定,假设你的对手选择策略 N,即他**意图**在每个回合都选择背叛。如果他曾经合作过,这只是一个错误,而并非一个信号表明他在未来有任何合作的意图。因此你的最优反应——你唯一的最优反应——是有意地永远不选择合作,不管你的对手做了什么。换言之,N 是对其自身唯一的最优反应:它是一个稳定均衡策略。

然而,这不是说,N 是**唯一的**稳定均衡策略。我现在来考虑一项简单的互惠策略——与那些选择与你合作的人合作。这就是针锋相对(tit-for-tat)策略(简写为 T)。遵循策略 T 的参与人在第一回合选择合作。在接下来的每个回合他做出的每个行动与他的对手在前一回合做出的行动完全相同（“合作”或者“背叛”）。注意如果两名 T 策略类型的参与人相遇，他们在每一回合都会选择合作。然而，如果一名 T 策略类型的参与人遇到一名 N 策略类型的参与人，T 策略类型的参与人会只在第一回合选择合作；之后他都会选择背叛。因此，T 策略类型的参与人愿意和与他们类似的人合作；但是他们不准备成为容易受骗的人。

T 是一项均衡策略吗？接下来的论证基于阿克塞罗德（Robert Arexlrod）的证明（1981）。假设你知道对手选择策略 T，并打算进行 i 回合博弈。有两种可能性，取决于这是否是第一回合，如果不是，则取决于你在前一回合如何行为：**要么**你的对手会在回合 i 选择合作，**要么**他会在回合 i 选择背叛，你知道会是哪种情形。给定这些认知，原则上你必定有可能计算得出在余下的博弈中对于你对手的行动的最优反应是什么。（由于他在每个回合 $i+1$，$i+2$，…的行动完全由你迟早会做出的行动所决定。）此外，不难看出 i 值与你的计算无关；你在 $i+1$，$i+2$，…回合的最优行动独立于 i。这样如下两个问题必定各自有一个独立于 i 的确定答案：

问题 1：如果你的对手在回合 i 会选择合作，对你而言也在回合 i 选择合作能构成最优反应的一部分吗？

问题 2：如果你的对手在回合 i 会选择背叛，对你而言在那个回合选择合作能构成最优反应的一部分吗？

假设问题 1 的回答为“是”，那么令 $i=1$。你知道你的对手会在第一回合选择合作，因此对你而言也选择合作是最优反应。但是如果你在回合 1 选择合作，你的对手就会在回合 2 选择合作，那么对你而言也选择合作又是最优反应。以此类推。这样如果问题

1 的回答为“是”，在每个回合都选择合作必定是对 T 的最优反应。

现在反过来假设问题 1 的答案为“否”，那么对 T 的任何最优反应必定是在回合 1 选择背叛，这就确保了你的对手会在回合 2 选择背叛。现在有两种可能性，取决于问题 2 的回答。如果这个问题的答案为“否”，那么对 T 的任何最优反应必定是在回合 2 也选择背叛。以此类推：在每个回合都选择背叛是对 T 的最优反应。如果反过来问题 2 的答案为“是”，那么对你而言在回合 2 选择合作是最优反应。这就确保了你的对手在回合 3 会选择合作。这重复了回合 1 的情况，因此你必定又选择背叛。以此类推：在奇数回合选择背叛、在偶数回合选择合作是对 T 的最优反应。

现在考虑对 T 的三种可能反应：T 策略本身、N 策略（亦即每个回合都选择背叛）和新策略 A。A（alternation，表示轮换）策略是指在奇数回合选择背叛、在偶数回合选择合作的策略。我们从前一段的论述中知道这三个策略中有一个必定是对 T 的最优反应。我们现在可以计算面对 T 时选择各项策略所获得的预期效用。使用图 6.1 的效用指数：

$$E(T,T)=(b-c)(1+\pi+\pi^2+\cdots)$$

$$=\frac{b-c}{1-\pi} \tag{6.1}$$

$$E(N,T)=b \tag{6.2}$$

$$E(A,T)=b-\pi c+\pi^2 b-\pi^3 c+\pi^4 b\cdots$$

$$=\frac{b-\pi c}{1-\pi^2} \tag{6.3}$$

不难计算得出，如果（正如我已经做出的假定）$\pi>c/b$，那么 $E(T,T,)>E(N,T)$ 且 $E(T,T)>E(A,T)$。换言之，作为对 T 的反应，T 比 N 或者 A 都要更好；但是这些策略中有一个是对 T 的

最优反应，因此 T 必定是对其自身的最优反应：针锋相对是一个均衡策略。

6.3 惩罚和补偿

针锋相对策略是一项惯例吗？我已经表明针锋相对策略在扩展的囚徒困境博弈中是一项均衡策略。我也表明这不是**唯一的**均衡。险恶策略 N（“永不合作”）也是一个均衡；且每个人都选择用心险恶策略的均衡是稳定的。根据我的定义一项惯例是一场博弈中两个或者更多稳定均衡策略中的一个；因此要表明针锋相对策略是一项惯例，我必须表明它是一项**稳定**均衡策略。

在 6.2 节我指出对针锋相对策略 T 唯一的最优反应是那些策略，当面对策略 T 时，在每个回合都选择合作。T 具有这一性质——这就是为什么 T 是一项均衡策略——但是许多其他的策略也有这一性质。最显而易见的例子就是 S，容易受骗者无条件合作的策略；并且面对策略 S 时，S 如 T 一样成功。只要每个人都遵循这两项策略中的一项，就永远不会有任何背叛。这意味着没有力量能够防止 T 策略类型参与人的世界被 S 策略类型参与人所侵扰；但是也没有什么力量能够孕育出这种侵扰。我们再一次得到了一种漂移状态。

因而我将和之前一样假定参与人偶尔会犯错。由于这一假定，我需要对针锋相对策略的定义做一些小改动。假设你相当确信对手会选择针锋相对策略，因而你在每个回合都选择合作，你的对手也选择合作。然后在一个回合中，比方说回合 i，你犯了个错误:你意图合作,但是结果你却选择了背叛。现在你应当做什么?你能够预期你的对手会在回合 $i+1$ 中选择背叛以回应你意外的背叛。如果遵循严格的针锋相对原则,你会在回合 $i+2$ 中以选择背叛作为回应,那么你的对手会在回合 $i+3$ 时选择背叛,以此类推。通过在回合 $i+2$ 选择合作来打断这条无穷无尽的报复和反报复链条可能更好。这是隐藏在遵循针锋相对策略一种改变形式背后的直觉,我称这种策略为 T_1。

策略 T_1 起源于信誉良好(being in good standing)的概念。[1] 核心思想是信誉良好的参与人被赋予权利,其对手会与他合作。在博弈一开始双方参与人都被视为信誉良好。只要当策略 T_1 规定参与人应当选择合作时他就总是合作,该参与人就能保持良好信誉。如果在任何一个回合,当策略 T_1 规定参与人应当选择合作时他却选择了背叛,他就失去了良好信誉;在接下来的**一个**回合中,参与人选择合作,就会重新获得他的良好信誉。(这就是为何我称这一策略为 T_1;如果需要两个回合的合作来重新获得良好信誉,该策略就是 T_2,以此类推。)给定上述一切,T_1 可以公式化如下:"如果你的对手信誉良好,或者如果你没有良好信誉,选择合作;否则,选择背叛。"

对一个从来不犯错的参与人而言,T 和 T_1 是等价的(如果你遵循 T_1 而从来没有犯错,你会总是信誉良好,因此 T_1 会规定你的对手应当在每个回合都选择合作。这样你的对手在任何回合是

〔1〕 取自公司法的术语,国际上公司注册规则中需要提供 Certificate of Good Standing,指存续证明,或称信誉良好(优良声望)证明,用来证明公司运营状况良好。——译者注

否具有良好信誉完全取决于他在上一个回合是不是合作。如果他在回合 $i-1$ 中选择了合作，策略 T_1 要求你在回合 i 选择合作；如果他在回合 $i-1$ 中选择了背叛，策略 T_1 要求你在回合 i 选择背叛）。T_1 和 T 之间仅有的差别在于参与人错误地选择了背叛之后他做出的行动。假设你遵循策略 T_1，正要进行回合 i 的博弈；你和你的对手都信誉良好，因而你应当在回合 i 选择合作。然而，假设你错误地选择了背叛，而你的对手选择了合作，那么你就失去了良好信誉。现在，根据 T_1，你应当在回合 $i+1$ 选择合作。由于你失去了你的良好信誉，你的对手可以在回合 $i+1$ 选择背叛而不会失去他的良好信誉；因此无论他在回合 $i+1$ 做了什么，T_1 都会要求你在回合 $i+2$ 也选择合作。

假如犯错的概率足够小，T_1 就是一个稳定均衡策略。为什么？假设你知道你的对手遵循策略 T_1，而你正要进行回合 i 的博弈。假定，无论过去可能发生过什么，你和你的对手都不会再犯任何错误。我将表明，根据这一假定，唯一的最优反应是："如果你的对手信誉良好，或者如果你没有良好信誉，那么选择合作；否则，选择背叛。"但是如果这只是当不可能有更多错误时的**唯一**最优反应——如果该反应**绝对**优于任何其他反应——假设犯错的概率十分小，必定当有可能犯更多的错误时它一定还是唯一的最优反应。因此我应当证明的是，如果存在某个十分小的犯错概率，"如果你的对手信誉良好，或者如果你没有良好信誉，那么选择合作；否则，选择背叛"是对 T_1 的唯一的最优反应。但是这一反应是 T_1，所以我就证明了 T_1 是一个稳定均衡策略。

现在是证明。当你进入回合 i，只有三种可能性：

1. **或者**你和你的对手都信誉良好，**或者**你们的信誉都不好。

那么你的对手在回合 i 会选择合作，之后则选择针锋相对策略（亦即，重复你的最后一步行动）。

2. 你的对手信誉良好而你的信誉不好。那么他在回合 i 会选择背叛，之后则选择针锋相对策略。

3. 你的信誉良好而你的对手信誉不好。那么他在回合 i 会选择合作，在回合 $i+1$ 再次选择合作，之后则选择针锋相对策略。

注意在博弈的第一回合，必须适用情形 1。那么，这就是 6.2 节所分析的情形，我证明了如果没有犯错，对策略 T 的最优反应是在每个回合都选择合作（其实是阿克塞罗德证明的）。所以我们知道在情形 1 中你在回合 i 唯一的最优行动是选择合作。

现在考虑情形 2。注意如果你在回合 i 选择合作，那么回合 $i+1$ 会成为情形 1 那样的情况：你的对手会在那个回合选择合作，然后选择针锋相对策略。我们知道在情形 1 你唯一的最优反应是“合作，合作，……”；因此如果在回合 i 选择合作是最优行动，那么在回合 $i+1$ 选择合作也必定是最优行动，以此类推。相反如果你在回合 i 选择背叛，那么回合 $i+1$ 就会成为另一种情形 2 的情况；因此如果在回合 i 选择背叛是最优行动，那么在回合 $i+1$ 选择背叛也必定是最优行动，以此类推。这样回合 $i, i+1, \cdots$ 的两组行动序列中必定有一组是最优反应——**要么**是“合作，合作，……”，**要么**是“背叛，背叛，……”。假定 $\pi > c/b$，那么前一组序列产生较大的预期效用。因此情形 2 和情形 1 相同，你在回合 i 唯一的最优行动是选择合作。

最后考虑情形 3。这一情形中在回合 i 你可以自由选择背叛而不会丧失你的良好信誉；无论你在回合 i 做了什么，回合 $i+1$ 会成为情形 1 那样的情况。所以你在回合 i 的最优行动必定是选择背叛。这就完成了证明:如果你的对手信誉良好或者如果你没有良好信誉,你在回合 i 的最优行动就是选择合作(情形 1 和 2),否则的话选择背叛(情形 3)。

那么,策略 T_1 是一个稳定均衡——但不是唯一的稳定均衡。(回忆一下,无条件的背叛策略也是一个稳定均衡。)换言之,T_1 是一项惯例。考虑一下这条惯例相当于日常生活中的哪种做法。

首先,很明显这是一条互惠惯例:遵循 T_1 的人,假如他的对手愿意合作,他也愿意如此。但这也是一条惩罚惯例。假设在某个回合 i 你的对手错误地选择了背叛而你选择了合作,那么他违反了惯例而且让你在这个回合成了受骗者。惯例现在规定在下一个回合你的处境会发生逆转:当你选择背叛的时候他应当选择合作。然后在回合 $i+2$ 你们俩都再次选择合作。发生在回合 $i+1$ 的情况可以被解释为对你的对手之前违反惯例的行为予以惩罚:他为了那个回合而遭受了最糟糕的可能结果(效用损失 c)。注意这一结果对他而言比和你一样在回合 $i+1$ 也选择背叛所得的结果还要糟糕。从这一意义上说,你的对手在选择接受惩罚。(因为他明白,如果他不这样做,对他来说长期的结果还会更糟糕。)

然而,说你的对手受到了惩罚只不过讲了故事的一半。在回合 $i+1$ 你获得了最好的可能结果——效用得益 b。对你而言这比相互合作的回合所得的结果还要好,更不用说相互背叛的回合所得的结果了。所以回合 $i+1$ 的情况不仅仅损害了你的对手,而且让你获益。换言之,发生的不仅是惩罚还有补偿。我们可以说,该惯例规定了你的对手履行补偿行为。你在回合 $i+1$ 的背叛和他的合作都是这一行为的一部分。

策略 T_1 规定了在任何不正当的背叛(即任何没有经过 T_1 规

定的背叛)之后一个回合的补偿。在这一回合之后,两名参与人再度合作。为什么只有一个补偿回合呢?毕竟,这种补偿不足以完全弥补受害方从另一方参与人违反惯例的行为中所遭受的损失。(原初的违反行为——比方说在回合 i——给受害方造成了成本 b 的损失:这是他应当从他对手的合作行为中获得的利益,但是实际上他没有得到。回合 $i+1$ 的补偿行为允许受害方挽回损失 c,因为他可以无需付出自己的合作成本而从他对手的合作行为中获得利益,但是我们知道 $b>c$。此外,节约下来的成本 c 必须要进行贴现,因为有可能会出现这样的情况,回合 $i+1$ 将不再进行。)答案就是补偿的程度本身就是一项惯例。受害方要求的补偿要正好与他预期他的对手会容许让与的一样多,而他的对手提供的补偿要正好与他预期受害方会索要的一样多。

我们可以想象策略 T_2 规定对每次不正当的背叛提供两个回合的补偿,或者策略 T_3 规定三个回合的补偿,以此类推。能够证明(但是在此我不会给出证明)只要 $\pi^r>c/b$,任何这样的策略 T_r 都是一个稳定均衡。这样如果 π 十分接近 1,任何策略 T_r 都是一个稳定均衡;但是 r 值越高,π 值就必须要越接近于 1,以确保稳定性。

这是为什么呢?r 值越高,参与人就要做出更大的补偿以便在犯错之后重新获得他的良好信誉;按照阿克塞罗德的观点(1981,p. 310),我们可以说 r 值越低的策略越宽容。如果一项策略要成为一个均衡,那么关于该策略的宽容程度就存在着一个明显的限制条件:补偿必须足以成为一种负担以对有意的背叛形成威慑。即使对策略 T_1 这种最宽容的策略来说,这一点也是成立的,越过这个界限就容易堕入不宽容的危险。一旦犯错,参与人不是**被迫**做出补偿；相反他可以放弃他的良好信誉而继续选择背叛。他的对手越是不宽容，这第二种选择就越有吸引力。同样，当博弈越有可能结束，从信誉良好中获得的收益就越少，因此值越低，后一种选择也就越有吸引力。

6.4　演化偏爱互惠吗

我所考虑的针锋相对策略是非常大的一类策略中的一员，我称这类策略为勇敢互惠策略（strategies of brave reciprocity）。这些策略有两个定义性特征。首先，面对一名在每个回合都选择背叛的对手，这些策略除了第一个回合之外在每个回合都选择背叛（假如没有犯错误）。其次，如果两名都遵循勇敢互惠策略的参与人相遇，他们在每个回合都选择合作（同样，假如没有犯错误）。注意这两名参与人不需要遵循**相同的**策略。

一项策略只有当其总是在第一个回合选择合作的情况下才能满足第二个条件（因为直到进行第一个回合之前，没有参与人能够知道他的对手的策略），这就是为什么我称这些策略是勇敢的。在有任何证据表明你的对手将选择互惠策略之前，就准备选择合作，你会让一个总是选择背叛策略的对手利用你而大开方便之门。如果你遵循勇敢互惠策略，这种利用局限于一个回合，但这仍然是利用。这是如果你选择了**任何**“与合作本身相合作”的策略所不得不支付的代价，即任何这样的策略，如果博弈中双方参与人都遵循该策略，他们都会选择合作。（如果直到另一方已经选择了合作，就没有参与人愿意选择合作，那么他们根本不会进行合作；所以如果一项策略是与合作本身相合作的，其必须要在有任何证据显示对手也有同样的合作意愿之前，就愿意进行合作。）

现在假设当人们进行扩展的囚徒困境博弈时，他们只考虑两种策略——勇敢互惠策略和无条件选择背叛的险恶策略 N。当然，当可选策略数目实际上是无穷大时，这是一种大胆的简化（记住即便 5 个回合的囚徒困境博弈也有超过 20 亿个策略），但是我们不得从某个方面开始作为出发点。

现在有三种可能。首先，两个 N 策略类型参与人相遇。他们会在每个回合都选择背叛；每一方从博弈中所得的效用为零。其次，N 策略类型参与人可能遇见某个遵循勇敢互惠策略的人（我将称之为 B 策略类型参与人）。除了第一个回合外他们会在每个回合都选择背叛；但是在第一个回合 N 策略类型参与人选择背叛而 B 策略类型参与人选择合作。这样在整个博弈中 N 策略类型参与人获得效用 b 而 B 策略类型参与人获得效用 $-c$。第三种可能性是两个 B 策略类型参与人相遇。他们在每个回合都选择合作，每个回合都得到效用 $b-c$；这一效用流的期望值为 $(b-c)/(1-\pi)$。请注意所有的 B 策略类型参与人是不是都遵循相同的策略并不重要；重要的是每个 B 策略类型参与人都遵循**某项**勇敢互惠策略。

这种境况可以用图 6.2 所示的简单对称博弈来表述，这一博弈现在能够用常用方法来分析。注意 N 是对 N 的最优反应，且如果 $\pi > c/b$，B 是对 B 的最优反应。因此对参与人而言，选择哪项策略更有利取决于他的对手会选择其中某一项策略的概率。令 p 为随机的对手选择策略 B 的概率，那么就存在某个关键的 p 值，比方说 p^*，这样根据 p 是大于、等于或者小于 p^*，B 是比 N 更成功、一样成功或者劣于后者的策略。很容易计算得到这个关键值是：

参与人的策略 \ 对手的策略	B（勇敢互惠）	N（无条件背叛）
B（勇敢互惠）	$\frac{b-c}{1-\pi}$	$-c$
N（无条件背叛）	b	0

注：$b>c>0$ 且 $\pi>c/b$。

图 6.2　扩展囚徒困境博弈的一个简单形式

$$p^{*}=\frac{c(1-\pi)}{\pi(b-c)} \tag{6.4}$$

如果再次遇到这一对手的概率相当高，这一 p 的关键值会非常接近于零。例如，假设 $b=2$ 且 $c=1$（看起来与任何假定一样都是中立的）。那么如果 $\pi=0.9$，意味着一场博弈的平均长度是 10 回合，p 的关键值为 0.11。如果 $\pi=0.98$，因而博弈平均长度为 50 回合，关键值为 0.02。这反映了一个事实，即选择策略 B 是一种风险投资。通过遭受被 N 策略类型参与人在**第一**回合利用的危险，你能够在**每个**回合都与 B 策略类型参与人进行合作。博弈持续得越久，就越有时间在成功投资上获得补偿。

这一结果似乎在暗示，在平均进行许多回合的博弈中，勇敢互惠的惯例很有可能演化出来。即便一开始绝大多数的参与人都是用心险恶的人，用心险恶者可能还不如少数遵循勇敢互惠策略的人做得好；然后就会有一股自我强化的少数群体成长趋势。[5]注意即使这一少数群体的成员没有遵循相同的策略，该论证仍然成立。换言之，在任何**具体的**补偿惯例形成之前，**一般性的**勇敢互惠惯例就可能自我确立起来。

现在是另一个关于预期演化会偏爱勇敢互惠策略的论证。该论证对勇敢互惠者的数量不要求任何关键值:给定**任何值**,一项勇敢互惠的策略就能够演化出来。然而,这就必须假定所有的勇敢互惠者都遵循相同的补偿惯例。

注意可能存在谨慎的而非勇敢的互惠策略(一项谨慎策略是从不首先合作的策略,参见 6.2 节)。一个遵循谨慎互惠策略的行为人等待他的对手首先选择合作;然后,也只有在那时,他才会选择合作。这类策略有很大的好处,既能使你与勇敢互惠者进行合作又不会被用心险恶者利用。当然,它的主要缺点是不能与合作自身合作:谨慎的参与人不能区分对手是用心险恶还是仅仅是谨慎(参见 6.2 节)。

如果谨慎策略想要成功,它们需要经过调整以适于在它们的勇敢对手中流行的补偿惯例。举例而言,假设所有勇敢的参与人都遵循策略 T_1——为每次不正当的背叛只规定了一回合补偿的针锋相对策略(参见 6.3 节)。这样在第一回合选择背叛然后发现他的对手选择了合作的谨慎参与人事实上确定对手在选择策略 T_1。(不是**绝对**确定,因为对手可能意图选择背叛,却犯了错。)现在谨慎参与人与 T_1 策略类型参与人处于同样立场,几乎确定他在面对一名像他一样的对手,无意地在第一个回合选择了背叛。因此谨慎参与人的最优计划是做得和 T_1 策略类型参与人完全一样:下两个回合选择合作然后选择针锋相对策略。

这里是对这一类型策略的简单公式化:“在回合 1 选择背叛。如果你的对手在回合 1 选择背叛,那么在接下来的所有回合中都选择背叛。如果你的对手在回合 1 选择合作,那么在接下来的所有回合中你作出的选择要表现得好像你的策略是 T_1 那样,将你在回合 1 中选择背叛当作好像是一个错误来对待。”我将这一策略

称为 C_1（很容易看出谨慎策略 C_2，C_3，…能够设计成与勇敢策略 T_1，T_2，…相吻合的形式）。

现在考虑我们假定仅有的可供选择的策略为 N、T_1 和 C_1 时，博弈的结果为何。该博弈在图 6.3 中给出。[⑥] 为了阐明论证，我将使用数值 $b=2$、$c=1$ 和 $\pi=0.9$，这给出了图 6.4 所示的博弈。然而，没有什么结果会取决于这些数字，与推出这一论证相关的是（正如我在整一章中所假定的）$\pi>c/b$。

参与人的策略 \ 对手的策略	T_1	C_1	N
T_1	$\frac{b-c}{1-\pi}$	$\frac{b-c}{1-\pi}-b+\pi c$	$-c$
C_1	$\frac{b-c}{1-\pi}+c-\pi b$	0	0
N	b	0	0

注：$b>c>0$ 且 $\pi>c/b$。

图 6.3　扩展囚徒困境博弈的另一个形式

参与人的策略 \ 对手的策略	T_1	C_1	N
T_1	10	8.9	−1
C_1	9.2	0	0
N	2	0	0

注：这些指数得自于给定 $b=2$、$c=1$ 和 $\pi=0.9$。

图 6.4　图 6.3 所示博弈的示例性效用指数

现在想象一个社群,起初有些人选择策略 T_1,有些人选择策略 C_1,而有些人选择策略 N。令与选择这些策略相关的概率分别为 pq、$p(1-p)$和 $1-p$。换言之,p 是随机的对手会选择互惠策略(T_1 或者 C_1)的概率。给定对手选择互惠策略,q 是行为人选择勇敢策略 T_1 的概率。

假如 $pq>0$,那么最优策略必定要么是 T_1 要么是 C_1(C_1 占优于 N:面对选择策略 T_1 的对手时 N 劣于 C_1,面对选择任何策略的对手时 N 也并不优于 C_1)。这样只要**有些**人选择策略 T_1,随着人们通过经验习得不要选择策略 N,p 值必会稳定上升,但是注意 T_1 对 T_1 和 C_1 而言都是最优反应。这样如果 p 值足够高,T_1 必定是最成功的策略。因此,即便一开始 T_1 不是最成功的策略,最终它也会变成最成功的;且无论多少人转而选择它,其仍然会是最成功的策略。

换作更具常识性的话来说,想象一个社群,最初几乎所有人都是险恶的。在这个社群中,由于选择合作在一开始几乎总是遭受冷落,成为勇敢互惠者并没有好处;但是成为谨慎互惠者却没有什么损失[7]:这允许你与任何恰巧遇见的勇敢互惠者进行合作,并且保护你不被用心险恶者利用。因此人们会逐渐习得谨慎互惠能够带来好处。但是谨慎互惠者太谨慎了以至于不能和他人合作;他们只能和勇敢互惠者进行合作。随着谨慎互惠者数目的增长,并且随着用心险恶者数量的减少,勇敢者获利的时候会到来。在这一模型中谨慎互惠的角色更像是某种生长在不毛之地的植物——移植到其他植物不适合生长的栖息地去的植物,但是它们的存在帮助改善了生存条件,以利于其他物种最终侵入并占领这片土地。

 我现在给出了两种论证,表明社会演化的过程可能利于勇敢互惠策略，但是我必须承认没有一个论证是100%具有说服力的。问题在于，很难看出任何一个旨在表明演化会利于特定类型的策略的论证，如何才能做到不只是停留在建议的层面。在扩展的囚徒困境博弈中存在着不计其数的亿万种策略；似乎我们只能通过限制于几种基本类型的策略才能分析该博弈，这意味着任何分析必定都是不完整的。

我认为，永远不能完全解决这一问题；但是阿克塞罗德(1981)提出了一种很棒的方法，取得了一些进展。阿克塞罗德的方法——他称之为锦标赛方法(tournament approach)——具体规定了扩展的囚徒困境博弈的一个特定形式，然后邀请所有参赛者提交进行博弈的策略。然后把这些策略放到某种自由对战的锦标赛中去相互对抗，看看哪一条策略会胜出。这一方法的优势在于，尽管分析的策略是有限的——这当然是不可避免的——却没有施加任何武断的限制。没有人能够抱怨分析者通过将可能做得很好的特定策略排除在外来确定他的结果，或者抱怨说分析者忽视了特定策略，因为他太愚钝以至于不能发现这些策略的优点。如果你有自己中意的策略，并相信该策略会做得很好，你所需做的只是将其加入锦标赛。唯一的限制是人类的创造力——那当然也是施加在真实生活博弈中的限制。

阿克塞罗德组织了一次这类锦标赛。他的扩展囚徒困境博弈形式与我所分析的稍微有些不同。在我的博弈形式中，一名参与人的四种可能结果(当对手选择背叛时选择背叛、当对手选择合作时选择合作、当对手选择合作时选择背叛以及当对手选择背叛时选择合作)的效用指数是0、$b-c$、b和$-c$，其中$b>c>0$。阿克塞罗德的博弈效用指数为1、3、5和0。这两种公式化并不严格匹配，但是博弈的核心结构是相同的。[8] π 值设定为0.996 54，因此博弈的平均长度为200回合；期望长度为289回合。锦标赛以循环赛原则来组织，策略以计算机程序形式提交。

阿克塞罗德的锦标赛有62名参赛者。他叙述说，参赛者包括"经济学、心理学、社会学、政治科学和数学领域的博弈论专家"，以及"演化生物学、物理学和计算机科学的教授"（Axelrod，1981，p. 309～310）。胜利者是简单的针锋相对策略 T，由博弈论专家阿纳托尔·拉波波特（Anatol Rapoport）所提交。

在解释这个结果时，脑海里必须有一些限制条件。首先，π 值相当高，这会倾向利于勇敢互惠的策略而非谨慎策略或者险恶策略。其次，循环制锦标赛与演化过程并不是完全相同的。在循环制锦标赛中有可能通过在对抗较弱对手时的不错表现来积累高分；而演化过程则倾向于在早期阶段就除去那些最不成功的策略。[9] 再次，在惯例的演化中，凸显性扮演着非常重要的角色；而凸显性有时候属于想象力的飞跃和观念的结合，这是不容易被化约为数学的。通过用一种抽象的数学形式来进行他的实验，并且要求策略被写成计算机程序，阿克塞罗德可能不经意地形成了对凸显性的数学概念的偏袒。

尽管已经有了很多讨论，然而，在阿克塞罗德的锦标赛中针锋相对策略的成功仍然是引人注目的。它进一步表明，如果扩展的囚徒困境类型的博弈在一个社群中重复进行，勇敢互惠的惯例往往会演化出来。

7 ⊙

搭便车者

7.1 搭便车与囚徒困境

在一次性囚徒困境博弈中，两名参与人只面对一个问题：执行一个他们都想达成的协议。如果某种执行协议的外部机制可供参与人使用，博弈就变得没有什么价值了。任何一方参与人都无法获取比达成相互合作的协议更好的结果。一名参与人所拥有的唯一威胁是拒绝合作；但是如果一方参与人拒绝合作，那么另一方参与人选择背叛就是符合他的利益的，然后对双方参与人来说，结果会比如果他们都同意进行合作时要糟。换一种方式说，双方参与人都不可能有任何搭便车的预期：当一方参与人的对手选择合作时，他还能够选择背叛，这是不可能的事。

在扩展博弈中，且无任何执行协议的机制，参与人或许能够通过利用他的对手对自己意图的不确定，在**偶尔的**回合中搭便车；但是期待能够**一直**搭便车则是不切实际的。一旦你的对手意识到你无意与他合作，与你合作便不会符合他的利益。

我将指出，这是因为，在互惠合作策略能够很容易地演化出来的囚徒困境博弈中，搭便车行为不是真正的选择（当然，这种确实易于演化出来的策略是第六章论证的中心）。我将通过研究一些与囚徒困境博弈具有家族相似性的博弈来进行证明；在其中一些这类博弈中，对参与人来说搭便车不是真正的选择，但是在另一些博弈中则是。

7.2 互助博弈

在国家保险计划引入之前，靠工资生活的人一旦生病就极易使一个工薪阶层家庭陷入财务困境之中。各种各样的互助机构减轻了由疾病造成的困难。在19世纪和20世纪早期的英国，存在着为数众多的由工人们建立的“友谊会”(friendly society)和“病友会”(sick club)；会员们每周进行捐赠，从而在他们病得很重而不能去工作的期间获得救济金。除了这些正式的机构外，还有非正式的、具有本质上相同效果的实践；似乎友谊会确实有可能演化为早期存在的非正式互助传统的成文规章。19世纪与20世纪之交，佛罗伦斯·贝尔(Florence Bell)夫人描述了她观察到的在米德尔斯堡(Middlesbrough)钢铁工人中间存在的互助实践：

> 那时有一种形式的经常性开支，这种开支即便不是明智的，也是慷慨且美好的——这是非常贫穷的人花费在慈善上的支出，这些穷人有着自我奉献的好心肠，似乎永远准备着帮助他人。如果他们中的一员由于事故或突如其来的疾病而倒下的时候，经常发生的情形是，他们在工厂车间里“凑份子”，一顶帽子在相互间传递，每个人尽其所能贡献出他所有的，帮助伤病者渡过难关；如果人死了，则捐赠丧葬费。(1907，p. 76)

“凑份子”积聚起了大量的金钱，而这些钱来自于闲钱很少的工人；贝尔夫人给出了一个例子，在当时大多数的钢铁工人每周所得仅在1英镑到2英镑之间时，他们为一位生病的工友募集所得就有 5 英镑(Bell,1907,p. 26、p. 175)。

我现在给出一个博弈,提供了钢铁工人所面对的这类问题的一个简单模型,我称之为互助博弈(the mutual-aid game)。

该博弈适用于两人以上任何数目的参与人,令参与人数目为 n。像扩展的囚徒困境博弈一样,互助博弈由一系列回合构成;在每个回合之后有 $1-\pi$ 的概率博弈会结束。每个回合的进行过程如下:随机选择一名参与人成为受益者;每个参与人有相同的 $1/n$ 概率被选中。其他参与人则是捐赠者。然后每一名捐赠者可以在两个行动中选择,即"合作"或"背叛"。如果他选择合作,他获得效用是 $-c$;如果他选择背叛,他获得效用是 0。受益者获得效用为 Nb,其中 N 表示选择合作的捐赠者的数量,且 $b>c$。那么这就表示,每个人都有可能处于需要他人帮助的境况之中,那时他从其他每个人的援助行动中获得的收益,大于当别人有需要时他援助别人而支付的成本。

这一博弈的一个特殊情形是当 $n=2$ 时。那时该博弈与互访博弈和囚徒困境博弈非常相似(参见 6.1 节),然而并不完全一致,因为在那些博弈中,每个回合有**两种**可能的援助行为,每一种行为为一方参与人带来 c 的成本,为另一方参与人带来 b 的收益;两名参与人同时决定是否相互帮助。相比较而言,两人互助博弈的一个回合中,只有一种可能的援助行为,因而只有一名参与人要做出决定。两人互助博弈更类似于休谟的两名农夫博弈(参见 6.1 节)。

在两人互助博弈中,正如在囚徒困境博弈中一样,双方参与人准备从相互合作的协议安排中得益。每个回合,在发现哪名参与人将成为受益者而哪名参与人将成为捐赠者之前,每一方从不管谁成为捐赠者都会选择合作的协议安排中得到 $(b-c)/2$ 的预期效用；由于 $b>c$，这一预期效用是正的。相比较而言，如果捐赠者总是选择背叛，每一方参与人从每个回合中得到零效用。同样也和在囚徒困境博弈中一样，期待能够以他人为代价享受无限期的搭便车是不切实际的。合作行为是有代价的；因而一方参与人仅当存在着某种获得回报的希望时才会愿意帮助他人。

两人博弈的这些特征可以扩展到更具一般性的 n 人博弈中去。任何一群参与人团体都准备从如果任何其他成员成为受益者，每个成员都会选择合作的协议安排中获益，即任何参与人团体中的每个成员都准备从中获益。群体越大，每个成员准备从这类协议安排中得到的利益就越大。但是由于合作行为是有代价的，并且由于每个回合受益者的身份对所有人来说是清楚的，一名一直拒绝合作的参与人期待可以从他的同伴的合作中获益是不切实际的。那么，互助博弈就非常接近于 n 人囚徒困境博弈的一般化形式。这是保存了囚徒困境博弈最重要特征之一的一般化形式：期待搭便车是不切实际的。

现在考虑 n 人互助博弈。如果只进行一个回合，即如果 $\pi=0$，每一方参与人在仅有的两项纯策略中进行选择："如果成为捐赠者，选择合作"和"如果成为捐赠者，选择背叛"。对每一方参与人而言不管他的对手选择什么策略，后一项策略很明显更加成功。因此一回合博弈有一个唯一且稳定的均衡，在这个均衡中没有人会选择合作。

如果 $\pi>0$，即博弈可能进行许多回合时，会发生什么？正如和在囚徒困境博弈中一样，容易受骗者的策略"在每个你成为捐赠者的回合中都选择合作"（简写为 S）不能成为一个均衡。在一个容易受骗者的世界中，选择合作向来都没有好处。同样很清楚的是,险恶策略"在每个你成为捐赠者的回合中都选择背叛"(简写为 N)**确实是**一个均衡。在险恶者的世界,正如和在容易受骗者的世界一样,选择合作永远没有好处。如果我们允许存在犯错的可能性,结果是 N 为一项稳定均衡策略(与囚徒困境博弈中险恶策略的稳定性讨论相比较,参见 6.2 节)。

根据囚徒困境博弈类推,我们预期假如 π 值足够高,就会发现某种针锋相对策略会成为一个稳定均衡。事实确实如此。

考虑如下策略,我称之为针锋相对策略或者 T_1(因为这是囚徒困境博弈中相应策略的近似类推)。这一策略基于将参与人集合划分为两类团体:信誉良好的参与人和信誉不好的参与人。在博弈一开始每个人都被视为是信誉良好的。现在考虑任意一个回合 i,令 j 表示成为受益者的参与人。策略 T_1 规定如果 j 信誉良好,所有捐赠者都应当选择捐献;但是如果他信誉不好则选择背叛。如果 j 在回合 i 一开始信誉良好,那么在回合 $i+1$ 一开始信誉良好的参与人是 j 和所有那些在回合 i 选择合作的捐赠者。如果 j 在回合 i 一开始信誉不好,那么在回合 $i+1$ 一开始信誉良好的参与人则只是那些在回合 i 一开始信誉良好的人。

T_1 是一项勇敢互惠、惩罚和补偿策略(参见 6.3 节和 6.4 节)。它是互惠策略,因为其要求参与人和那些表现出愿意同他进行合作的人合作。更确切地说,这一策略背后的核心准则是:"和那些与像你一样的人进行合作的人合作";我称之为多边互惠准则。(与两人博弈中的针锋相对策略背后的双边互惠准则作比较:"和那些与你进行合作的人合作"。)T_1 是勇敢策略,因为它准备在有任何证据表明他的合作行为的受益人会做出互惠反应之前就首先做出合作行动:简言之,其向对手提供了由于怀疑而产生的利益

(这是在博弈一开始每个人都被视为是信誉良好的这一命题所暗含的意思)。只要参与人遵循 T_1,如果他成为受益者,他就被赋予权利享有他的参与人同伴们的合作。如果在任意一个回合中,受益者享有获得合作的权禀,某个参与人 A 却没有选择合作,A 就失去了自己享有他人合作的权禀,这是对 A 的惩罚。A 可以通过在受益者享有获得他人合作的权禀时进行一回合的合作,来重新获得他的权禀;这可以被视为是补偿行为。(为什么**一个**回合的补偿就足够了?这纯粹是一个惯例问题。很容易构造出策略 T_2,T_3,…不同于 T_1,在失去良好信誉的参与人可以重新获得信誉之前,它们要求两个、三个……回合的合作。在策略集合 T_1,T_2,T_3,…中,T_1 是最宽容的策略,参见 6.3 节。)

现在假设你在进行互助博弈,并且你知道自己的所有参与人同伴都遵循策略 T_1。目前假定大家从不犯错,这意味着你的同伴将总是信誉良好。考虑任意一个回合 i。如果你是受益者,你不需要做决策,因此假设你是捐赠者。你现在所做的决策会决定直到你再度成为捐赠者的下一个回合之前,你是否拥有良好信誉;而在那个回合之后,你要做出新决策。新决策又会决定直到你成为捐赠者的再下一个回合之前,你的信誉如何,以此类推。所以在评估你在回合 i 的两种可能行动时,你只需要考虑在回合 $i,i+1,\cdots,i+r$期间这些行动造成的影响,其中 r 表示在你再度成为捐赠者的下一个回合之前,继回合 i 之后成为受益者的回合数。毫无疑问,r 是一个随机变量:你无法预知要进行多少回合——如果有的话——自己才会再度成为捐赠者。

如果你选择背叛,你在这些回合期间的预期效用为零:如果你成为受益者,没有人会选择合作。相反,如果你选择合作,你肯定

会损失效用 c——回合 i 的合作成本。然而，会进行回合 $i+1$ 的概率是 π/n，且在那一回合你将成为受益者。在这种情况下你从你同伴的合作中获得 $(n-1)b$ 的效用。给定这一情况确实发生了，进而会进行回合 $i+2$ 的概率是 π/n，且你会再度成为受益者，以此类推。这样如果你选择合作，你在回合 $i, i+1, \cdots, i+r$ 期间的预期效用为正，如果：

$$-c+(n-1)b\left[\frac{\pi}{n}+\left(\frac{\pi}{n}\right)^2+\cdots\right]>0 \tag{7.1}$$

这一表达式可以简化为

$$\pi>\frac{nc}{(n-1)b+c} \tag{7.2}$$

因此，如果(7.2)式成立，选择合作比选择背叛要好。

这一不等式与囚徒困境博弈中的不等式 $\pi>c/b$ 相当类似——确实，当 $n\to\infty$，(7.2)式的右边趋向于 c/b——并且在分析中扮演着相同的角色。对 π 要设定限值，低于限值针锋相对策略则不能成为一个均衡。从现在开始我假定(7.2)式成立。

那么立刻清晰显示了 T_1 是一项均衡策略。如果你所有的参与人同伴都遵循策略 T_1，你的最优反应是在每一个你成为捐赠者的回合都选择合作，而这一反应正是 T_1 所规定的；那么，T_1 是对其自身的最优反应。

为了检验策略 T_1 的稳定性，我们必须允许某个极小概率的存在，那就是参与人会犯错——当他们意图选择合作时却选择了背叛，当他们意图选择背叛时却选择了合作。给定这一假设，很容易发现 T_1 是对其自身唯一的最优反应。假设你的参与人同伴全部都试图遵循策略 T_1，但是偶尔会犯错。假如这一概率十分的小，对你来说无论何时当你是捐赠者且受益者信誉良好时，选择合作总是最好的(这可以从表明 T_1 是对其自身的最优反应的论证中推出)。所以如果你曾由于犯错而选择了背叛,你最好一旦有了机会就争取重新获得良好信誉。少有的情况是你成为了捐赠者而受益者信誉不好(在早先回合中犯了错,还没有机会去纠正),在这种情况下你能够选择背叛而无需承受任何惩罚;由于合作本身是有代价的,你的最优行动必定是选择背叛。这些回应正是策略 T_1 所规定的。

所以在互助博弈中,T_1 是一项稳定均衡策略(假如 π 值足够高,且会有偶尔的错误)。然而,这不是唯一的稳定均衡策略。无论 π 值是多少,险恶策略"永不合作"很明显也是稳定策略。因此 T_1 是一项惯例——一项勇敢、多边互惠的惯例,以及惩罚和补偿的惯例。

我认为在互助的这类博弈中,社会演化的进程往往会偏爱这类策略。支持这一主张的论证与我在 6.4 节为囚徒困境博弈所提出的论证非常相似,因此不再赘述。不幸的是,和 6.4 节的论证一样,该证明还远非决定性的。

看起来确实很明显的是,互助实践是能够自我施行的:它们能够成为惯例。贝尔夫人认为钢铁工人花费在帮助他们生病的工友身上的开支是慷慨的,却不是明智的。似乎她的解释可能会有错,钢铁工人是精明的而不是慷慨的;她观察到的实践可能是一种非正式的互助保险体系,而不是她所认为的某种慈善形式。

7.3 雪堆博弈

假设冬天你驾车行驶在一条偏僻的道路上,并且你和另一辆车一块陷在雪堆里。你和另一名司机都明智地带着铲子，那么很明显，你们应该都开始铲雪。有没有别的情况呢？另一名司机如果不为你铲出一条路的话，那么他也无法从雪堆中铲出自己的路。如果你认为他能够自己完成这活，为什么还要自找麻烦去帮他呢？

雪堆博弈(the snowdrift game)如图 7.1 所示，其描述了一个简单的两人对称博弈。每一方在两项策略中进行选择，"合作"(铲雪)和"背叛"(不铲雪)。那么对一名参与人来说有四种可能结果：他和另一名参与人都选择背叛；他和另一名参与人都选择合作；他选择合作而另一名参与人选择背叛；他选择背叛而另一名参与人选择合作。令这些结果的效用值为 0、$v-c_2$、$v-c_1$ 和 v。这里 v 代表每一方参与人驶出雪堆而获得的利益。假如至少有一名参与人选择合作，那么两人都获得利益。铲雪劳动带来的效用损失为 c_1——参与人不得不单独铲雪，和 c_2——参与人只需要做一半的工作量，很明显 $v>0$ 且 $c_1>c_2>0$。我另外假定 $v>c_2$ 以及 $c_1>2c_2$。前一个不等式意味着如果双方参与人都选择合作，对他们来说结果会比如果他们都选择背叛时要好(做完一半的铲雪工作离开雪堆要比仍然陷在里面要好)；后一个不等式意味着铲雪工作两个人做要比一个人做更有效率。

参与人的策略	对手的策略：合作	对手的策略：背叛
合作	$v-c_2$	$v-c_1$
背叛	v	0

注：$v>c_1>2c_2>0$。

图 7.1　雪堆博弈

如果我们假定 $v<c_1$，我们就有了一个具有熟悉的囚徒困境结构的博弈：相互合作优于相互背叛，但是无论你的对手做了什么，你的最优策略是选择背叛。[①]用这个例子的话来说，独自铲雪的工作是如此困难，以至于每个司机都宁愿待在陷入雪堆的车子里等待救援。在这种情形下参与人不会有任何合理的搭便车预期（被另一名司机从雪堆里挖出来）。

然而，我换作假定 $v>c_1$：从雪堆中出来是如此重要，以至于每一方参与人宁愿全都由自己来铲雪，也不愿意仍然陷在雪堆里。那么，雪堆博弈由如图 7.1 所示的效用指数来定义，且约束条件为 $v>c_1>2c_2>0$。现在假设你确信你的对手会选择背叛，那么只有选择合作是符合你的利益的。由于这一因素，参与人试图坚持不铲雪以便搭便车可能是有意义的。

雪堆博弈具有与第四章所分析的鹰—鸽博弈相同的基本结构。在鹰—鸽博弈中，两名参与人围绕某种他们都想获得的资源的分割问题发生争议。选择“鹰”策略就是要夺取全部的资源；选择“鸽”策略就是主张只要求平分资源，并且准备着如果对手要求更多就让步。选择“鹰”策略的代价是当两鹰相遇时会有一场战斗，而这是最糟糕的结果。在雪堆博弈中，两名参与人围绕某种他们都想**避免的**东西的分割问题发生争议，即铲雪劳动。选择“背叛”就是坚持不要这种坏东西；选择“合作”就是只要其中的一半，但是准备着如果对手坚持全都不要就让步，全部由自己担下来。选择“背叛”的代价是如果双方参与人都这么做，他们依然陷在雪堆中，而这是最糟糕的结果。

因为两个博弈具有相同的基本结构，大多数鹰—鸽博弈的分析能够运用到雪堆博弈中。考虑雪堆博弈只进行一个回合的简单情形，而不考虑某种扩展形式；并且假设某个社群的成员重复进行该博弈，但是相互之间是匿名的。

如果该博弈被理解为是对称的，那么存在着一个唯一且稳定的均衡。这是混合策略，以$(v-c_1)/(v-c_1+c_2)$的概率选择“合作”。面对遵循这一策略的对手，“合作”与“背叛”同样成功。这一均衡是稳定的，因为如果对手选择合作的概率有任何提高，选择背叛就成为最优策略；反之则反是(参见 4.2 节)。

实践中如果参与人没有逐渐认识到某种非对称性(哪怕只是标签性质的)，这类博弈似乎就不能持续下去。如果该博弈被理解为非对称的，前一段中描述的混合策略就不再是一个稳定均衡，而是在这一博弈中有两个稳定均衡或者说是惯例。假设非对称性存在于两个角色 A 和 B 之间(或许 A 是第一辆被困车的司机)，那么一个稳定均衡策略是：“如果扮演 A，选择合作；如果扮演 B，选择背叛。”另一个则是：“如果扮演 A，选择背叛；如果扮演 B，选择合作。”(参见 4.5 节)。

现在考虑雪堆博弈的一个扩展形式。同往常一样，我假定博弈由一系列回合构成；每个回合之后，都存在着某个概率 π 会进行下一个回合。假设参与人全部都认识到角色 A 和 B 之间的某种非对称性。(我假定参与人的角色在一次博弈进行期间是固定的。)立刻就很明显，“如果扮演 A，总是选择背叛；如果扮演 B，总是选择合作”和“如果扮演 A，总是选择合作；如果扮演 B，总是选择背叛”都是这一扩展博弈的均衡策略。如果我们允许存在某个非常小的概率，参与人会犯错，这些策略都是稳定的(参见 4.8 节)。

然而，扩展博弈中可能有**其他的**稳定均衡。在雪堆博弈中，和在囚徒困境博弈中一样，双方参与人都更愿意相互合作而不是相互背叛。因为这样一方参与人对另一方参与人说如下的话是有意义的："如果你选择合作，我也选择合作；但是如果你不选择合作，我也不选择合作。"在囚徒困境博弈中说，"如果你不做，我也不做"，并不是一个对说话者有利的、强有力的威胁：如果他的对手将选择背叛，他选择合作什么也得不到。在雪堆博弈中，该陈述则是一个纯粹的威胁：说话者通过一个会伤害他和他的对手两人的行动威胁，来坚持达成一项相互合作的协议。尽管如此，这种威胁是有意义的。扩展的雪堆博弈中的针锋相对策略可以被理解为一个正是以上述这种威胁作为后盾的、相互合作的要约。针锋相对策略能够成为一个稳定均衡吗？

考虑我为扩展的囚徒困境博弈所提出的针锋相对策略 T_1（参见 6.3 节）。为了这一策略的目的，一名在博弈开始信誉良好的参与人，假如当策略 T_1 规定他应当选择合作时他总是这么做，他就会保持他的良好信誉。如果在任意一个回合当策略 T_1 规定他应当选择合作时他选择了背叛，那么他就失去了他的良好信誉；在接下来的一回合中他选择合作，他就可以重新获得他的良好信誉。那么策略 T_1 就是："如果你的对手信誉良好，或者如果你没有良好信誉，选择合作。否则，选择背叛。"

假如存在着非常小的概率参与人会犯错，并且假如 π 值十分接近于 1，如果结果是 T_1 为扩展雪堆博弈的一个稳定均衡策略（更确切地说，必需 $\pi>\max[c_2/v, c_2/(c_1-c_2)]$），那么该结果的证明非常类似于囚徒困境博弈的相应证明（参见 6.3 节），这会在附录中给出，作为更具一般性的结果的证明部分。[2]

所以在扩展的雪堆博弈中，至少有两类截然不同的惯例可能演化出来。一类惯例利用了博弈中的某种非对称性，并且规定一方参与人在对方选择背叛时要选择合作。这可以被称为搭便车许可惯例：它们规定了谁可以以谁为代价而搭便车。另一类可能的惯例是互惠惯例。

这两类惯例从典型的个人角度看，欲求程度是不一样的。假设每个人在博弈中一半时候扮演角色 A，一半时候扮演角色 B。那么在搭便车许可惯例之下，一名参与人在一次随机选择的博弈中每回合获得 $v-c_1/2$ 的预期效用[3]。（无论是扮演 A 还是 B，他获得的收益为 v；有 0.5 的概率他会扮演要求承担 c_1 效用损失的角色。）在互惠惯例之下，一名参与人每回合获得 $v-c_2$ 的效用。（他总是获得收益 v，且他总是承担 c_2 的效用损失。）因为，根据假定 $c_1>2c_2$，很明显每个人在互惠惯例之下都要比在搭便车许可惯例之下生活得更好。尽管如此，任何一项惯例，如果一旦建立起来，便具有自我持存性。假设我生活在一个搭便车许可惯例已经稳固建立起来的社区里。我确实应当**希望**每个人会同时地转向互惠惯例；但是我不能改变所有其他人行为的方式。只要所有其他人都遵循搭便车许可惯例，我最好也遵循它。

两类惯例都可以在日常生活中找到。同事、邻里、家庭成员以及俱乐部成员之间细微工作的分配常常看起来由搭便车许可的惯例来决定。不得不完成一项特定工作；我们都想要有人去完成它，但是没有人愿意去做。我们都期望乔(Joe)自告奋勇——或许因为这是乔总在干的那类活，或者是因为轮到乔自告奋勇去做些事，或者是因为乔和这件工作之间存在着某种特殊关系，使得“让乔去做”成为唯一凸显的解决方案。因为我们都这么期望，即使坐视不管我们也觉得很自在。乔预计到我们会坐视不管，因此他自告奋勇去做。举一个更具体的例子，假设你和隔壁的邻居为屋前花园除草，两个花园之间没有篱笆。你讨厌看到有任何一小块地面不整洁——讨厌的情绪是如此强烈以至于你宁愿亲自修剪邻居的草坪而不愿看到它从未修整过。当然你也会宁愿修剪你自己的草坪而不愿看到它从未修整过；而你欢迎邻居提供的任何帮助，为你修剪草坪。假设邻居的偏好与你是对称的，那么这就是与雪堆博弈有着相同基本结构的博弈。在大多数邻里间这种问题有一个简单而极具普遍性的惯例来解决：每家住户只对自家草坪上需要完成的工作负责。

然而在其他情形下，互惠惯例似乎已经建立起来。拿雪堆的情形来说，我猜想大多数人，如果放到这种境况中，都会期望两名司机分担工作——至少如果他们性别相同且没有人是老弱病残的话就应当如此。可能有人会反对说我的分析不能适用于真实生活中的雪堆博弈，因为我假定同样的两人有可能相互进行博弈许多次。如果我们将两名司机陷于雪堆中的每次情况解释为扩展博弈的每个回合的话，该反对意见会是强有力的。然而，将每次这样的场合模型化为一整个扩展博弈的话，其中每个回合代表了参与人能够选择要么合作要么背叛的一段时间（铲雪或者休息），那么分析就非常实际了，因此针锋相对策略具有很重要的意义。陷在雪堆中，我拿出我的铲子开始铲雪，希望你能和我一起干；如果你不干，我就不铲雪，以表明你不能期待搭便车。如果你确实和我一起干，我们就一块铲雪；但是如果你接下来试图悄悄偷懒，我也不再干活。当休谟写下如下语句时，他的脑海里或许已经有了这种惯例，"两个人在船上划桨时，是依据一种合同或协议而行事的，虽然他们彼此从未相互作出任何许诺"[1]（1740，第3卷，第2章，第2

〔1〕 此处译文引自中译本《人性论》（下册），关文运译，商务印书馆1980年版，第530页。——译者注

节)。[④]无论如何,划艇中两人的处境可以被很好地模型化为扩展的雪堆博弈,而他们的合作可以被解释为他们都采用了互惠策略。

7.4 公共品博弈

在雪堆博弈中,对两名司机来说清理积雪是一件公共品:这是两名司机都想要的物品,并且,如果要为一人提供该物品,就必须同时为两人都提供(参见 Samuelson,1954)。只有当一方或者双方司机选择承担某些成本的时候,才会提供这种物品。那么,雪堆博弈是关于通过自愿捐赠的公共品供给博弈。[⑤]

在雪堆博弈中只有两名参与人,但是公共品通常使许多人受益。经济学家最喜爱的例子是灯塔。由于灯塔的全部意义在于应当尽可能地被人们看见,一座灯塔向任何希望用它来引航的水手提供了帮助:如果它为一个水手的利益服务,它就为所有水手的利益服务。保卫社区抵抗外来攻击是另一个众所周知的例子。

自然资源的保护经常受到公共品问题的困扰,就拿社区中渔民在公共渔场捕鱼的情形来说。通过一项协议,限制每个渔民的捕鱼量以防止过度捕捞,从而每个人都可能生活得更好;但是每个人都偏好要求更多些,超过所有其他人都遵守的限制,自行决定自己的捕鱼量。在此渔场是一件公共品,其品质要通过对渔民个人的约束来维持;而约束对个人来说是有代价的。这是环境保护这一普遍难题的一个例子,通常被称为"公地悲剧"(Hardin,1968)。

休谟提出了这一问题的一个著名例子——尽管在休谟的例子

里，利益攸关的是增进公地的使用而不是导致公地退化：

> 两个邻人可以同意排去他们所共有的一片草地中的积水，因为他们容易互相了解对方的心思，而且每个人必然看到，他不执行自己任务的直接后果就是把整个计划抛弃了。但是要使1 000个人同意那样一种行为，乃是很困难的，而且的确是不可能的；他们对于那样一个复杂的计划难以同心一致，至于执行那个计划就更加困难了，因为各人都在找寻借口，要想使自己省却麻烦和开支，而把全部负担加在他人身上。（Hume，1740，第 3 卷，第 2 章，第 7 节）〔1〕

两个邻人的例子看起来像是囚徒困境或者雪堆类型的博弈。休谟提出，在这类博弈中互惠惯例能够建立起来；但是如果参与人数目增多，合作就变得非常不可能。每个人都会试图“把全部负担加在他人身上”——搭便车。休谟提及了进一步的问题，协调许多行为人的工作，但是我不确定这一问题是否如休谟所说的那样难以解决。如果我们把搭便车问题去掉，并假设每个人都已经守诺为计划而工作，那么留给我们的就是一个协调博弈，每个人都为**某项**商议好的计划而工作以符合大家的共同利益；任何稍微合理些的计划都比没有计划要好。不难想象出可以解决这类协调问题的惯例——最显而易见的是领导者惯例，一特定的行为人负责指挥每个人的工作。我认为，真正的问题在于首先要让人们守诺为计划而工作。

---

〔1〕 此处译文引自中译本《人性论》（下册），关文运译，商务印书馆 1980 年版，第 578～579 页。——译者注

这里有一个简单博弈模型化了通过自愿捐赠的公共品供给问题，我称之为公共品博弈(the public good game)。有 n 个参与人，n 可以取大于 2 的任意值。在一个回合或者非扩展形式的博弈中，每个参与人在两项策略中进行选择，“合作”或者“背叛”。令 r 表示选择合作者的人数。那么如果 $r=0$，每个人的效用值为零。如果 $r>0$，选择背叛的每个人效用值为 v，而选择合作的每个人效用值为 $v-c_r$。这里 v 代表每个参与人从仅当至少有一个人自愿承担某种成本的时候，才能生产出来的某种公共品中获得的收益；c_r 是在有 r 个自愿者的情形下，每个自愿者负担的成本。假定 $v>c_n$，因此每个人更喜欢每个人都选择合作的结果，而不是每个人都选择背叛的结果；并且$c_1>2c_2>\cdots>nc_n>0$，因此自愿者的数目越大，公共品生产效率就越高。

首先考虑 $n=2$ 的情形——两人公共品博弈。这一博弈有两种形式，取决于 v 的值。如果 $v>c_1$，两人公共品博弈就和雪堆博弈完全一样；如果 $v<c_1$，它就变成囚徒困境类型的博弈。在这些博弈的各个扩展形式中，演化出互惠惯例是有可能的：每一方参与人以另一方的合作为条件选择合作。在扩展的雪堆博弈、而非扩展的囚徒困境博弈中，相反搭便车许可的惯例可能会演化出来：一方参与人选择合作而另一方参与人搭便车。在扩展的囚徒困境博弈、而非扩展的雪堆博弈中，险恶者的惯例而不是互惠惯例可能会演化出来：没有人选择合作。

这些结论也可以进行一般化从而适用于有 n 人的博弈。在此我仅仅概括一下能够从扩展的 n 人公共品博弈的分析中得出的最重要的结论，更多的细节在附录中给出。

在公共品博弈的任何给定情形下，都有可能定义数字 m，代表在面对所有其他的参与人都选择背叛时，能够从相互合作的协议安排中受益的最小参与人团体的规模大小。如果 $v > c_1$，那么 $m=1$；否则 m 定义为[6]使得 $c_{m-1} > v > c_m$。这样在两人博弈中 $m=1$与雪堆博弈相一致，而 $m=2$ 的博弈则有着囚徒困境的结构。说$m=n$就是说人们搭便车的希望是不切实际的，因为在这种情形下，如果知道即便只有一个参与人确定会选择背叛，其他人选择合作也是不符合他们的利益的。然而，如果 $m<n$ 参与人就有可能会搭便车：他可能会选择背叛并希望其他人会在他们之中达成某种协议安排，由此即便他不选择合作他们也都会选择合作。

有一个结论是相当明显的：假如 $m>1$，险恶策略“在每个回合都选择背叛”是一个稳定均衡（当我使用稳定性概念的时候，我总是假定参与人偶尔会犯错）。如果你确信，无论你做什么，所有其他人都将选择背叛，你的决策取决于 v（你从公共品中获得的利益）和 c_1（独自提供公共品的成本）的相对大小。如果 $c_1 > v$——正如必定是如果 $m>1$ 时的情形——你最好和他人一样选择背叛。扩展囚徒困境博弈的险恶策略是这种稳定均衡策略大类中的一例。

假如 π——在任一既定回合后进行下一回合的概率——十分接近于1，则存在着另一类稳定均衡策略。这和如下这种分为两部分的惯例相一致。惯例的第一部分定义了某个参与人 A 集合，他们对提供公共品负有责任。这里 A 至少包含 m 名参与人是至关重要的，这样在面对他人搭便车的时候选择相互合作才是符合这些参与人的利益的。惯例的第二部分规定了在这些负责提供公共品的参与人之间进行互惠合作。实质上，这些参与人每个人都采用了一种针锋相对策略，由此，当且仅当所有其他人也选择合作时他才选择合作。

这类惯例的一个特殊情形是所有 n 名参与人都对提供公共品负有责任。雪堆博弈和囚徒困境博弈的针锋相对策略是这种惯例的例子。另一种特殊情形是只有一名参与人负有责任提供公共品；那么这一参与人在每个回合就是简单地选择合作。雪堆博弈的“搭便车许可”惯例就是例子。如果有超过两名参与人负责提供公共品，就会有处于两种极端之间的惯例，规定一名以上参与人，但不是全部参与人，通过互惠合作的协议安排来提供公共品。

为何这种惯例是稳定均衡呢？这一问题在附录中会有更详细的答案，但是在此先作一个简要回答。假设你正在进行公共品博弈并且你知道你的所有 $n-1$ 名参与人同伴都遵循某一特定的、我所描述过的那类惯例。如果这一惯例允许你搭便车，那么选择合作就没有意义：因为无论怎样都会提供给你公共品。相反，如果你是负责提供公共品的那些人中的一员，你知道从长期来看除非你选择合作，否则负责提供公共品的人不会选择合作。由于你宁愿与他们合作也不愿看着每个人都选择背叛，选择合作就是符合你的利益的。

那么，原则上通过许多自利的个人——每个人都遵从互惠合作的针锋相对策略——的自愿捐赠来提供公共品就很有可能。[7]然而在实践中，互惠合作惯例有可能随着合作者数目的增加而变得越来越脆弱。

一个问题是如果一项惯例要起作用，其必须是相当明确的，并且不至于复杂到人们难以理解。原始的针锋相对策略（参见 6.2 节）的美妙之处中的一项就在于它的简单至极。甚至扩展的囚徒困境博弈中最愚笨的参与人，如果他的对手一直遵循针锋相对策略的话，也会最终明确抓住这一策略的逻辑。[阿克塞罗德锦标赛中这一策略的成功(参见 6.4 节)表明其逻辑甚至能够被最迟钝的计算机程序所抓住。]将针锋相对原则一般化为适用于许多行为人的场合，理论上可以令人满意地达成；但是某种原先的简单性就丢失了。

或许当一项惯例规定一组参与人负责提供公共品，允许其余的人搭便车的时候，最严重的模糊性根源便出现了。如果参与人不是全都用相同的方式理解该惯例，合作就可能完全崩溃。假设博弈中除了一人之外，所有参与人都相信存在着一项惯例规定某个特定的参与人集合 A 负有提供某种公共品的责任：对集合 A 中每个成员来说，如果他人选择合作他也应当选择合作。令持异议者为参与人 i，并假设**他**相信某个不同的参与人集合 A' 有责任提供公共品。如果 i 不是集合 A 的一员就没有什么问题，因为无论 i 做什么，集合 A 的参与人都能够在他们之中确立起互惠合作的做法。但是假设 i **确实是**集合 A 的成员，那么如果 i 不是集合 A' 的成员——如果 i 相信惯例允许他搭便车，互惠合作就不能确立起来。根据这种信念行动，他会坚持选择背叛；对于这种在其他集合 A 的参与人看来不正当的背叛，他们会选择背叛作为报复。如果集合 A' 不是集合 A 的子集——如果有任何的参与人，i 认为他要负责提供公共品，但是其他人都不这么认为，那么互惠合作也不能确立起来。在这一情形下，i 会为了他所认为的另一个参与人的不正当背叛而选择背叛以作为报复；其他集合 A 的参与人然后会为了 i 的背叛而选择背叛作为报复，**他们**认为 i 的背叛是不正当的。

202 这一危险性有多严重？似乎取决于两个主要因素——集合 A

中参与人的数目;规定集合 A 的惯例的模糊性或者明确性。

对于人数而言,很明显负责提供公共品的集合 A 的参与人人数越多,惯例就越容易出问题。假设在任何博弈中都有一种对惯例的"真正"理解,但是每个参与人都有很小的概率——比方说 0.05——误解惯例。如果**所有**集合 A 的成员都正确理解了惯例,那么就能达成互惠合作的协议安排。(在其他环境下互惠合作也有可能达成,但只是通过幸运的意外。)如果集合 A 的参与人的数目为 q,那么所有集合 A 的参与人都正确理解惯例的概率为 0.95^q。如果 $q=1$,则这一概率为 0.95;如果 $q=10$ 则为 0.60;如果 $q=50$ 则只有 0.08。(在休谟的例子里,如果 $q=1\,000$,概率低于十万兆分之一[1]。)这似乎意味着如果针锋相对的惯例要在公共品博弈中演化出来,需要负责提供公共品的参与人人数相对来说要很小。

对于这一点,可能会有人反对说模糊性的缺乏与凸显性相关,对于集合 A 最凸显和最明确的限定是包含**所有**参与人。当然可以说,规定每个人基于所有其他人都选择合作为条件,而选择合作的一项惯例是如此简单明了,以至于误解的问题很难出现。我认为,对于博弈的纯数学形式来说,这是正确的。但是在现实生活中,公共品问题不可能以准确定义好的 n 个潜在合作者集合的形式而出现。假设住宅区的一块公共开放场地垃圾遍地,只能依靠志愿者的劳动来清理。这是一个 n 人的公共品博弈,但谁是这 n 个参与者?令参与人为住所距离这块开放场地相对来说比较近的人,或者使用这块地方最多的人,以此来定义该博弈似乎是很自然

〔1〕即 $1/10^{21}$。——译者注

的;但是对于"有多近"以及"使用有多频繁"这些问题,或许没有明显的答案。通过以包含一个特定的参与人集合来定义博弈,然后说"每个人基于所有其他人都选择合作为条件而选择合作"的惯例是唯一凸显的,我们就是在假设定义一个负责提供公共品的行为人集合这一难题已经解决了。在现实生活中,这一问题只能通过惯例来解决,而成功的惯例必须基于某种能够适用于许多不同场合的一般性规则。要想出任何一般性的、简单的,并且防欺诈的规则来规定哪些行为人应当负责哪些公共品的提供,是极其困难的。

这一难题在许多方面与北海分割相似(5.1 节)。后者是一个 n 名参与人的分割博弈;参与人集合很清楚是世界国家的**某个**子集,但不清楚是**哪个**。这个问题通过一个明确的惯例来解决,将海床的各部分分配给一个国家——距离最近的国家。这一解决方案的凸显性部分来源于在我看来不可避免的事实:数字 1 在正整数集合里独一无二的凸显性。公共品博弈中的相似性是这样一项惯例,规定各项公共品应当仅依靠一个人的努力而提供,通过诉诸这个人与物品之间的某种关系——亲近性或者特殊联系——来确定该人。正如在我对雪堆博弈的讨论中所指出的(7.3 节),这种惯例在日常生活中相当常见。但是只有当独自提供物品符合一个人的利益的时候,这些惯例才能发挥作用,而对许多公共品来说并非如此。

这些问题与一个更深入的问题结合在一起。互惠合作的惯例能够发挥作用,是因为选择退出不符合任何合作者个人的任何利益:他知道如果他选择背叛,所有其他人也会选择背叛,给定这一知识,他更愿意不去选择背叛。在博弈的纯数学形式中,很容易构想出这一意义上的稳定惯例。但是在现实生活中会怎么样呢?

规定谁应当负责提供一项公共品的任何实际惯例必定是模糊而有待完善的惯例——确实，不经雕琢通常是使得惯例凸显并且明确的重要因素（参见5.5节）。这样就有可能会出现这样的情形，一项惯例规定某一特定的个人应当参加一项合作安排，来生产一项公共品，而当时这一物品的价值对他来说要小于如果他选择合作会引致的成本。那么他同伴们的针锋相对的威胁事实上根本构不成威胁：在知道他的背叛会毁掉整个计划安排的情况下，他**更愿意**选择背叛。可以将对于这一问题的解决方案看作一项用人们的偏好来定义捐赠者团体的惯例；但毫无疑问这种惯例很容易进行欺骗。正如恰好反映这一问题的一个例子，每个人照看他自己的花园的惯例。假设有一个人真的不怎么关心他的花园看上去如何，因此选择让它堆满垃圾野草。也许他的一些邻居实际上更愿意在他们中实行一项合作安排，以此来照看那个麻烦的花园——只是为了保护他们自己财产的价值。但是他们不这么做，因为他们知道如果他们做了，所有其他的邻居会开始表现出对脏乱不堪的热爱。

7.5 惯例是脆弱的吗

当然，这类问题会伴随着**所有**惯例出现。然而，在大多数情形下，惯例使得社区范围的合作计划安排不会由于仅仅一个或一些行为人误解了惯例或者具有不寻常的偏好而毁于一旦。拿协调问题的情形来说，比如货币的使用，或者在十字路口决定谁给谁让路的问题。当所有其他人都使用美元的时候，如果少数怪人拒绝使用除了法国法郎以外的任何货币来进行交易，他们就会时不时地激起社群中其他人的恼怒。当所有其他人都赋予从右边驶来的车辆以优先权的时候，如果少数司机赋予从左边驶来的车辆以优先权，就会时不时地造成严重后果。但是无论哪一种情形，惯例本身都没有受到严重威胁：使用美元和赋予从右边驶来的车辆以优先权仍然是符合所有其他人的利益的，因此尽管有持异议者的存在，大多数人能够继续相互合作。当行为人的博弈仅涉及少数参与人的时候，公共品博弈也能得出相同的结论。拿我所举的花园例子来说，如果少数一些人乐意让他们的花园一团糟，他们就向近邻身上施加了成本；但是只要大多数人想让自己的花园干净整洁，“每个人照看他自己的花园”这一惯例就会允许大多数人很好地相互容忍进行合作。无论何时只要社会交往行为能够被分解为大量离散的博弈，每个博弈只涉及少数一些参与人，持异议者就不会造成特别严重的问题。

即便在涉及许多参与人的博弈中，合作安排也不一定会由于持异议者的行为而易于遭到破坏。拿可以在许多行为人中进行的互助博弈来说(参见 7.2 节)。在这一博弈中并不是所有参与人都能获得合作的利益，而仅仅是那些实际选择合作的人才能得到利益。假设一个大社群中有一个人拒绝加入一个互助协议安排，总是拒绝帮助任何有需要的人，那么所有其他人都可以继续相互帮助，一个人的背叛行为只使得大家的生活稍微有点变坏；而对背叛者的惩罚是没有人帮助**他**。

许多这类行为人能够通过从合作中得益的境况具有互助博弈而不是公共品博弈的结构。在互助博弈中，那些选择合作的人能够排除其他人享有他们的合作安排的利益；这些协议安排本质上是**俱乐部**(参见 Buchanan,1965),大量自愿的合作行为在俱乐部内部发生。想一想在组织体育、休闲以及娱乐活动方面俱乐部的重要性;或者由互惠的自助组织来满足福利服务方面日益增长的趋势,例如嗜酒者互诫协会(Alcoholic Anonymous)、姜饼组织(Gingerbread,单亲家庭协会)或者国家多发性硬化症学会(Multiple Sclerosis Society)(参见 Kramer,1981,p. 211;Johnson,1981,p. 76～77)。尽管法律与秩序通常被认为是典型的公共品,但即便是某些基本的监察服务也有可能是由俱乐部来提供的。想一想缺乏官方的警察部门控制,受到一小股罪犯劫掠的那些社区,通常的反应是建立义务警员团体。由于义务警员能够**选择**他们保护的对象——如果一个人受到攻击,能够选择是否去帮助他;或者如果没有能够帮助他,则选择是否去抓捕攻击者并使受害者获得赔偿——这种境况具有互助博弈的结构。在国际事务中军事同盟所服务的目标与那些义务警员团体类似。因此,在自然状态下可能存在合作安排来执行产权惯例。[8]

多人公共品博弈的特殊性质在于任意一名参与人的合作行为所带来的利益由所有参与人获得——合作者和背叛者都一样。正是这一点使得合作如此难以组织。每个潜在的背叛者只能通过这样的威胁来阻止计划,如果他选择背叛,整个合作计划安排就会毁于一旦——没有人会进行合作。这意味着该计划安排**必须**是脆弱的:除非它会被任何持异议者——当计划安排的规则规定他应当选择合作时他拒绝合作——搞垮,否则该计划安排就根本不可能起作用。

这似乎意味着:如果每个人都追求自己的利益,真正的公共品就几乎不可能通过涉及许多行为人的合作安排而生产出来(几乎不可能，但不是完全不可能：可能没有持异议者来毁坏协议安排）。但是这给我们留下了一个谜，正如我在1.2节所指出的，有些公共品**确实**是通过许多行为人的自愿奉献行为来提供的。比如英国救生艇服务，[9]就是通过成千上万捐赠者的捐助获得资金的。由于大多数捐赠者甚至不知道其他捐赠者的身份，这就不可能是针锋相对惯例的情形。我认为，基于任何合理的利益定义，对救生艇服务的开支进行捐赠的人都是在做与其自身利益相悖的行为：任何**人**从**他的捐赠**中获得的利益毫无疑问是微不足道的。那么为什么有人要捐赠呢？

我相信，如果我们要回答这一问题，我们必须认识到出于某种道德义务的意识，或者如森(1977)所指出的，某种“守诺”(commitment)意识，个人有时候会选择违背他们自身利益而行动。在最后两章我将论证在自发秩序中，还有比由于符合每个人的利益而得到遵循的一组惯例集合更多的内容：这些惯例有可能获得一套道德体系的支持。我认为，自发秩序具有道德维度。

7.A 附录：囚徒困境博弈、雪堆博弈和公共品博弈中的针锋相对策略

扩展的公共品博弈定义如下。有n名参与人(其中$n\geqslant 2$)进行一系列回合的博弈；在每一回合后都有π的概率会进行下一个回合。每个回合中每一方参与人在两个行动中进行选择——“合作”或者“背叛”。如果至少有一名参与人选择合作，每个选择合作的人得到$v-c_r$的效用，其中r表示选择合作的参与人数目；每个

选择背叛的人得到 v 的效用。如果没有人选择合作，每个人的效用为零。假定 $v>c_n$ 且 $c_1>2c_2>\cdots>nc_n>0$。数字 m 作如下定义，使得如果 $v>c_1$ 则 $m=1$，否则 m 使得 $c_{m-1}>v>c_m$（为了简化分析，我没有考虑 v 正好等于 $c_1,\cdots,c_n$ 中一个数值的可能性）。扩展的雪堆博弈是 $n=2$ 且 $m=1$ 的特殊情形；扩展的囚徒困境博弈是 $n=2$ 且 $m=2$ 的特殊情形。

我假定扩展的公共品博弈在某个社群中是重复但匿名进行的；每次博弈从该社群中随机抽取 n 名参与人。我还假定参与人的角色之间具有某种非对称性，使得有可能在每次博弈中将某个参与人团体识别为“A 型”，剩下的识别为“B 型”；并且我假定在每次博弈中 A 型参与人的数目总是相同的，这一数目为 q，其中 $n\geqslant q\geqslant m$。注意这一式子是有条件限制的，即**所有**参与人都为 A 型参与人的情形。

首先考虑险恶策略 N：“无论你是 A 型参与人还是 B 型参与人，在每个回合都选择背叛。”假如 $c_1>v$，很明显这是一个稳定均衡策略。（在这整一篇附录中我将通过假定在每个回合中每位参与人有非常小的概率犯错来定义稳定性。）

现在考虑如下的互惠策略，我称为 R_1。其核心思想是，当每个 A 型参与人选择合作的时候，B 型参与人就会选择背叛。该策略基于仅适用于 A 型参与人的“信誉良好”的概念。在博弈一开始，所有 A 型参与人都被视为是信誉良好的。只要 A 型参与人在每个回合按照策略 R_1 所规定的选择合作，他就能维持良好信誉。如果当 R_1 规定他选择合作的时候他选择了背叛，就失去了他的良好信誉；但是只要他在下**一个**回合中选择了合作（因此“R_1”的下标为 1），他就能够重新获得他的良好信誉。那么 R_1 定义如下：

"如果你是 B 型参与人,在每个回合都选择背叛。如果你是 A 型参与人,而所有其他的 A 型参与人都信誉良好,那么就选择合作。如果你自己没有良好信誉,也选择合作;否则,选择背叛。"

在雪堆博弈的特殊情形中,如果我们令 $q=1$,策略 R_1 便化约为搭便车许可的策略;如果我们令 $q=2$,便化约为针锋相对的策略 T_1。在 $m=n=2$ 的囚徒困境情形中,要求 $q=2$,那么 R_1 再次化约为针锋相对的策略 T_1。

对于一般性的公共品博弈而言:假如 π 十分接近于 1,任何策略 R_1 都是一个稳定均衡。以下是一个简要证明。

假设你正在进行扩展的公共品博弈,并且你知道自己那些 $n-1$位参与人同伴全部都遵循策略 R_1。你正要进行回合 i。假定,到目前为止无论可能已经发生了什么,在余下的博弈中错误发生的概率非常小以至于忽略不计也不会有影响。

首先假设你是 B 型参与人,那么你知道至少有一名 A 型参与人会在回合 i 选择合作。(如果所有 A 型参与人都信誉良好,那么他们都会选择合作;如果一名或更多的 A 型参与人信誉不好,那么良好信誉的参与人不会选择合作。)所以你的最优行动必定是选择背叛:无论你是合作还是不合作,公共品都会提供出来,因此为什么要选择合作?

现在假设你是 A 型参与人。一种可能性是 $q=1$:你是**唯一的** A 型参与人。那么无论你做什么,所有其他人都会选择背叛。由于根据假定 $q\geqslant m$,很明显 $m=1$;或者**等价于**,$v>c_1$。这要求你在回合 i 的最优行动是选择合作。

假设换作 $q>1$:你不是唯一的 A 型参与人,那么有四种可能情形:

1. 你和所有其他 A 型参与人都信誉良好。

2. 你没有良好信誉但是所有其他 A 型参与人都信誉良好。

3. 你没有良好信誉，并且至少有一名其他 A 型参与人也没有良好信誉。

4. 你信誉良好但是至少有一名 A 型参与人没有良好信誉。

在情形 1 下，你知道所有其他的 A 型参与人都会在回合 i 选择合作；在接下来的每个回合中他们都会以针锋相对的方式来重复你最后的行动。利用阿克塞罗德的论证（参见 6.2 节），如下的行动序列中必定有一个是最优反应：**或者**是合作，合作，……；**或者**是背叛，背叛，……；**或者**是背叛，合作，背叛，合作，……。结果是“合作，合作，……”为最优反应，如果下式成立：

$$\pi > \max\left[\frac{c_q}{v}, \frac{c_q}{c_1 - c_q}\right] \tag{7A.1}$$

这必定是 π 十分接近于 1 时的情形。那么现在我假定式(7A.1)成立。

在情形 2 下，你知道所有其他 A 型参与人都会在回合 i 选择背叛；在接下来的每个回合中他们都会以针锋相对的方式来重复你最后的行动。你的最优行动必定**或者**是“合作，合作，……”，**或者**是“背叛，背叛，……”，**或者**是“背叛，合作，背叛，合作，……”。假如式(7A.1)成立，那么“合作，合作，……”就是你的最优反应，如果

$$\pi > \frac{c_1 - v}{c_1 - c_q} \tag{7A.2}$$

这必定是 π 十分接近于 1 时的情形。从现在开始我假定式(7A.2)成立。

在情形 3 下，你知道在回合 i 所有信誉良好的 A 型参与人都会选择背叛，而所有那些（除你之外）没有良好信誉的 A 型参与人则会选择合作。这样如果你现在选择合作，回合 $i+1$ 会成为情形 1 那样的情况；如果你现在选择背叛，那么回合 $i+1$ 会成为情形 2 那样的情况。无论何种情况你在回合 $i+1, i+2, \cdots$ 的最优行动都是"合作，合作，……"。给定你从回合 $i+1$ 开始都会选择合作，假如 $\pi > c_s / (c_1 - c_q)$，其中 s 表示包括你在内的、在回合 i 一开始没有良好信誉的 A 型参与人数目，那么你在回合 i 的最优行动就是"合作"。当 $s=2$ 时（即 s 的最小可能值）$c_s / (c_1 - c_q)$ 达到最大值，因此"合作"必定是最优行动，如果：

$$\pi > \frac{c_2}{c_1 - c_q} \tag{7A.3}$$

这必定是 π 十分接近于 1 时的情形。从现在开始我假定式(7A.3)成立。

最后，考虑情形 4。在这种情形下你知道没有良好信誉的参与人会在回合 i 选择合作，所以无论你是选择合作还是背叛都会得到利益 v。由于 R_1 并不要求你选择合作，因此即便你在回合 i 选择背叛你也会保持你的良好信誉；这样你的最优行动就是选择背叛。

所以总的来说，在情形 1、2 和 3，你在回合 i 的最优行动是"合作"；在情形 4，你的最优行动是"背叛"，这正是策略 R_1 所规定的。因而 R_1 是对自身唯一的最优反应：它是一个稳定均衡策略。当然，这是基于以下条件——π 值如式(7A.1)～(7A.3)所定义的那样足够高。由于 $c_2 \geqslant c_q$，这些条件式可以概括为单个条件式：

$$\pi > \max\left[\frac{c_q}{v}, \frac{c_2}{c_1 - c_q}, \frac{c_1 - v}{c_1 - c_q}\right] \tag{7A.4}$$

在(扩展的)雪堆博弈中,搭便车许可策略成为一个稳定均衡是这一证明的一个特殊情形。在(扩展的)雪堆博弈和(扩展的)囚徒困境博弈中,针锋相对策略 T_1 成为一个稳定均衡也是该证明的一个特殊情形。对雪堆博弈而言,$q=2$ 且 $v<c_1$,因此使得 T_1 成为稳定均衡策略的 π 的限制条件为:

$$\pi>\max\left[\frac{c_2}{v},\frac{c_2}{c_1-c_2}\right]$$

这是我在 7.3 节所陈述的结果。对囚徒困境博弈而言,$q=2$ 且 $c_1>v$,因此限制条件为:

$$\pi>\max\left[\frac{c_2}{v},\frac{c_2}{c_1-c_2},\frac{c_1-v}{c_1-c_2}\right]$$

我们可以通过作一些替换,$v=b$,$c_1=b+c$ 以及 $c_2=c$,来重复囚徒困境博弈的互访博弈形式——这一形式在图 6.1 中列出,并且在第六章中进行了讨论。那么 π 的限制条件简化为$\pi>c/b$,6.2～6.3节证明了这一结果。

8.

自然法

8.1 作为自然法的惯例

在前面的章节中我已经阐明自发演化的、并且一旦建立便自我施行的规则如何能够规制社会生活,这些规则就是惯例。

我所分析的惯例可以归为三个大类。

第一类由协调惯例构成——我在第三章所考察的那类惯例。这些惯例从纯协调博弈的重复进行中演化出来,如谢林的会面博弈;或者从交通博弈或"领导者"类型的博弈的重复进行中演化出来,在这些博弈中参与人之间的利益冲突程度相对来说是较小的。社会生活中这些惯例的典型例子是:公路上"靠左行驶"(或者"靠右行驶")的规则以及"让路"规则;货币的使用;度量衡;市场交易地点和交易时间;语言。

第二类惯例由我所称的产权惯例所构成——我在第四章和第五章所考察的那类惯例。这些惯例从鹰—鸽博弈或者怯鸡类型的博弈的重复进行中演化出来;或者从诸如消耗战和分割博弈这些相关博弈的重复进行中演化出来。在所有这些博弈中,参与人之间存在着真正的利益冲突:他们围绕某种他们都想要但又不能都拥有的东西发生了争议。这个东西可能是一个物质对象,像弗里德曼 20 美元的例子(参见 5.1 节);或者是一个机会,例如使用公用电话或火车上的座位,或者是对他人向公共品供给进行的捐赠搭便车的特权。社会生活中这些惯例的典型例子是:"谁发现谁拥有"的规则;"因袭权"(prescriptive rights)的原则(即通过长期占有或使用而取得权利的原则);"风俗习惯"在劳工争议中的重要性;

排队；每个人都有责任保持他自家前院整洁的原则。

最后一类惯例由互惠惯例所构成——我在第六章和第七章所考察的那类惯例。这些惯例从互访博弈或者囚徒困境类型的博弈的重复进行中演化出来；或者从诸如互助博弈、雪堆博弈和公共品博弈这些相关博弈的重复进行中演化出来。在这些博弈中，行为人在“合作”和“背叛”的策略之间进行选择；选择“合作”的行为人违背了他的直接利益，但是通过这么做他将利益给予了他人。互惠惯例规定行为人应当与那些选择同他们合作的人进行合作——但是不与其他人合作。这类惯例能够在相互制约（如果你尊重我的利益，我就尊重你的利益）、相互帮助（如果在我需要你的时候你帮助我，我就在你需要我的时候帮助你）、贸易买卖（如果你信守你的承诺，我就信守我的承诺）以及公共品供给的捐赠（如果你捐赠那些对我们大家都有利的物品，我也进行捐赠）这些实践中发现。

这些惯例在行为人利益冲突的情况下规制了他们之间的交往行为。（利益冲突在产权惯例和互惠惯例的情形中最明显，而在许多演化出协调惯例的博弈中也存在着某种利益冲突。只有在纯协调博弈的特殊情形下，行为人具有完全的共同利益。）在利益冲突的境况中，求诸**正义**观念是一种典型的做法；在严重冲突的情形下我们可能诉诸公堂。这样惯例在履行着某种与实证法（即由某个权威机构，诸如议会、国会或者国王颁布的法律）相同的功能；但是实证法是有意识的人类设计的产物，而这些惯例是从利益冲突的行为人的重复交往行为中自发演化出来的。从这个意义上说，协调、产权和互惠惯例是自然法。

在这样说的时候，我是——如许多其他观点一样——在遵循休谟的思想。我相信，我所给出的惯例演化的阐述本质上与休谟关于正义起源的阐述是一样的——充实了更多细节并用博弈论的语言进行了公式化。休谟认为正义是一种德性,“通过应付人类的环境和需要所采用的人为措施或设计而产生的,并引起快乐和赞许”(Hume, 1740,第3卷,第2章,第1节)[1],由此他似乎要说正义原则是社会惯例:我们的正义感不是先天的,如我们“自然的爱”(例如我们对自己孩子的感情)那样。休谟指出正义是一种“人为的”而非“自然的”德性。但是:

> 当我否认正义是自然的美德时,我所用自然的一词,是与人为的一词对立的。在这个词的另一个意义下来说,人类心灵中任何原则既然没有比道德感更为自然的,所以也没有一种美德比正义更为自然的。人类是善于发明的;在一种发明是显著的和绝对必要的时候,那么它也可以恰当地说是自然的,正如不经思想或反省的媒介而直接发生于原始的原则的任何事物一样。正义的规则虽然是人为的,但并不是任意的。称这些规则为自然法则,用语也并非不当……(Hume, 1740,第3卷,第2章,第1节)[2]

注意对休谟而言正义是一种**德性**。我们的正义感从追求自身利益的行为人之间重复的交往行为中演化而来;但它是一种**道德**情感:我们相信我们**应当**去遵守“自然法”。用休谟的话来说,我们

[1] 此处译文参考了中译本《人性论》(下册),关文运译,商务印书馆1980年版,第517页,稍作改动。——译者注

[2] 此处译文参考了中译本《人性论》(下册),关文运译,商务印书馆1980年版,第524页,稍作改动。——译者注

“把德的观念附于正义”(Hume，1740，第3卷，第2章，第2节)〔1〕。

从这方面而言应当把休谟的自然法概念与政治理论家讨论甚多的另一个概念区分开来，即托马斯·霍布斯的《利维坦》(1651年)中的自然法概念。霍布斯毫不避讳地从每个行为人追求自身利益开始谈起。对霍布斯而言，自然法是一套规则体系，遵循它是符合每个行为人的利益的——别无其他。到目前为止，我必须承认，我的分析进路本质上是霍布斯主义的。我已经论述过，惯例是稳定的，因为它们一旦建立起来，遵循它们符合每个人的利益。关于在自然状态下合作的可能性，我比霍布斯更加乐观，但出发点和他一样(霍布斯的理论与本书所提出的那些理论之间的相似性将在附录中进行考察)。然而，我现在希望遵循休谟的思想，指出自然法对我们而言能够逐渐具有道德力量。容我澄清，我不是在提出一种道德论：我不是要论证我们应当根据自然法而行为。我要论证的是我们倾向于相信我们应当根据自然法而行为。

8.2 惯例的违反

基于对我的“惯例”定义(参见2.8节)的严格运用，假如个人能确信其他人会遵守惯例，那么以与惯例相悖的方式做出行动是永远不会符合他的利益的。尽管如此，人们有时候**确实**会以与那

〔1〕 此处译文引自中译本《人性论》(下册)，关文运译，商务印书馆1980年版，第539页。——译者注

类我所称为惯例的实践规则相悖的方式而行为。

对此,第一个理由是人们会犯错。惯例是**习得的**,一个人可能无法抓住惯例的原则,或者在特定情形下不正确地(即不合惯例地)理解了惯例。举例而言,可能有一项惯例,资源争议的解决采取利于占有者的方式;但是争议方中哪个是占有者并不总是一目了然的(与4.7节对犯错的讨论相比较)。这个问题可能与一厢情愿的想法搅和在一块。[1]根据已经建立起来的惯例,如果我是挑战者,让自己好像占有者那样行动并不符合我的利益;但是我仍然希望惯例使我成为占有者。容许我们把关于什么**确实是**真实情况的判断与我们关于什么是我们应当**喜欢的**想法混淆在一起,是人性的弱点。我们也有可能因为心不在焉而以如此的方式去行为,即如果我们事先仔细思考过就不会采取的方式(比如我们偶尔由于开小差而违反了道路使用的惯例)。

第二个理由是人们会因意志薄弱而吃苦头,屈服于诱惑而按照他们知道会与他们的长期利益相悖的方式行动。举例而言,在扩展的囚徒困境博弈中选择背叛符合每个参与人的短期利益:这使得首先选择背叛的参与人在那个回合可以获得最优结果。如果针锋相对的惯例建立起来,假如博弈还没有结束的话,背叛者在接下来的回合会受到惩罚;从长期看,背叛没有好处。尽管如此,还是有一种诱惑,追求来自于背叛的当前利益。

第三个理由是有时候打破我所描述为惯例的那类规则**确实是**符合一个人的利益的。以假设十字路口的"让路"惯例来说,如果我驾驶着一辆大轿车而你骑着一辆自行车,并且假设很显然你看到了我且有时间停下来,从你面前驶过可能对我是有利的,即便有一条既定规则说你拥有路权。或者拿邻里间相互制约的惯例的例子来说，通常不去过多骚扰我的邻居对我而言是有利的，因为如果我这么做，他们可能会报复；但是如果我即将搬家，那么表现出克制态度就可能不再符合我的利益了。

这些例子会使我们反思如下事实，我一直在分析的博弈不过只是现实生活的模型；同样地，将惯例作为博弈中特定一类的均衡策略的理论定义仅仅是实践规则的模型，在日常用语中我们称这些规则为惯例。出于理论目的，使用单个效用矩阵来描述一整类的交往行为是很便利的，诸如所有两辆车在十字路口相遇的情形，或者所有邻里间争吵的情形。然而，这种矩阵只能够代表许多矩阵中的某种通常类型，每个矩阵相互间都有些小差异。那么，一项惯例是一条规则，在典型的情形下是一个稳定均衡——假如每个参与人的对手也都遵循该规则的话，遵循它是符合他的利益的。但是会有非典型的情形，打破惯例是符合参与人的利益的，即便他的对手没有这么做。

如果我们采用霍布斯主义的分析进路，我们应当说前两类对惯例的违反——源于错误和意志薄弱——会导致对自身的惩罚。这样尽管自然法有时候会被破坏，但是会有一股强大的**趋势**去维持它。但是我认为，对于第三类的违反情况，霍布斯主义的回答必定是，在这些非典型的情形下惯例**将会**被打破。或者更确切地说，诸如“为右行车辆让路”以及“对向你表现出克制的邻里也表现出克制”这些准则必定将只不过是拇指规则（rules of thumb）〔1〕。如果自然法只不过是一套促进个人自身利益的规则体系，那么对

〔1〕 指的是一种经验法则，基于经验归纳而不是理论形成的规则，在许多情况下可以作为指导原则，但并不是放之四海而皆准的法则。——译者注

适当的规则更为详尽的规定就会比较像以下所述的某种情况,“为右行车辆让路——除非你确信你不这么做也能逃之夭夭”,以及“对向你表现出克制的邻里也表现出克制——除非你确信如果你骚扰他们,他们也不能进行报复”。

然而我想指出,对于规制社会生活的惯例,我们典型的思考**并非**如此。当我们遇见由于粗心大意、愚钝蠢笨或者意志薄弱而违背了惯例的人们的时候,我们并不乐意让他们自寻死路;如果他们的行为伤害了我们,我们感到愤懑不平;我们相信自己受到了不公正的对待。(假设你驾车行驶在英国的马路上,险些与行驶在道路右侧的一辆车相撞。也许那个司机喝醉了,或者也许他是一个心不在焉的法国游客。)

进而我们认识到,惯例是既适用于非典型情况也适用于典型情况的规则。遵循这些规则通常是符合我们的利益的;但即便不是这样,我们仍然相信我们应当去遵循它们。并且,如果我们遇见破坏这些规则的对手,我们会坚信自己受到了不公正的对待——即便我们知道那些对手是出于他们自身的利益而行为。(假设你乘坐一趟拥挤的火车旅行,离开座位去洗手间。按照通常的做法,你留下一件外套在座位上表明位子是你的。当你回来的时候,你发现外套被挪到了行李架上,一个年轻男人占了你的座位。对这个占了你座位的人,你难道没有某种怨恨感吗;难道没有感到他不仅仅**伤害**了你还使你受到了**不公正**的对待吗?)

这些例子的关键在于我在本书中分析的这类惯例是依靠某种比每个行为人所恪守的利益更重要的东西来维持的——在大多数时候皆是如此。我们希望与他人打交道的时候会受到惯例的规制,但这一预期不仅仅只是一种事实判断:我们感到被**赋予**权利去期望他人在他们和我们交往的时候会遵循惯例，并且我们认识到他们也被赋予权利期望我们做出同样的行为。换言之，惯例常常也是规范；或者，用休谟的表达方式来说，自然法的原则。

8.3 为何他人的预期对我们而言至关重要

假设你想要我履行某个行为 X，基于你对他人在类似环境下行为的经验，你也具有确定的预期，我会做 X。结果我做了其他行为，使得你比你预期的情况要糟，你就可能对我产生某种怨恨。

我认为，为了解释这种怨恨感，毋需求诸任何诡辩的道德论。你已经预期我会做 X；其他处于我这种境况的人，都会做 X；我不做 X 就伤害了你。在这些情况之下怨恨是一种原始的人性反应。

对于成为他人怨恨的焦点会感到不安是另一种自然的人性反应。因为这样，我们的行为，以及我们对自己行为的评价，受到他人对我们的预期的影响。我们可能都记得那些愚蠢的行为——在当时我们就知道是愚蠢的行为——我们做那些行为仅仅是因为别人想要我们去做并且预期我们会去做。奇怪的是，我们所认为的他人对于我们的期望能够激励我们去行动，即使当那些人完全是陌生人的时候，即使似乎对我们而言没有什么可靠的理由要我们在意他们对我们的看法的时候，也是如此。

假设你驾车等待着驶入主干道。由于很难在车流中找到空档，你等待了一段时间。在你后面的车辆排了一长队。仅仅是其他这些车辆的存在，和那些等待着你驶离的司机，不就给你带来了心理压力吗？我只能记下自己对这类情况的反应。我知道在我身后的司机永远不会记得我，即便我们确实碰巧再次遇到，因此他们没法奖励我为他们的利益而行动，或者惩罚我不为他们的利益而行动(这样他们与我之间的关系并不像是那些产生了互助惯例的博弈)。但在当时似乎后面的司机怎么看待我确实有很大关系。我知道他们想要我尽可能快地驶走；我知道他们具有关于标准驾驶行为的预期；并且因为如此我感到处于某种压力之下，而不会以可能会被他们判断为过度谨慎的方式去行动。

这里是另外一个例子：假设你乘出租车出行。你知道按常规要给司机小费，但是你安全到达了目的地，并且几乎确信不会再与这名司机打交道。(或许你到一个城市旅游，并预计不会再到这个城市来了。)无论如何，这名司机也不太可能记得你的长相。因此，按通常理解来说，给小费不符合你的利益。然而虽然如此，在类似的环境下许多人确实给小费；其他人(在此我遗憾地承认，我也是根据个人经验来讲的)则攥紧了钱包——但是带着不安感和负疚感。采取不付小费的手段是一回事，而趾高气扬地不付小费又是另一回事。为什么对我们来说不付小费会感到不**舒服**？我认为，大部分原因是由于出租车司机怎么看待我们对我们来说有很大关系；我们知道他想要小费；我们知道他预期会有小费；我们知道，他知道我们知道他预期会有小费。如果我们不付小费，我们会成为他憎恨的焦点，即便只有几分钟。不可否认，他不能把我们怎么样；我们能够预计最糟糕的也不过是一句挖苦讽刺。但是仅仅知道他会憎恨我们不就构成了不安的来源吗？

在每个这样的例子中，重要的是他人不仅仅**想要**我们做某事，而且还**预期**我们会去做某事；而他的预期基于他对别人通常会做什么的经验。如果只是由于他人的需要应当得到满足这种欲望就能简单地激励我们去行动，即利他主义，那么他们的预期对我们而言并不重要。但是在这类情形中预期确实很重要。我们感到有压力，不能由于非常规行驶而降低其他道路使用者的行驶速度，但是通过向他们表现出预期之外的礼貌程度而使得他们能够加速行驶，我们则不会感到处于同样的压力之下。给出租车司机一大笔小费，超过我们认为他会预期得到的数目，我们不会感到有压力。毫无疑问公共汽车司机和出租车司机一样非常需要额外的收入，但是我们没有感到有压力要给公共汽车司机小费。

在我所给出的例子中，从博弈论的意义上来说，那些他们关于我们的看法对我们来说很重要的人是我们的对手：他们是那些其自身利益直接受到我们的行动影响的人。但是他们的意见不是仅有的对我们来说很重要的看法。当我们进行一场博弈时我们同样也在意第三方的意见，即那些在博弈中没有直接利益，但是碰巧观察到了博弈，或者在之后被告知博弈情况的人的意见。当我们陷入争吵时，就感到有冲动要去求诸他人来支持我们，这是合情合理的。当我们受到——正如我们所看到的——不公正的对待时，我们想让自己对于事情的解释能得到他人的肯定。即便他人也许不能给我们以实质性帮助，我们也想让他们分担我们的怨恨。

亚当·斯密以他惯有的现实主义理念记录下了这种情况的一个后果：

> 我们希望朋友同情自己的怨恨的急切心情，甚于要求他们接受自己友谊的心情。虽然朋友们很少为我们可能得到的好处所感动，我们也能够原谅他们，但是，如果他们对我们可能遭到的伤害似乎漠不关心，我们就完全

失去了耐心。我们对朋友不同情自己的怨恨比他们不体会自己的感激之情更为恼火。(Smith,1759,**第**1**卷,第**1**篇,第二章**)〔1〕

当他人分担我们的怨恨时,我们会在怨恨中感到更多的愉快(这是斯密所称的"相互同情的愉快"的一种情况)。正因为如此,我们越是倾向于表达——其实是培养——怨恨的感觉,我们就越是相信别人会认为我们是对的。相反,当我们成为一个人憎恨的焦点时,如果这个人得到了他人的同情,我们因此而产生的不安感就更加严重。(假设你回到一家商店,抱怨你购买的一些商品的质量问题。叫来经理后,他拒绝你的退款要求。如果你感到店里其他的顾客站在你这边,难道不会感到理直气壮吗;相反,如果他们看起来站在经理那一边,你难道不会感到更大的压力而想要让步吗?)

所以他人对我们的预期确实至关重要,因为我们在意他人对我们的看法。我们想要在他人——不仅是我们的朋友,甚至是陌生人——面前保持友善关系的欲望不仅仅只是达到某个目的的手段,它似乎是一种基本的人性欲望。我们会具有这种欲望大概是生物演化的产物。我们是社会动物,从生物学角度而言适应于社群生活。具有某种内在的与他人相互适应的倾向——某种被霍布斯称为"顺应"(complaisance)②的自然倾向性——对社会动物的生存来说无疑是一种助益。

可能会有人反对说所有这一切都与道德无关。出租车司机预

---

〔1〕 此处译文引自中译本《道德情操论》,蒋自强等译,商务印书馆 1997 年版,第 13 页。——译者注

期我会给他小费，他想要我给他小费，我不给他小费他会怨恨我，如果我不给他小费别人就会同情他，成为这种怨恨憎恶的焦点我会觉得不安——这些理论也许都是对的，但是它们能够要求我**应当**给小费吗？如果这是一个关于道德命题逻辑的问题，那么答案必定是“不”。“应然”陈述不能通过任何逻辑上有效的推理链从“实然”陈述中导出：这是休谟法则，[3]我认为毋庸置疑。说出如下的话没有任何自相矛盾的地方：“我知道出租车司机期望会得到小费，我知道他想要得到小费，等等，但是我没有道德义务要给他小费。”

但是我的论证不是关于道德命题的逻辑，而是关于道德的心理学。我认为，我们强烈倾向于相信我们应当做他人想要我们去做并且预期我们会去做的事，这是一种共同经验；当我们违背他人的需要和预期时，我们往往会感到愧疚。任何有关道德习得的合理理论——有关我们如何判断一些事是对的而其他事是错的——无疑会非常强调赞扬和谴责的重要性。我们通过习得认为受到别人谴责的行为是错的。别人谴责那些行为并没有使得它们**变成**错的；但这是一股强大的力量影响了我们，使我们去**判断**它们是错的。

我怀疑，有些读者仍然会反对说我误用了“对”和“错”、“赞扬”和“责备”这些词语。反对意见会这么说，我们所感受到的迎合他人的需要和预期的心理冲动也许足够真实；但是将这一冲动描述为一种道德义务的情感则是对词语的不当使用。同样地，他们也可能会说，把当他人辜负了我们的预期时我们所感到的怨恨描述为道德谴责是不恰当的，或者把当我们成为这种怨恨的对象时所感受到的痛苦描述为负疚感也是不恰当的。如果我要答复这一反对意见，我必须澄清当我使用诸如“对”和“错”这些词语时我的意思是什么。

我的观点是休谟的观点。休谟所提出的、后来成为他的“法则”的那一个著名段落是题为“道德的区别不是从理性得来的”那一节的一部分。他提出如下的论证来支持他的“法则”：

> 但是，要想证明恶与德不是我们凭理性所能发现其存在的一些事实，那有什么困难呢？就以公认为罪恶的故意杀人为例。你可以在一切观点下考虑它，看看你能否发现你所谓恶的任何事实或实际存在来。不论你在哪个观点下观察它，你只发现一些情感、动机、意志和思想。这里再没有其他事实，你如果只是继续考究对象，你就完全看不到恶。除非等到你反省自己内心，感到自己心中对那种行为发生一种谴责的情绪，你永远也不能发现恶。这是一个事实，不过这个事实是感情的对象，不是理性的对象。它就在你心中，而不在对象之内。因此，当你断言任何行为或品格是恶的时候，你的意思只是说，由于你的天性的结构，你在思维那种行为或品格的时候就发生一种责备的感觉或情绪。(Hume, 1740，第3卷，第1章，第1节)[1]

这一观点的一个含义是——如果说即使在哲学家中不太常见的话，也是在经济学家中相当常见的含义——道德命题只能从其他道德命题中得出。因而一个人的道德信仰必定包含了某些不能

---

〔1〕 此处译文引自中译本《人性论》(下册)，关文运译，商务印书馆1980年版，第508～509页。——译者注

通过任何诉诸理性和证据的方式来证明其合法性的信仰。遵循森(Sen,1970,p. 59～64)的说法,经济学家常常把这些不可证的信仰称为“基本价值判断”。如果我们想要解释为什么一个人赞成一种基本价值判断而不是另一种,我们不能使用**道德**推理(我们不能说,为什么我们往往相信杀人是错误的是因为杀人**实然是**错的)。这种解释必定是心理学上的:正如休谟所言,我们必须求诸人性结构。

是否这意味着道德判断只不过是个人偏好而已? 不,因为道德判断是有关**赞成**或**反对**的陈述,而这与喜欢或不喜欢不是一回事;并且道德判断不仅仅是有关赞成或反对感觉的简单汇报。休谟如此说道:

> 我们对于道德品质的赞许确实不是由理性或由观念的比较得来的,而是完全由一种道德的鉴别力,由审视和观察某些特殊的性质或性格时,所发生的某种快乐或厌恶的情绪而得来的。但是,显而易见,那些情绪不论是从哪里发生的,必然随着对象的远近而有所变化;我对2 000年前生于希腊的一个人的德,当然不及对于一个熟悉的友人和相识的人的德感到那样生动的快乐。可是我并不说,我尊重后者甚于尊重前者……无论对人或对物,我们的位置是永远在变化中的……我们各人如果只是根据各自的特殊视角来考察人们的性格和人格,那么我们便不可能在任何合理的基础上互相交谈。因此,为了防止那些不断的矛盾、并达到对于事物的一种较稳定的判断,我们就确立了某种稳固的、一般的视角,并且在我们的思想中永远把自己置于那个视角之下,不论我们现在

的位置是如何。(Hume,1740,第 3 卷,第 3 章,第 1 节)〔1〕

换言之,道德判断不随着视角的变化而变化,而是一种**语言惯例**。我强调"语言惯例"这四个字是因为这不是有关人类心理学的假设。如果行为对我们的负面影响越深,我们的天性往往越不赞成那些行为;但是我们使用道德语言来表达我们对这些行为**类别**的一般性反对。道德判断在这种意义上是可普遍化的。④

我的观点是任何有关赞成或反对的可普遍化陈述都是道德判断。假设存在着某个既定惯例,任何处于特定处境中的人应当以特定方式行为,例如应当遵守排队的惯例。如果你插队到我前面,我应当感到强烈的不赞成感。同样假设我是一名旁观者,看见你插队到某个人前面,我仍然应当反对,即使我对你的怨恨不如前一种情况那么感同身受。最后假设**我**插队到**你**前面,我应当感到某种程度的负疚感,即我不应当十分赞成自己的行为。那么我对于插队的反对是可普遍化的:在我看来,这是一个道德判断。

8.4 惯例、利益与预期

每个人都**期望**所有其他人会遵循惯例是存在于一项已经建立起来的惯例的本质之中的。是否所有其他人都遵循惯例也是符合每个人的**利益**的呢?如果是的话,那么我们就可以料到对惯例的

〔1〕 此处译文参考了中译本《人性论》(下册),关文运译,商务印书馆 1980 年版,第 623~624 页,稍作改动。——译者注

违反会招致普遍的怨恨和谴责；这会使得人们事先倾向于如下的道德判断，惯例应当得到遵循。

我现在将考察他人遵循惯例在多大程度上符合一个行为人的利益。我将考虑在纯粹形式下的这些惯例，即作为在“典型情形”博弈下的均衡策略。那么，严格说来，我的论证只能适用于那些由于错误和意志薄弱而产生的对惯例的违反。我认为我的结论能够延伸到大多数的非典型情形之中——在那些情形下与惯例背道而驰是符合行为人利益的，但是我不能证明这一点。（这一证明要求一份各种各样的博弈所能具有的全部非典型形式的目录，并且逐个分析；这是一项浩大的工程。）我认为惯例通常是**既**依靠利益**也**依靠道德而得到维持：遵循惯例对我们有利，而且我们相信我们应当去遵循它们。如果这一双重保险结论是正确的，那么假设道德有时候可能会激励我们遵照自然法行为，即便当时这么做不符合我们的利益，至少是有些道理的。

“他人遵循一项惯例符合一个人的利益吗?”这个问题能够用各种各样的方式提出来；但是如果我们关注的是对惯例的违反会招致怨恨的这种可能性，那么要问的最明显的问题似乎就是“如果行为人遵循一项惯例，他的对手也遵循这项惯例符合他的利益吗”。

这一问题与人们会怨恨**他们的对手**违反惯例的可能性之间的联系是十分显而易见的。如果一项惯例已经建立起来，每个行为人都会预期他的对手会遵循它。因为他具有这一预期，他自己遵循该惯例就是符合自身利益的。那么如果对我的问题的回答为“是”，每个人就不仅仅是**预期**他的对手会遵循惯例；他还会**要求**他们去遵循惯例，而面对违反惯例时感到怨恨就会是一种自然反应。

旁观者的反应会是如何呢？从什么样的意义上来说，任何其他的人对于在一场他自己并未涉及的博弈中，别人遵循或是不遵循惯例，会和这个人的利益相关呢？最显而易见的回答似乎是这样的：如果旁观者是该博弈所进行的社群中的一员，那么他所观察到的行为人可能成为未来博弈中他的对手，这样他人行为与旁观者的利益相关就是当他作为潜在对手时与旁观者的利益相关。举个例子，假设你驾车行驶在英国的马路上，看见两名司机，A 和 B，险些发生车祸。问题的起因是 A 靠马路左侧行驶而 B 靠马路右侧行驶。这一定会让你想到 B 以及和他一样的司机，不仅仅对 A 来说，而且**对你来说**，都是一种威胁。所以你有某种理由怨恨 B，而这会预先使你站在 A 这一边。这让我们回到了问题："如果行为人遵循一项惯例，他的对手也遵循这项惯例符合他的利益吗？"对于一个给定的惯例来说，如果答案为"是"，那么违反惯例就有可能激起**普遍的**怨恨——无论是从旁观者的角度还是从对手的角度而言都是如此。

然而，对于这一问题的回答确实为"是"吗？在我的"惯例"定义中没有任何东西要求每个人都想要他的对手去遵循一项既定惯例(尽管大卫·刘易斯的定义**确实**如此要求，参见 2.8 节)。因而我要依次考虑一下我已经在本书中探究过的三类惯例。

协调惯例

交通博弈(或者"领导者"博弈)是协调惯例从中演化出来的博弈典型。作为一项典型的惯例，考虑一下交通博弈中的如下规则，"为从右侧驶来的车辆让路"。很容易看出，遵循这一惯例的行为人，当他的对手同样这么做时会得到利益，即使该惯例利于对手时这也是成立的。如果你从我的右侧驶来，那么"右行优先"惯例利于你；在这种情况下，至少我应当更喜欢"左行优先"的惯例。然而，减速是符合我的利益的，因为我预期你会遵循既定惯例；并且因为我应当减速，你保持原速是符合我的利益的。换言之，我想要你遵循事实上已经建立起来的惯例，即便我也许希望我们都遵循某个其他的惯例。

这一例子看起来可能稍微有些刻意，因为惯例适用于某一类广泛的情形是一项惯例的本质，并且**从长期看**，"右行优先"规则似乎没有让任何人捞到好处。但是请思考"轿车为公共汽车让路"的惯例。(很明显这一规则只能解决交通博弈的某些情况，但是对于涉及轿车和公共汽车的博弈它是一项可完美运作的惯例。与古老的航海规则比较，"汽轮为帆船让路"。)如果我是一名从来不乘坐公共汽车出行的轿车司机，这一惯例在每一场适用该惯例的博弈中都利于我的对手；那么从长期的角度看，我毫无疑问应当更喜欢相反的惯例建立起来。但即便如此，如果"轿车为公共汽车让路"是既定惯例，我并不想要**个别的**公共汽车司机试图为轿车让路。

然而，"右行优先"和"轿车为公共汽车让路"之间有一个显著区别。注意它们都是非对称的惯例，即他们都利用了博弈中两名参与人角色之间的某种非对称性。(作为对比，"靠左行驶"作为用来处理两辆车相互迎面驶近的情形时的惯例，则是对称的惯例。)但是"右行优先"则利用了我称之为对半开(cross-cutting)的非对称性。采用这一名称是指在交通博弈的参与人社群中，每个行为人会发现自己有时候处于非对称性的这一边，而有时候处于另一边。(正如在"右行优先"的情形中一定为真的那样，如果每个行为人和所有其他行为人一样拥有**相同的**概率被指派成为每个角色，我称这种非对称性为完美的对半开。)相比较而言，"轿车为公共汽车让路”所利用的非对称性则**不是**对半开的：有许多轿车司机从来没有驾驶过或乘坐过公共汽车，并且或许有一些公共汽车司机从来都没有接触过轿车。

这一区别是显著的，因为这对第三方来说的意义是不同的。如果一项协调惯例利用的是对半开的非对称性，**每个人**都会处于如下状况：由于违背惯例的持异议者的存在而会受到伤害。（假设既定惯例是“右行优先”。我的朋友告诉我**他**从来不为这个惯例而操心，相反总是试图迫使对方司机减速。这必然会让我想到某一天我可能会遇见像他一样的傻人从我的左侧向我驶来。）相比较而言，如果一项惯例利用的非对称性**不是**对半开的，至少有些人在适用这种惯例的博弈中能够永远都不是互相作为对手而遇见。这类人可能更倾向于不太在意另一方对惯例的违反。

那么总的来说，假如一项既定惯例利用了对半开的非对称性，当所有其他人都遵循该惯例时每个人都会得益；即使是当有些人（或者甚至每个人）会更喜欢一项不同的惯例建立起来时这也会是一个真命题。这意味着协调惯例有可能获得了道德力量：它们有可能成为自然法的规范或原则。

产权惯例

鹰—鸽博弈是产权惯例从中演化出来的典型博弈。作为一项典型的惯例，请考虑如下规则：“如果扮演占有者，选择‘鹰’策略；如果扮演挑战者，选择‘鸽’策略。”像大多数产权惯例一样，[5]这是非对称的惯例。在大多数实际场合中，占有者和挑战者之间的非对称性是对半开的：每个人都在**某些**冲突中是占有者。在有些情形下这种对半开接近于完美——考虑一下排队惯例，或者火车上的乘客通过把他的外套留在座位上可以保留座位的惯例；而在一些其他的情形下则不是——考虑因袭权的原则，其系统性地支持那些在过去最成功地持续占有有价值资源的人，或者那些十分幸运有个好祖宗的人。但是对于以下的论证而言，重要的只是产权惯例利用了**在某种程度**上是对半开的非对称性。

假设某个行为人遵循如下惯例："如果扮演占有者，选择'鹰'策略；如果扮演挑战者，选择'鸽'策略。"那么他的对手也遵循该惯例是否符合他的利益？很明显这取决于行为人在博弈中的角色。当他是占有者的时候，他的对手遵循如下惯例是符合他的利益的：如果有人守诺要选择战斗，他就想要他的对手选择让步。同样显而易见的是，当一个行为人是挑战者的时候，他的对手遵循如下惯例就并**不**符合他的利益：他准备好面对攻击性行为时选择让步，但是并不**想要**遇到攻击性行为。类似的结论也适用于分割博弈和消耗战博弈。

在所有这些产权博弈中，策略随着他们攻击性程度的不同而变化——无论这种程度是由"鸽"策略和"鹰"策略之间的差别来体现，还是由主张权利的争议资源的数量大小来体现，或者是由参与人在投降之前准备战斗的时间长短来体现。惯例为每个参与人规定了适当的攻击性程度。每一方参与人都更希望他的对手具有较少的而不是较多的攻击性，这是所有这些博弈的特征。（有些情形下参与人可能无所谓他的对手的攻击性程度，至少在一定范围内是如此；但是不存在有这种情况，参与人积极地想要他的对手具有更强的攻击性。）这样如果行为人遵循一项惯例，他想要他对手的行为不具有比惯例所规定的更多的攻击性。

这表明产权惯例有可能与禁止过度的攻击性行为的规范联系在一起：人们往往会相信任何人提出没有得到惯例支持的权利主

张是错误的。作为对比，非惯例所规定的顺从——例如，像基督教有关容忍的伦理[1]所规定的那样——似乎不太可能激起道德谴责。⑥当然，这并不是说我们应当期望从基督教式的顺从方式中发现更多，因为比一项既定惯例所允许的更不具有攻击性是非常**不明智的**。

注意即便产权惯例不能用任何外在的公平标准来证明其合法性，它仍可能成为被普遍接受的规范。如果成为了规范，惯例就**变成了**公平标准；但是在我看来，并不是**因为**它看上去是公平的，才变成了规范。同样地，一个人可能相信每个人都应当去遵循一项既定惯例，即使该惯例系统性地以他自己为代价而利于他人。举例而言，假设有一项既定惯例，每个人对他过去所占有的东西能保留占有。反对过度攻击性的相应规范是《旧约》中的条文："不可偷盗。"很明显，这一惯例更利于有一些人而不是另一些人。那些出生时占有的东西相对而言很少的人会更喜欢许多其他的惯例——例如，均分惯例——而不是这个已经建立起来的惯例。尽管如此，给定几乎所有其他人都会遵循该惯例的条件下，遵循这一既定惯例仍然是符合每个行为人的利益的。并且一旦一个人决心遵循该惯例，那些当该惯例规定服从时却具有攻击性的持异议者就会威胁他的利益。或者用更直白的话来说：假如我拥有**某样东西**，小偷就是对我的威胁。因此即使产权惯例更倾向于偏爱他人而不是我，我也不会倾向于赞成偷盗。

---

〔1〕 原文为"the Christian ethic of turning the other check"，取自《圣经·新约》：有人打你的右脸，连左脸也转过来由他打(《马太福音》5:39)。这里意译为"容忍"。——译者注

互惠惯例

扩展的互访博弈或者囚徒困境博弈是互惠惯例从中演化出来的典型博弈。作为一项典型的惯例，考虑我称为 T_1 的针锋相对惯例(参见 6.2～6.3 节)。回忆一下，这个惯例是为一个参与人偶尔会犯错的扩展博弈而定义的。T_1 是一个对称惯例，规定每个参与人应当选择合作，只要他的对手也选择合作，并应当以规定的程度惩罚选择背叛从而违反了惯例的对手。其也规定了由于犯错而选择了背叛的参与人应当接受对他的惩罚并不得报复。假设某个行为人 A 遵循了这一惯例，那么他的对手也遵循该惯例符合他的利益吗?

假设 A 在对抗 B 的一场博弈中遵循了惯例 T_1，并且假设 A 从不犯错，那么他会想要 B 如何行为呢? 策略 T_1 的一个特点在于，尽管其为惯例的违反而规定的惩罚足以威慑有意的背叛，但还是不足以为受害方做出全部补偿。这反映了如下事实，T_1 是能够构成稳定均衡的策略中最为“宽容”的针锋相对策略(参见 6.3 节)。这样如果 A 遵循 T_1 他就不会想要 B 选择背叛而违反惯例；即便 B 随后接受了对他的惩罚而不报复，A 仍旧会比如果没有违反惯例时的境况更糟糕。但是如果 B **确实**选择了背叛，当 A 惩罚 B 的时候他不报复是符合 A 的利益的。所以如果 A 遵循 T_1 而不犯错，那么 B 同样也这么做是符合他的利益的；而如果 B 确实犯了错误，那么 B 以 T_1 规定的方式继续博弈也是符合 A 的利益的。

如果 A 试图遵循 T_1，但是由于犯错而选择了背叛会怎么样? 假设在某个回合 i，T_1 规定 A 选择合作但是他却选择了背叛，而 B 选择了合作。那么根据 T_1，A 在回合 $i+1$ 会选择合作，并且不管 B 在回合 $i+1$ 会如何行动，A 在回合 $i+2$ 还会选择合作(换言之，

如果 B 在回合 $i+1$ 选择了背叛，A 会接受他的背叛当作合法的惩罚并不作报复）。如果 B 遵循 T_1，他在回合 $i+1$ **会**选择背叛，他会为了 A 的背叛而惩罚他。但是 A 不想要被惩罚；如果 B 选择合作他会更喜欢。因此在这种情形下（但仅仅在这种情形下），A 会宁愿 B 不遵循惯例。

总的说来，如果一个行为人遵循一项互惠惯例，他想要的是他的对手不要比惯例所规定的更不合作。这表明在惯例要求合作的情况下互惠惯例有可能与禁止不合作的规范联系在一起。换言之，人们有可能赞成一种互惠伦理，根据该伦理每个人应当同那些准备与他合作的人进行合作。

在这一节前面我提及我们的道德感有时候可能会激励我们去遵循自然法的命令，即便当时这么做会违背我们的利益。利益与道德之间的冲突似乎特别有可能发生在公共品只能通过许多个人的自愿奉献来提供的情形下。从我们在小团体中——家庭内部，邻里、朋友和同事之间——进行公共品博弈的经验来看，我们认识到存在着既定的互惠惯例，而遵循它们一般来说符合我们的利益。围绕着这些惯例，有一套道德体系成长起来；我们开始意识到在合作安排中有一种道德义务要求我们去履行自己的职责，并且学会谴责那些试图让别人付出努力而自己搭便车的人。然而，当我们在大群体中进行公共品博弈时，我们发现互惠惯例是脆弱的。选择合作常常**不**符合我们的利益：搭便车常常是有利可图的，然而我们也许仍然感到互惠伦理的力量；我们也许仍然相信我们**应当**担负起合作安排的代价中我们自己的那一份，即如果他人做好他们的那份，我们也应当做好我们的。我认为，这是因为我们赞成某种这样的伦理，即便在大群体中，公共品有时候也是通过自愿捐赠来供给的。⑦

8.A 附录:有关自然法的霍布斯理论中的互惠

正如在《利维坦》(Hobbes, 1651)中所呈现的,霍布斯的理论开始于如下定义:

> 自然律是理性所发现的诫条或一般法则。这种诫条或一般法则禁止人们去做损毁自己的生命或剥夺保全自己生命的手段的事情,并禁止人们不去做自己认为最有利于生命保全的事情。(第 14 章)〔1〕

那么,对霍布斯而言,自然法全然是审慎的。人基本上来说是自利的;自然法是对如下问题的回答:"我如何才能最大限度地增进我的自利?"或者——既然霍布斯总是强调人面对他人时的危险——"我如何才能在一个危险的世界中最好地保证自己的生存?"我的出发点——大体上与休谟站在一起——与此不同。我没有像霍布斯走得那么远,假定个人是自私的;我仅仅假定他们具有**相互冲突的**利益(参见 2.3 节)。但是我假定了个人只关心增进**自己的**利益。(无论自私与否:比如我关注我儿子的福利不是自私,但是这是**我的**利益。)协调惯例、产权惯例以及互惠惯例,我称之为自然法是基于每个行为人对他自身利益的追求;他们回答如下的

〔1〕 此处译文引自中译本《利维坦》,黎思复、黎廷弼译,商务印书馆 1985 年版,第 97 页。——译者注

问题："我如何才能在一个其他人都在增进自身利益的世界中增进我的利益？"

然而，请注意霍布斯的自然法是通过理性发现的。该思想似乎表明自然法能够从一些自明的首要原则出发，通过逻辑链条**演绎**出来。这是与休谟思想的显著对比，后者认为自然法是**演化**出来的，并通过**经验习得**。如果自然法能够由理性发现，那么大概存在着一条唯一的自然法则，能够为任何社会中的任何理性人所发现。这就杜绝了如下观点的任何可能性，有些自然法可能只是惯例——特定社会中以特定形式演化出来的规则，但也有可能演化出不同的规则。

通过自然法霍布斯表达了这么多**意思**。那么其**内容**又是什么呢？霍布斯制定了不少于19条自然法，但是他体系的核心似乎包含在他最初的3条法律之中。第一自然律是每个人都应当"寻求和平，信守和平"；这被描述为更广泛的规则的一部分：

> 这是理性的诫条或一般法则：每一个人只要有获得和平的希望时，就应当力求和平；在不能得到和平时，他就可以寻求并利用战争的一切有利条件和助力。(Hobbes，1651，第14章)[1]

在自然状态下，即在没有政府的社会中，没有人有任何得到和平的希望；因而，根据霍布斯的"理性的一般法则"，就是一切人反对一切人的战争状态：霍布斯说，每一个人对每一种事物都具有权利。第二自然律扩展到每一个人应当力求和平的诫条。该法律是：

---

[1] 此处译文参考了中译本《利维坦》，黎思复、黎廷弼译，商务印书馆1985年版，第98页，稍作改动。——译者注

在别人也愿意这样做的条件下，当一个人为了和平与自卫的目的认为必要时，会自愿放弃这种对一切事物的权利；而在对他人的自由权方面满足于相当于自己让他人对自己所具有的自由权利。(Hobbes,1651,第14章)〔1〕

这要求人们愿意相互订立信约(covenant)；如果要这些信约不仅仅只是虚文，就必定要有第三自然律，即“所订信约必须履行”。这一法律是“**正义**的泉源”(第15章)。〔2〕但是在自然状态中这一法律没有任何力量，因为：

如果信约订立之后双方都不立即履行，而是互相信赖，那么在单纯的自然状态下(也就是在每一个人对每一个人的战争状态下)，只要出现任何合理的怀疑，这契约就成为无效的。但如果在双方之上有一个共同的并具有强制履行契约的充分权利与力量时，这契约便不是无效的。因为首先践约的人无法保证对方往后将履行契约……因此首先践约的人违反了他不能放弃的防护生命与生存手段的权利而自弃于敌人。(Hobbes,1651,第14章)〔3〕

霍布斯在描述一个结构看上去非常像囚徒困境博弈的问题——特别像我称为交易博弈的那个博弈形式(参见6.1节；也参见Taylor,1976,p.101～111)。在自然状态下，两个或更多的人也

---

〔1〕 此处译文引自中译本《利维坦》，黎思复、黎廷弼译，商务印书馆1985年版，第98页。——译者注

〔2〕 以上译文引自中译本《利维坦》，黎思复、黎廷弼译，商务印书馆1985年版，第108页。——译者注

〔3〕 此处译文参考了中译本《利维坦》，黎思复、黎廷弼译，商务印书馆1985年版，第103～104页，稍作改动。——译者注

许能够从某种协议中获益——假如协议的各方都遵守协议。但是每一方都受到诱惑订立协议然后违背协议，希望他人仍然会遵守协议。既然每个人都知道其他人都会受到如此诱惑，没有人能够相信其他人会遵守协议；因而协议永远不能订立。这一问题阻碍了任何可以摆脱一切人反对一切人的战争状态的方法，因为达成和平——与战争相比每个人都更喜欢的状态——的唯一方法是通过协议停战。

与我在本书中的论证相反，霍布斯似乎认为这一问题**在自然状态中**无法解决；只有当在所有个人之上有一个具有强制他们遵守协议的充分力量的“共同权力”(common power)时，才能订立协议。根据霍布斯所言，这就是为何假如所有其他人都使自己臣服于某种主权之下，每个人都会同意这么做；一旦这一协议订立，自然状态便终结了。

然而，就我的观点来看，霍布斯的自然法中最有趣的是它们的中心原则似乎是互惠原则。每个人必须“只要有获得和平的希望时，就应当力求和平”；正如第二自然律所澄清的那样，这意味着假如所有其他人都致力于和平，每个人也必须准备致力于和平。类似地，每个人必须对他所订立的任何协议遵守他自己一方的承诺，假如其他立约方也遵守他们那部分的承诺。而更过分的目的——想要拒绝致力于和平即使所有其他人愿意，想要违背你这一方的协议即使你知道另一方会遵守协议——则是与自然法相悖的。换言之，这与理性的自利相悖。正如霍布斯所指出的，“正义不能违反理性”。(Hobbes，1651，第15章)〔1〕

〔1〕 原文：“justice [is] not contrary to reason”。但《利维坦》该章节中并没有这样的文字。——译者注

霍布斯以两个行为人之间的协议为例，根据协议一方在另一方之前先履行他那部分协议（与休谟两个农民的例子相比较，参见6.1节）。假设“立约一方已经履行契约”，那么：

> 这里的问题是履行信约究竟是否违反理性，也就是说，这样是否违反对方的利益。我认为这并不违反理性。为了说明这一问题，我们应当考虑以下几点：第一，不管一个人对任何事情能怎样地预计到并能有多大的把握性，当他去做一件足以导致他自身毁灭的事情时，那么不论会有什么他所不能预计的偶然事物出现使之有利于他，这种情况都不能使他做上述事情成为合理的或明智的。其次，在战争状态下，由于没有一个共同的权力使大家畏服，每一个人对每一个其他的人都是敌人。任何人要是没有联盟的帮助便都难以指望依靠自己的力量或智慧防卫自身，免于毁灭之祸；在这种联盟中，每一个人都和别人一样指望通过联合得到相同的防卫；这样说来，要是有一个人宣称他认为欺骗那些帮助他的人们是合理的行为，那么，他有理由能够期待的保障安全的手段便只是从他一个人单独的力量中所能获得的手段。因此，破坏信约之后又宣称自己认为这样做合理的人，便不可能有任何结群谋求和平与自保的社会会接纳他，除非是接纳他的人看错了人。当他被接纳并被收留时，他也不可能不看到错误中所蕴藏着的危机；因为按理说来，一个人不能指望依靠别人的错误作为保障自身安全的手段……

(Hobbes,1651,第 15 章)[1]

这里霍布斯的论证看起来非常像我在第 6 章和第 7 章所作的博弈论论证,表明互惠策略能够成为一个稳定均衡。霍布斯是说在自然状态下自利会引导每个行为人遵循如下策略:“只向那些对他人遵守协议的人遵守协议。”(这看上去相当于我所称的“多边互惠”,比较 7.2 节的互助博弈。)假如所有其他人都遵循这一策略,那么遵循该策略是符合每个行为人的私利的。

最终,似乎霍布斯认识到在自然状态下**某些**协议会订立起来并得到遵守。那么还有其他什么方法能让人们为了自卫而结合到“联盟”中去呢?并且,霍布斯特别提到了“在单纯的自然状态中是有约束力的”的情形下“约许向敌人付出赎金……”[2]的例子(Hobbes,1651,第 14 章)。这些协议起作用是因为自利引导每个人遵循互惠策略。然而,霍布斯对于在自然状态下能够期望的合作**程度**抱着极度悲观的态度。在此我必须承认我不能理解霍布斯的论证。他似乎是说,虽然如果对方已经履行了协议,那么履行你自己那部分的协议是理性的(即符合你的自利),但是首先履行是不理性的,因为你无法保证对方会在你履行之后也履行协议。这看上去前后不一致:如果你知道履行协议符合对方的利益,为什么这就不能给你所需要的保证呢?霍布斯的自然状态图景看起来像是某个类似于扩展的囚徒困境博弈的情形,每个人都遵循一种谨慎互惠策略;由于没有人愿意做出第一步行动,所以从来没有人会

---

〔1〕 此处译文参考了中译本《利维坦》,黎思复、黎廷弼译,商务印书馆 1985 年版,第 111 页,稍作改动。——译者注

〔2〕 此处译文参考了中译本《利维坦》,黎思复、黎廷弼译,商务印书馆 1985 年版,第 105 页,稍作改动。——译者注

选择合作。但是如果6.4节的分析是正确的,这就不一定是一种稳定均衡。在一个谨慎互惠者的世界中,勇敢可能会有好处:做出第一步行动也许是符合每个行为人的利益的。换言之,合作**能够**从霍布斯的自然状态中演化出来。

9. 权利、合作与福利

9.1 同情与社会福利

如果我的论证到目前为止还是正确的，那么一条规则如果满足了以下两个条件就有可能获得道德力量：

1. 在相关社群中的每个人(或者几乎每个人)都遵循该规则。

2. 如果任意一个行为人遵循该规则，那么他的对手——他与之交往的人——也遵循该规则是符合他的利益的。

任何成为惯例的规则都必须满足第三个条件：

3. 假如每个行为人的对手都遵循该规则，那么每个行为人也遵循该规则是符合他的利益的。

注意这些条件中没有一条要求在该规则得到普遍遵循的世界和没有得到遵循的世界之间做出任何比较。这引出了一个许多人会感到惊讶的含义：一项惯例不需要对社会福利在任何方面做出贡献就能获得道德力量。

例如，拿那些以利于占有者的方式解决争议的产权惯例来说。我已经证明，这种惯例有可能成为规范。尽管在许多情形下它们维护了不平等，而这种不平等从任何道德角度来看都是武断的。(当然，除了那种让道德成为一个惯例问题的视角。)占有者和挑战者之间的非对称性趋向于凸显、明确并且防欺诈，所以我们能够很容易地理解这种惯例会如何演化出来；但是似乎没有很好的理由去期望由此产生的财产分配，会成为一种能够用在任何逻辑上都一致的社会福利概念来证明其正当性的分配。

也许会有人反对说尽管利于占有者的惯例在道德上具有任意性，但是每个人遵循**这种或那种惯例**是符合各自的利益的。或许既定惯例不是可能形成的惯例中最好的；但是如果根本就不存在既定惯例，对每个人来说事情会变得更加糟糕。根据这一观点，无论产权惯例有多少任意性，它们**确实**为社会福利做出了贡献。然而产权惯例必须为每个人的收益发挥作用，这是正确的吗？

鹰—鸽博弈提供了一个理论上的反例。假设存在一项既定惯例，占有者选择“鹰”策略，挑战者选择“鸽”策略。那么，使用我在图 4.1 所示的效用指数，占有者从每场博弈中获得效用 2 而挑战者获得效用 0。因此，如果一个特定的行为人在任意一次博弈中成为占有者的概率为 p，对他来说每次博弈的预期效用就为 $2p$。相反，如果根本不存在任何既定惯例，那么会怎样呢？描述这种事态的一种方法是把它作为一个**对称**博弈的一种均衡状态。（回忆一下，这就是我如何模型化霍布斯的自然状态的。）对称的鹰—鸽博弈具有唯一且稳定的均衡，其中任何参与人会选择“鸽”策略的概率是 0.67，这赋予每个行为人的预期效用为 0.67（参见 4.2 节）。更加悲观的情况是，我们可以通过假定每个人完全随机地选择策略来描述缺乏任何既定惯例的情况。如果任意一方参与人选择“鸽”策略的概率是 0.5，每一方参与人的预期效用就为 0.25。无论在何种情况下，p 值是十分低的——但仍然是非零的值——参与人在没有惯例时会生活得更好。换言之，一个相对来说几乎没有财产的人可能在自然状态下有机会过得更好。虽然如此，对社群中的**每个人**来说利于占有者的惯例仍可以获得道德力量，包括那些没有惯例会过得更好的人。

250 这一结论可能令人惊讶，但是我的论证形式不是全新的。刘易斯认为协调惯例[①]常常会成为规范。他写道：

> 如果他人发现我没有遵守（协调惯例），我不仅仅是违背了他们的预期；他们还可能会处于这样一种立场，推断我故意违反自身的偏好、违反他们的偏好以及他们的合理预期而行动。他们会感到惊讶，并且他们会倾向于将我的行为解释为是丧失信用的。(Lewis, 1969, p. 99)

这本质上与我在第八章给出的论述属同一类；注意其如何诉诸如下事实，一项协调惯例要满足我所列出的3个条件。然而，刘易斯考虑的那类规则可以说服务于每个人的利益。刘易斯定义惯例为对"协调问题"的（某一种）解决方式。这些协调问题是结构近似于纯协调博弈的博弈。参与人主要关心的是以这样或那样的方式来协调他们的策略；至于以**何种**方式来协调他们的策略对他们来说则是一个相对不重要的问题(Lewis, 1969, p. 5～24)。这样尽管行为人在备选惯例之间可能具有各种偏好，但是有某种惯例建立起来而不是没有惯例则更符合每个人的利益。从这个意义上说，至少一项既定惯例服务于每个人的利益。

在乌尔曼—玛格丽特(Ullman-Margalit)的《规范的出现》(*The Emergence of Norms*, 1977, p. 88)一书中能够发现类似的论述。乌尔曼—玛格丽特紧紧追随刘易斯的观点——就协调惯例而言。但值得注意的是，她不愿将她应用于协调问题中的相同逻辑应用到其他类型的博弈中去。她发现产权规则能够对应于冲突博弈中的稳定均衡策略，[②]而这些规则能够成为规范；但是她对于这些规则**如何**成为"不公正的规范"(norms of partiality)的解释似乎完全与她先前对"协调规范"的演化的阐释脱节。如果我正确地理解了她的著作的话，假设不公正的规范会出现是因为它们增强了歧视性的现状并且这样做增进了在那种现状下获益的人们的利益(Ullman-Margalit,1977,第 4 章,特别是 p. 173~197)。其含义是当一项产权惯例成为一项规范时,那些没有通过该惯例获益的人以某种方式受到了蒙骗而去赞同该惯例。

然而,似乎没有很好的理由把刘易斯的论证局限于协调惯例。刘易斯对这些惯例如何成为规范的解释并不依赖于他的假定,这些惯例服务于每个人的利益。我们都从特定的既定惯例的存在中得益,这可能是对的,但这并不是**为什么**我们相信自己应当去遵循它们。所以如果我们发现其他的惯例,其运作不符合每个人的利益,也变成了规范,我们不应当对此感到惊讶。

在论证惯例不需要为作为整体的社会利益服务就能获得道德力量时,我做出了某些与休谟的观点有分歧的论断。休谟声称产权惯例最终会服务于每个人的利益:

> 益处和害处是不可能分离的。财产必须稳定,必须被一般的规则所确立。在某一个例子中,公众虽然也许受害,可是这个暂时的害处,由于这个规则的坚持执行,由于这个规则在社会中所确立的安宁与秩序,而得到了充分补偿。甚至每一个人在核算起来的时候,也会发现自己得到了利益;因为如果没有正义,社会必然立即解体,而每一个人必然会陷于野蛮和孤立的状态,那种状态比起我们所能设想到的社会中最坏的情况来,要坏过万倍。(1740,第 3 卷,第 2 章,第 2 节)〔1〕

〔1〕 此处译文引自中译本《人性论》(下册),关文运译,商务印书馆 1980 年版,第 538 页。——译者注

我已经解释过为什么我不能接受这一乐观的结论一定是真命题：有些人在自然状态中会比在具有歧视他们的产权规则的社会中过得更好。

产权惯例服务于每个人的利益的主张在休谟关于这些惯例如何成为规范——或者用休谟的话来说，为什么我们把德的观念附于正义——的阐释中扮演着重要的角色。对休谟而言，正义规则是我所称的产权惯例。这些惯例是从自然状态中——在这种状态下每个行为人追求他自身的利益——自发演化出来的。个人遵循这些惯例的原始动机仅仅是审慎：

> 因此，他们最初只是由于利益的考虑，才一般地并在每个特殊例子下被诱导以这些规则加于自己的身上，并加以遵守；而且在社会最初成立的时候，这个动机也就是足够的强有力。

然而这些惯例渐渐开始具有道德力量：

> 不过当社会的人数增多、扩大成一个部族或民族时，这个利益就较为疏远了；而且人们也不容易看到，这些规则每一次所遭到的破坏，随着就有混乱发生，如像在狭小的社会中那样。不过我们在自己的行为中虽然往往看不到我们由维持秩序所得到的那种利益，并且可以追逐较小的和较切近的利益，可是我们不会永远看不到我们由于他人的非义所间接或直接遭受的损害；因为我们在那种情形下，不会被情感所蒙蔽，也不会因为相反的诱惑而抱有偏见。不但如此，而且即当非义行为与我们距离很远，且丝毫影响不到我们的利益时，它仍然使我们不高

兴；因为我们认为它是危害人类社会的，而且谁要和非义的人接近，谁就要遭到他的侵害。我们通过同情感到他们所感到的不快；而且在一般观察之下，人类行为中令人不快的每样事情都被称为恶，而凡产生快乐的任何事情同样也被称为德；所以道德的善恶的感觉就随着正义和非义而发生。而现在情形下，这种感觉虽然是由思维他人的行为得来的，可是我们也总是把它甚至于扩展到我们自己的行为上。通则的效力达到它们所由以发生的那些例子之外；同时我们也自然会同情他人对我们所抱有的情绪。(Hume，1740，第3卷，第2章，第2节)〔1〕

我之所以长篇引用这一段是因为它与我自己关于惯例如何变成规范的论述极为相近。当他人在与我们的交往中违反了惯例时，我们受到了伤害；而我们会对此感到怨恨。我认为，这是我们"直接"从他人的非义中受到的损害。当他人在我们并未涉入其中的交往中违反了惯例时，我们的利益仍然受到了危及，因为我们可能在未来不得不与这些人交往。这或许就是当休谟言及我们"间接"受到损害时所表达的意思。[3]并且成为他人怨恨的焦点我们会感到不安：我们"自然会同情他人对我们所抱有的情绪"。我们对他人违反惯例所表示的反对，以及我们对自己违反惯例所感到的不安，在我们对以下一般性规则的接受中普遍化了，反对**一切**对惯例的违反：惯例应当得到遵守。

然而，在强调**同情**所扮演的角色方面，休谟的观点与我不同。

---

〔1〕 以上两处译文引自中译本《人性论》(下册)，关文运译，商务印书馆1980年版，第539～540页。——译者注

根据休谟而言，即便在我们的利益完全没有受到影响的情形下，对惯例的违反仍然使我们感到不高兴；而我们的不快源自同情。这一主张是否与我自己的论述相容，取决于我们如何假设同情发挥作用。

当休谟说道，任何人、或者事实上是任何能够具有这些感情的动物的幸福或不幸能够影响我们，**“当其在与我们接近并以生动的色彩呈现出来时”**(Hume，1740，第3卷，第2章，第1节；我加上了着重标记)〔1〕，此时他是在赞同有关同情的一个概念。这里的思想是指，我们对另一个人同情的程度通常是他与我们之间关系的产物：他的幸福或不幸如果要引起我们的同情，就必须**与我们接近**。这样，当其他条件都相同，我们倾向于最强烈地同情那些与我们自己的处境最相似的人：这些是我们最易感同身受的人。现在假设我总是遵循一个特定的惯例。举例来说，假设我从不偷钱包。这种对既定的产权规则的尊重可能是一个简单的审慎问题：我不是特别敏捷，并且害怕被抓。但是无论我遵守惯例的理由是什么，我不具有扒手在成功地完成了一桩偷盗后心满意足的**经验**。相比较而言，我确实具有害怕我的钱包被偷的经验；在这方面我或许还有在被偷窃之后感到愤怒怨恨的经验。这样，我认为我应当倾向于不太同情扒手，而是更多地同情因他们而受害的人。更一般来说，如果我遵循一项惯例，我应当倾向于不太同情那些违反惯例的人，而是更多地同情那些因这些违反惯例的行为而受害的人。这样，用休谟的话来说，我们会由于非义而感到不快，因为我们具有

〔1〕 此处译文引自中译本《人性论》(下册)，关文运译，商务印书馆1980年版，第521页。——译者注

同情那些由于非义而受害之人的不安的自然趋势。

到目前为止还没有与本书的观点相矛盾之处。但是,根据休谟所言,我们同情非义的受害者是因为我们考虑到非义会"危害人类社会"。在我刚刚引用的段落的总结部分中,他的观点表达得更为清楚:

> 由此可见,自利是建立正义的原始动机:而对于公益的同情是那种德所引起的道德赞许的来源。〔1〕

注意休谟是在谈论**对于公益的**同情。这里的思想似乎是我们公正地同情每个人的愉悦和痛苦;因为正义的原则为公益服务,我们同情的天平落到了正义的这一边。根据这种同情观,仅当惯例对社会总体福利做出贡献时,才能获得道德力量。

正是在这一点上我与休谟的观点部分一致。我们的同情基于某种成本—收益分析基础之上的思想似乎在心理上是难以置信的。毫无疑问,我们有**能力**想象我们自己处于亚当·斯密(1759,第3卷,第3章)所称的"公正的旁观者"(impartial spectator)的立场之上平等地同情社会中的每一个人;但是正如斯密自己所认识到的,[4]我们的同情运作起来并不像这样**自然**。

对此有人可能会反对说道德判断的概念要求一种公正性的程度;无论我们的同情可能多么不公正,我们的道德判断必须是可普遍化的。或者正如休谟所指出的,当我们作出道德判断时,我们"确立了某种稳固的、一般的视角"是一种语言惯例(参见8.3节)。我接受这一点;但是我们无需公正的**同情**也能够做到公正。一位

---

〔1〕 此处译文参考了中译本《人性论》(下册),关文运译,商务印书馆1980年版,第540页,稍作改动。——译者注

公正地支持财产法的法官无需（并且我认为，也不会）总是以按照对社会每个成员平等同情的要求这种方式来决断案件；但他还是公正的。类似地，如果我准备谴责所有对惯例的违反，包括我自己的，我的责难就是足够稳固且具有一般性的，从而被认为是道德的；我不需要相信惯例会为社会总体福利服务。

一些读者可能仍然认为惯例太具有任意性而不能构成道德体系的基础；有人可能会论证说，道德判断应当从少数几条简单且一般化的道德原则的公正适用中推出。为了回答这一反对意见，我应当试图表明围绕着惯例成长起来的道德——自然法的道德——**确实**具有统一的原则。

9.2 合作的原则

在本书中我已经证明在人类社会中特定类型的惯例趋向于自发演化出来，并且这些惯例逐渐具有正义原则、自然法原则的道德形态。这引致了一种诱人的假设，如果一个社会的成员赞同一项共同的道德法则，那么该法则必定服务于某种社会目的。这使得我们说，这一法则必定在**某种**意义上对社会而言是好的。但这是一个错误。正如我在9.1节已经证明的，惯例无需对社会总体福利作出贡献也能获得道德力量。因此如果在自然法背后存在着一项统一原则，其不是社会福利原则。

然而从我关于惯例如何获得道德力量的论证中提取出一项一般性的原则**确实是**可能的。回忆一下，根据我的论证，如果一项惯例满足了两个条件：首先，在相关社群中，几乎每个人都遵循它；其次，假如行为人遵守该规则，他与之交往的人也遵守该规则符合每个人的利益；那么该惯例就有可能获得道德力量。（参见9.1节。第一个条件确保了每个人**预期**所有其他人会遵循惯例；第二个条件确保了每个人**想要**所有其他人遵循惯例。）所以围绕着惯例成长起来的道德规则有可能成为像以下原则所说那样的情况：

> 合作原则。[5]令 R 为在某个社群中重复进行的一场博弈中能够选择的任意一项策略。令这一策略使得，如果任意一个行为人遵循 R，那么他的对手也如此做是符合该行为人的利益的。那么假如所有其他人[6]都同样遵循 R，每个行为人都具有一种道德义务去遵循 R。

容我澄清，我没有主张这一原则构成了我们道德的**全部**。我只是主张对我们来说存在着一股强大的趋势去赞同道德规则是这一原则那样的情况；换一种方式说，我们倾向于赋予这一原则**某种**道德权重。

我相信，其确实诉诸某些共同的道德直觉。假设社群中几乎每个人都遵循 R，那么如果我和你进行一场博弈，对我来说预期你会选择 R 是合理的。对我来说选择 R 是我以这样一种方式行动，我能够合理预期如此行动符合你的利益。（因为如果你确实选择了 R，我选择 R 就符合你的利益。）同样地，对你来说选择 R 是你以这样一种方式行动，你能够合理预期如此行动符合我的利益。那么如果我选择了 R 而你没有，我以计算得出能够最好地适应于你的方式行动，但你没有进行礼尚往来。合作原则背后的道德直觉是在这种情形下我便对你具有合法的控诉权。例如，拿交通博弈来说。假设在十字路口赋予从右侧驶来的车辆以优先权是一般性的做法。假设你总是遵守这一做法，那么，给定能够预期的其他司机的行为方式，你正在以计算得出能够最好地有利于他们的方式行为。我不寻常地选择了采用绝不给任何人让路的策略，并且如此做使你的生命处于危险之中，那么你就有理由控诉我。

那么，围绕惯例成长起来的道德，是一种**合作**的道德，也是**权利**的道德。如果在我的社群中所有其他人都遵循 R，我就有义务同样也这么做。注意这一义务来自于我与其他行为人的关系：我有义务有利于他们是因为他们有利于我。那么，我的义务是**针对特定的他人**的。与我遵循 R 的义务相对应的是所有其他人的**权利**，即我应当如此做；其他每个人都被赋予权利要求我向他履行义务。这与那种最大化社会福利、或者最大化世界的快乐总和的道德所施加的义务相当不同——后者的义务没有针对特定的任何人。

任何基于合作思想的道德体系必须结合某种参照点，从而有利或者不利得以衡量。这种思想是，如果我有利于你，我就被赋予权利要求你也有利于我以作为回报；但是利益是一个可以比较的概念。[⑦]当我说我有利于你，我是说我使你比你处于某种其他的事态之下过得更好：这一事态就是参照点。那么，作为自然法基础的合作原则的参照点又是什么呢？参照点是现状。

为什么我这样说？注意合作原则仅当所有其他人都遵循策略 R 的时候才强制行为人也如此做。这样仅在 R 得到普遍遵循的事态下，对每个人而言遵循 R 才是一项普遍义务。换言之，假设存在着这样一项普遍义务，就是假设现状是每个人都遵循 R。现在合作原则背后的思想是如果任意一个行为人**单方面**违背了已有的遵循 R 的做法，他就会损害他对手的利益；选择不以这种方式损害他对手利益的行为人被赋予权利期望得到回报，他的对手不会损害他的利益。在此利益损害是相对于每个人都遵循 R 的事态来衡量的；这就是现状。

要认识到自然法是基于互利（mutual advantage）原则，并且衡量利益的参照点是现状，就要认识到权利和义务都是惯例问题。在一个每个人都遵循某个规则 R 的社区里，每个人都可以具有道德权利去预期所有其他人会遵循这一规则；尽管换一种情况也同样可以是真命题，如果每个人都遵循一条不同的规则 S，每个人会具有道德权利去预期所有其他人会遵循 S。

我能想象许多读者会强烈反对这一思想。道德理论通常如此建构，以使得如下问题，“个人具有什么样的权利和义务？”具有唯一的答案。例如，拿道德是关注某种社会福利概念的最大化的理论来说。按照森（Sen，1979）的说法，我称这类理论为“福利主义”（welfarist）；古典功利主义的立场——幸福的总和应当最大化——是福利主义的特例。对于一个福利主义者而言，要证明权利和义务的正当性，只能将其作为达到社会福利最大化目的的手段。不像利益或者优势，福利**不是**一个可以比较的概念；因此一旦社会福利的概念得到定义，如何去最大化社会福利的问题一般会有一个唯一的解决方式。

或者拿罗尔斯（1972）的正义论来说。对罗尔斯而言，正义是一个互利问题，但是利益的定义与确定的“初始安排”（initial arrangement）相关，而这一安排下罗尔斯称之为“社会基本益品”（social primary goods）——包括收入和财富——的东西是平等分配的（Rawls，1972，p. 62）。正义原则是那些原则，能够保证在这一初始平等的状态下行为人意见一致的协议。当然，现在这不足以确保唯一一个原则集合。（在可供选择的原则集合之间可以进行选择，所有这些原则集合都能使每个人比在初始状态中过得更好；有些行为人可能从一个原则集合中获益更多，而其他人则从其他的原则集合中获益更多。）罗尔斯认识到了这一问题，但值得注意的是，他作出的回应是通过设计初始状态以使得唯一的正义原则集合**将会**产生出来（Rawls，1972，p. 139～140）。确保这种情况的出现是“无知之幕”（veil of ignorance）：不允许任何人知道他或她的身份，因而没有人能够知道会产生出哪项原则最符合他或她的利益。

作为最后一个例子，拿诺齐克的正义权禀理论（entitlement theory of justice）来说。诺齐克简单地**假定**存在一条唯一的自然法法则。他提出，对于这一假定没有现实的证明超越了诉诸洛克的权威——虽然评论说洛克也“没有提供任何好像是对自然法的地位和基础的满意解释的东西”（Nozick，1974，p. 9）。对洛克而言，正如需要通过自然理性来理解那样，即不需要神祇的帮助，自然法是一套道德权利和义务体系，具体体现了上帝的意志[Locke，1690，政府论（下篇），第 2 章]。不清楚诺齐克是否分享了洛克的自然神论；可以确定的是，上帝在诺齐克的理论中扮演着不明确的角色。似乎对诺齐克而言个人具有特定的、清楚界定的权利是一个简单的道德直觉问题。

与这一理论背景相悖，认为权利和义务是惯例问题的主张便会备受争议。因而让我重复一下之前说了好几遍的话。认为在人类社会中演化出来的道德是我们**应当**去遵循的道德不是我的观点，我没有提出一种道德论；我试图解释我们如何逐渐具有了某些我们所拥有的道德信念。我的主张是人类倾向于利用现状作为一个道德参照点。他们是否应当如此做是另一个问题，而且（至少对于我们那些接受了休谟法则的人来说）是一个永远不能通过诉诸理性得以解决的问题。

因而，任何人都可以说他或她拒绝接受基于我所称之为自然法的主张的道德合法性。他或她可能说："唯一能做的正确事情是……如果这意味着侵犯了某些人认为属于他们的道德权利的东西，那么就太糟糕了。我不接受这些所谓的权利有权获得我的任何尊重这一观点。"举例来说，一位坚定的福利主义者会说，一个政府要做的正确事情就是无论如何都要最大化社会福利。在他对基于自然法的主张的拒绝中，福利主义者会（我能想象）受到如下思考的鼓舞，毕竟，这些"律法"只是惯例而已。他甚至可能会受到诱惑去思考道德建设工程。如果人们的道德信念是基于惯例的，这些信念就能够被改变。与其接受偶然建立起来的惯例，我们不如从许多可能的惯例中设计出会最大化社会福利的惯例，然后要求每个人去遵循。毫无疑问，最初有些人会抵制这种变化，声称他们受到欺骗失去了权禀；但是随着时间的推移这些权利和义务的观念会渐渐消失，而被更能与福利最大化相匹配的新观念所替代。

本书的分析没有提供对这种坚定的福利主义者的道德反证。（也没有提供对致力于罗尔斯主义或诺齐克主义的正义论的人的反证。）然而，本书确实提出了一些告诫。既定惯例**能够**被推翻——考虑一下公制（metric system）的成功——但是遍布历史的是改革惯例的失败尝试。与引入公制的理性主义的法国人同一代的那些人试图改革历法；但是我们全部都仍旧使用非理性的陈旧历法。连续几届爱尔兰政府投入巨大努力要重新恢复盖尔语（Gaelic language）的使用，但是他们不能阻止占压倒性地位的大多数爱尔兰人用英语读写。黄金作为货币的惯例持续了千年，并且仍旧在抵制改革国际货币体系的努力。

考虑冲突的解决利于占有者的惯例。这也许不具有理性基础;从一个福利主义者的视角来看也许是道德错误的。但任何政府有力量打破这种惯例吗?想一想这一惯例被用来解决争议的所有情况;想一想它如何能够通过一种情况到另一种情况的类比传播开去(参见5.3节);想一想有多少争议在司法体制的影响之外得到解决——邻里与同事之间、社团组织内部、马路上、学校操场上、青少年群体内部……任何政府如何改变在**这些**情况下人们的行为方式?再想一想利于占有者的惯例被用来解决国际争端的方式。(欧洲的政治地图如何通过1945年苏联和美国军队抵达的位置决定下来。)任何一个政府在与其他政府交往时怎么能够拒绝承认这一惯例?

正如我已经论证的,如果人们用来解决争议的惯例逐渐具有了道德权利和义务的地位,任何试图推翻这些惯例的政府必须预计到它的行为会被视为是道德错误的——是对个人权利的非法侵犯。坚定的福利主义者必须准备好接受指责,他的政策只会吸引那些他寻求增进他们福利的社会成员。回忆一下伯纳德·威廉姆斯(Bernard Williams)做出的功利主义理论与殖民地行政长官之间的类比(参见1.4节),让人想起拉迪亚德·吉卜林(Rudyard Kipling)〔1〕对白人责任的叙述。⑧

然而,寻求增进社会的福利而无需受到时下认可的道德的制约,这种殖民地行政长官的视角是一种特殊的角度:没有理由解释

〔1〕 拉迪亚德·吉卜林(1865～1936)是英国短篇小说大师、作家和诗人,也是英国第一位诺贝尔文学奖得主。——译者注

我们为什么必须采纳它。没有理由说明我们为什么必须通过表明我们的道德信念是会被一名公正的旁观者所分享的——他从某个遥远而有利的位置俯视社会——来证明这些信念是合理的。我们被赋予权利从**我们所处的立场**——作为一个社会的成员，在该社会中特定的义务和权利思想已经建立起来并被我们接受作为我们道德的一部分——做出道德判断。用森的话说，这些思想对我们来说或许具有基本的价值判断(参见 8.3 节)，正如福利主义者的判断对他而言是基本的。对于我们坚持一种合作的道德我们不能给出任何终极的证明；但是福利主义者也不能证明他的福利主义是合理的。

我认为，对我们大多数人而言，道德不能被化约为福利主义。无论我们可能承认什么样的政治原则，大多数人相信我们每个人都具有不能仅仅为了增加社会总体福利就被合法取消的权利。当我们认为属于我们的权利或者合法预期的事情受到了威胁时，我们感到有权去质问：“**为什么**我必须为了社会的善而牺牲我的期望?”这个问题不是一个愚蠢的问题。它并非道德推理逻辑的失败，它就是一个现实的道德问题。当诸事不利时——当**我们的**预期快要落空之时——这是一个我们**确实**要问的问题。正如罗尔斯(Rawls，1972，pp. 175～179)所指出的，我们倾向于将社会构想为一个合作系统，通过这个系统**我们的**利益以及所有其他人的利益能够得到促进，这是一个普遍的道德心理学事实；我们不是心理上适合于采取福利主义者的社会观，我们的利益包含在某个社会整体之内。

如果本书的观点是正确的，至少有一些我们认为属于自己的权利的东西所基于的只是惯例而非其他；为了将它们作为道德上具有重要意义的事物而接受下来，我们使用了现状作为道德参照点。这是一种明白无误的保守思想。然而，我们没有声称，如果考虑了所有情况，现状比任何其他可能的社会状态都**更好**。要假设做出了某个这类主张，就是将一个保守的理论阐释为一种福利主义的形式；该理论没有言及任何有关社会总体福利的内容，或者关于一种社会可能状态应当如何与另一种可能状态相比较的内容。正如詹姆斯·布坎南（James Buchanan，1975，p. 78）所指出的，现状的意义仅仅是，我们从这里出发，而不是从某个其他地方出发。

我怀疑，许多读者依然对这种保守主义犹豫不决，会寻找某种其他方式来理性化他们对道德的认定。我祝愿他们好运，但是我怀疑这项任务希望渺茫。我已经证明，某些特定的道德信念具有一种自然趋势演化出来，我们不能轻易地摆脱这些信念。我们也不能常常去作尝试，因为它们是**我们的**信念：它们是我们对这个世界的道德观的一部分。无论我们多么想否认，我们的道德在重要方面仍然属于自发秩序的道德；而自发秩序的道德是保守的。

跋

当我着手写作第二版《权利、合作与福利的经济学》(*ERCW*)时,我有一个计划,通过插入新的章节而同时保留原初文本不作改动,以更新本书。但是新的章节在不断加长,使我最终意识到新旧材料的混合是行不通的。为了驾驭新的材料,我规定自己仅根据演化博弈论的后继发展,以及根据在我看来对本书论点所作的最重要的实质性批评来对 *ERCW* 的内容进行评论。我忍住了诱惑不把这篇后记当作一次机会,来表明 *ERCW* 的观点如何能够应用到新的领域,或者讨论更深入的与 *ERCW* 密切相关的主题。我在此所关心的是 *ERCW* 说了些什么,以及它是否是正确的。我最关注的是那些 *ERCW* 中仍然很有争议的内容:在决定哪一项惯例出现时对"凸显性"[或者称"突出性"(*salience*)"][①] 所扮演的角色的强调,社会演化的力量会偏爱无效率的惯例的证明,以及如下主张,特定类型的惯例往往使那些遵循它们的人们获得道德力量,即使从外人的视角看来那些惯例在道德上显得具有任意性。

A.1 演化

对今天的读者来说，第二章所呈现的以及本书余下部分所使用的演化博弈论可能有时候看上去有些古怪。这并不出人意料：当我在 1985 年完成本书的写作时，演化博弈论几乎还没有作为一项经济学技术而存在。在这一理论分支进行的后续工作产生了分析与术语的新传统。在这一节，我解释一下 *ERCW* 中使用的理论如何与现代演化博弈论联系起来。

我在第二章提出的理论中，最基础的概念是**效用**。到了 2004 年再重读这一章，我很不满意其中对效用的讨论；但是我仍然不知道如何去改进它。

在传统的博弈理论中，效用的概念是建立在一个博弈的定义之内的。对于博弈的参与人可能选择的每一个策略组合，每一方参与人都有一个效用值；除非有这样的数值存在，否则从形式意义上而言就没有博弈存在。效用是基于基数尺度来度量的(从数学上来说：这是唯一能够进行仿射变换的)；并且假定每个参与人寻求最大化自己的效用的期望值。当约翰·冯·诺依曼(John von Neumann)与奥斯卡·摩根斯坦(Oskar Morgenstern)首先提出了他们的博弈理论时(1947 年)，经济学家们高度怀疑效用的基数性质。(尽管或许有些误解，他们中大多数人相信**基数**效用的存在。)为了说服他们的读者基数效用是一个有意义的概念，冯·诺依曼和摩根斯坦证明，如果一个人具有的赌博偏好满足特定的理性一致性条件，那么那些偏好能够用作**表示**某个函数期望值的最大化。

根据这一解释，“效用”不是任何特定的东西(如财富或者愉悦)，即假定人们可以取得的东西。相反，它是描述一致性偏好的一种方式。假如我们准备赞同冯·诺依曼和摩根斯坦的公理作为完美理性的原则，那么我们就有一个关于效用的解释，适用于这些作者发展起来的那类博弈论：在博弈中进行完美理性选择的理论。但是演化博弈论意图成为一种经验理论，而不是一种**先验**理论。其意图解释博弈如何真实地进行。

有很多证据表明真实的行为与预期效用理论不一致。可观察到的与该理论的偏差不仅仅只是随机的，还是系统性的且可预测的。在第二章中我描述说这些实证“与日俱增”，而自从 1985 年之后其的确是激剧增加。现在有许多决策理论试图解释这些观察，预期效用理论只是一整队相互竞争的理论中的一种，这些理论中的每一种都解释了一些但不是全部的证据。能够使得预期效用理论成为一种经验理论的最强有力的例子是简单的、易处理的情形，并且它的预测相对于非常复杂的现实来说通常是相当好的初步近似。[②]

正如应用于经济学中的演化博弈论那样，大多数的演化博弈论基于某种预期效用理论的变体：演化博弈论的结果是用基数效用来定义的，而演化的过程被假定为利于那些具有最大的预期效用值的策略。我也有效地使用了这一方法，尽管我没有讨论每次博弈的效用**期望**值，而是讨论许多次重复博弈的效用**平均**值。我不能佯装我在 2.3 节所提供的论证是特别强有力地支持了这一方法。相反，我对所提出的这一论证持谨慎态度而感到自豪，并且认识到在演化的背景下证明预期效用理论的合理性的困难。[③]尽管如此，一个人总归要从某个地方开始做的。对于在 *ERCW* 中提出的论证而言，关于在不确定情况下的选择的更完善的论述不是中心议题。

我使用的理论中的演化内容包含在个人**通过经验习得**这一思想中。我采取的这一思想的涵义在第二章中作了解释。基本思想是行为人进行(他们认为是)相同的博弈许多次,每个行为人对博弈结果序列具有偏好,这些偏好产生了对长期"成功性"的度量(所得到的效用收益的平均值)。我称参与人"被引向"那些在长期最成功的策略。

所涉及的这种吸引力没有被很严格地描述出来,但是其基本思想足够清楚。当行为人有意识地寻求成功的时候,他们是通过试错而不是通过利用经典决策理论中假定的那类前瞻性的贝叶斯理性。虽然第二章关于人们学习机制的描述不是很精确,但提出了一个非常具体的、有关这种习得过程的长期含义的模型。核心理论概念是**演化的稳定性**。处在均衡分析背后的是对导向均衡的动态过程的阐释;这一过程以在第二章和第三章中所使用的相位图表示出来。暗含的意思是,假定了一个性质,博弈论专家现在称为**收益单调性**(payoff monotonicity):在任何给定时间下的任意群体中,进行策略比较,哪一项策略得到选择的频率的增长率越大,该策略的预期效用就越大。这样,如果在一场博弈中,对给定角色的参与人来说仅仅只有两项纯策略 R 和 S 可供选择,在该群体中策略 R 得到选择的频率随着时间的推移上升、不变或者下降,取决于选择 R 的预期效用是大于、等于还是小于选择 S 的预期效用。这给出了用相位图表示的那类动态过程。

演化博弈论专家现在通常使用一个动态的演化过程的具体模型。[④]这一模型——**模仿者动态**(*replicator dynamics*)——满足了收益单调性,但是假定了某种额外的数学结构。在这一模型中,任何给定的策略得到选择的频率的增长率与该策略的预期效用和所有策略的预期效用的加权平均值之间的差值成比例。(每项策略根据得到选择的频率来进行加权。)

模仿者动态和 *ERCW* 中使用的演化稳定性概念之间有密切关系。考虑一个博弈的参与人群体,其中存在着 n 种不同的策略。在时间 t 的任意一个时间点上,我们都能定义一个概率分布 $p(t)$,规定了在群体中每项策略得到选择的频率。取某个时间 t_0 和给定的分布 $p(t_0)$ 作为我们的出发点,能够计算得到在时间 t_0 从选择各项策略中获得的预期效用。使用模仿者动态模型,我们能够计算得到每项策略的选择频率的变化率,并且因此我们能够计算下一个时间点的概率分布 $p(t_1)$,然后再重新计算变化率,以此类推。通过这种方法,我们能够绘出从 t_0 开始以后 $p(t)$ 的路径。自然可以将一种**均衡**定义为一个分布 p^*,使得,如果在任意时间的分布为 p^*,那么就会永远保持为 p^*。我们能够定义一种均衡分布 p^* 是**稳定的**,如果从任意一个十分接近于 p^* 的分布出发,随着时间推移 $p(t)$ 向 p^* 靠拢。如果我们想要预测模仿者动态控制下的群体长期演化情况,自然第一步就是寻找稳定均衡。结果是任何策略的概率混合,在 2.6 节所定义的意义上而言是演化稳定的,也就是模仿者动态的稳定均衡。

所以在 *ERCW* 中演化过程的**数学**分析——用相位图和演化稳定性概念来具体表达的分析——是与现在成为演化博弈论的标准模型化策略相一致的。然而,*ERCW* 还使用了其他的分析方式。这么做是因为社会演化过程还受到其他因素的影响,这些影响在如今那些标准的模型中还没有表现出来。

 模仿者动态最初是为了生物学的使用而设计的,用**相对适应**

性(*relative fitness*)替换了效用。大体上说,任何给定类型的有机体的适应性是它的基因复制自身的速率。就许多目的而言,通过有机体的**预期繁殖成功率**(expected reproductive success),即对于该类有机体中的一个随机个体而言,在下一代能够长大成熟的后代的预期数目,就足以度量一种有机体类型的适应性。这样,一种有机体类型的相对"成功性"**正是**其在群体中的繁殖频率增加的趋势。在一个十分简单的生物学模型中,模仿者动态的等式是一些能够通过生物学假定的推演证明为真的定理。

这些定理不能顺畅地转换为试错学习的模型。如果成功以效用来度量,并且如果效用以行为人偏好来定义,那么较为成功的策略得到选择的频率增加以较为不成功的策略为代价,就不是一个定义问题。一个试错学习模型中什么是必须为真的,大概是:通过试错习得的行为人采纳了一项策略,该策略会利于这种采纳行为,如果一项策略具有任何这种性质,那么就这一程度而言,一项策略得到选择的频率增加。似乎作出如下假定是无懈可击的,**当其他条件都相同时**,提供了较大的预期效用的策略更有可能被采纳。那么,模仿者动态捕获了试错学习的一个重要组成部分的运作方式,但是还有比这更多的东西需要知道。

A.2 突出性

ERCW 在将突出性作为试错学习中一个重要因素来对待这方面与演化博弈论中大多数当前的研究不同。我仍然认为我将突出性摆到分析的中心位置是对的。在这一节,我解释一下原因。

无论一项策略有多成功，它也不会被人们习得，除非将要习得这项策略的人首先**认识**到它可能是一项策略。这立刻意味着一项策略得到选择的频率的变化率可能不仅仅取决于该策略的预期效用，而且还取决于它对潜在学习者的突出性——取决于该策略所拥有的、能够引导人们认识到它的无论什么样的特征。

为了说明试错学习中突出性的重要意义，考虑如下的博弈，我称为狭路相逢博弈(*narrow road game*)。(这一博弈和第三章分析的交通博弈一样属于相同的协调问题家族，但是更为简单。)从一个大群体中随机抽取的一对对行为人周期性地且匿名地进行该博弈。[5]在该博弈的任何情况中，一条公路上两辆车正相互驶近，而这条路的宽度正好仅允许它们擦肩而过。一开始，两辆车各自都行驶在路当中，每一方司机都不得不选择是驶向左边还是驶向右边。如果都驶向左边，或者都驶向右边，双方的收益各自是一个效用单位；如果一个驶向左边一个驶向右边，那么双方各自的收益为零。这是我们预期会发现惯例演化的这类博弈的典型例子。那么那项惯例可能会是什么呢？

在思考这一博弈中可能演化出来的备选惯例的时候，大多数人立即想起"靠左行驶"和"靠右行驶"的规则，但这些不是能够引致协调合作的仅有的可能规则。想一想狭路相逢博弈的变体，在人行小道上或者楼道里相互走近的行人所进行的博弈。他们如何避免相撞？从我相当不经意的观察中，我得出结论，英国行人并不是一贯遵循要么"靠左"要么"靠右"的规则。在实践中，他们通常遵循我称之为**迎面转向**(*heading away*)的规则。如果你遵循这项规则并且正走近某人，你计划朝着你们两人迎面相遇的方向向前走，并估计通行的两个方向中哪个方向偏离你行走路线的幅度最小。然后你转向那个方向，从另一个人行进的道路上“迎面转向”。双方在判断别人行进的方向时，以及发出信号表明你自己的行进方向时，你可能使用微妙的眼神或者肢体语言，其中有些可能是无意识做出的。

很清楚，狭路相逢博弈能够容许大范围的备选惯例。但是为了简便起见，让我们把注意力仅仅集中在两种可能的惯例之上：靠左规则和迎面转向规则。假设对于理解这两条规则中任意一条规则的参与人而言，该规则的规定一直都是明确的。还假设，在任何随机选择的博弈情况中，迎面转向规则规定从左边通行的概率是0.5。现在让我们从一个任意两项相关策略的选择频率分布出发，思考行为会如何演化。假设在最初，51%的司机总是靠左行驶，而49%的司机总是采取迎面转向行驶。靠左行驶的司机的预期效用稍微高一些，因为他们更有可能遇上和他们一样行为的司机(事实上，靠左行驶的司机的预期效用是0.755，而迎面转向行驶的司机的预期效用为0.745)。如果我们简单假定(基于效用的)模仿者动态过程，我们预测选择靠左行驶的频率会逐渐增加。一开始，增加率会很慢，但是随着靠左行驶的优势的增加，增加率会变快。每个人都会靠左行驶是迟早的事。

但是我们应当接受这些模仿者动态的预测而不提出进一步的疑问吗？想象一下我拿来作为我的出发点的事态。想一想一个司机，看见另一辆车向他驶来，正要决定转而驶向哪一个方向。有些司机(群体中的51%)将这一问题概念化为“左”和“右”之间的一项选择。从他们的经验中，他们知道对方司机更有可能驶向左边而不是右边，但是他们也时不时会遇上一些司机，令人不解地驶向右边。另一些司机(群体中的49%)将这一问题概念化为在对方车辆面前“迎面转向”和“迎面驶向”对方车辆之间的一项选择。从他们的经验中，他们知道对方司机更有可能迎面转向而不是迎面驶来，但是他们也时不时遇上一些司机，令人不解地迎面驶来。注意，**在他自身的博弈的概念化看来**，每一方司机已经从可供他选择的策略中选出了被证明为最成功的策略。如果迎面向前开的司机要学会靠左行驶，正如模仿者模型所预测的，他们必须用一种新的方式来理解博弈。

乍看起来，容易让人认为这只不过是个时间问题。由于靠左行驶的司机已经遵循了更为成功的策略，他们没有理由转而选择另一项规则，即使他们开始意识到这也是一种可能性。所以，有人可能认为转换策略是走上了一条单行道，但这样就忽视了位于总体情势背后的全部随机变化。举例来说，假设随着时间推移，博弈的参与人群体出现了某种逆转。在随机的时间段中，有些行为人离开了这个群体(他们不再开车，离开这个地区，死了或者随便怎么样)，而另一些人则加入了这个群体。新来者开始不具有任何博弈经验——或者至少不具有这一在特定地点进行的特定博弈的经验——无法从博弈经验中进行推断。他们不得不从他们早期的观察中得到他们所能作出的最优理解。他们如何理解他们的博弈经验取决于他们是以左和右的方式来思考，还是以迎面转向和迎面驶向的方式来思考。假设迎面转向和迎面驶向的区别比左和右的区别更有可能出现在新来者的面前。那么新来者会倾向于学习迎面转向行驶的规则，即便一开始靠左行驶的规则在有经验的司机中更普及些。而如果这一影响足够强大，就会造成在整个群体中选择迎面转向行驶规则的频率逐渐增加。与基于效用的模仿者动态模型预测相反，演化的路径可能会引致迎面转向行驶规则成为既定惯例。

因此，如果我们要理解经验习得的动态过程，那么只考虑到不同策略的相对收益是不够的，我们还要考虑到它们的相对突出性，因为策略的突出性影响到学习它时的易感性(*susceptibility*)。当备选策略的预期效用差别很难觉察到的时候，在影响备选策略得到选择的频率的相对变化率方面，突出性可能具有特别重要的意义。在惯例演化的早期阶段，在任何潜在的惯例具有许多拥护者之前，这是一种典型情况；在如下的境况中(像狭路相逢的事例中那样)也是如此，两项或更多的潜在惯例开始自我确立起来，但是还没有一项明显地处于领先位置。

认为突出性是重要的仅仅是因为行为人是非完美理性的，这是一种错误的想法。仅仅是对有能力从(人们理解为是)随机变化的环境中辨别出一些突出模式的行为者而言，经验习得才是有可能的。如果某个行为人的理性完美到他能认识到所有可能的模式，而没有对其中任何一种模式赋予特殊性，他就没有归纳学习的能力。想象一下一名进行了 1 000 次狭路相逢博弈的司机，每次对方司机都驶向左边。很明显对他来说得出的理性推论是他将遇到的下一个司机很有可能也驶向左边。但是尽管这项推论**对我们来说**——作为日常理性的人——是显而易见的，对这个完美理性行为人来说却未必如此。对我们而言，所有1 000次观察都符合"总是靠左行驶"，这一事实是显著的事实，这要求超越纯粹偶然性的解释。但是，从完美理性行为人的角度看，我们只不过是暴露出我们想象力的缺乏，我们"模式"观念的贫乏。对他而言，1 000次"靠左行驶"或"靠右行驶"的情况组成的**每一个**序列具有某种能够事先设计好的模式。事实上，每一个这样的序列符合无限数目的不同设计模式。这样，没有特定的观察序列能够为完美理性行为人提出任何特殊理由去怀疑他所观察到的是一种随机变化的情形。归纳学习通过赋予一小部分突出模式以特殊性，以及留意表明那些特定模式的证据，来发挥作用。如果这一关于归纳学习的阐述是正确的，我们对于突出性的依赖就不是我们非完美理性的标志，而是我们学习机制的一个至关重要的部分。[6]

A. 3　语言

在第三章，有关协调问题我的主要例子是在十字路口处于相撞路线上的两名司机的情形。我认为如果产生相应结果的交通博弈周期性地重复进行，某种惯例就会出现，指定一名司机拥有优先权。我也提供了某种解释，为什么特定类型的惯例比其他惯例更有可能出现。托马斯・谢林的突出性概念（或者如他所称，凸显性）在这一阐述中扮演了重要角色。为了证明突出性的思想如何能够帮助人们进行协调，我讨论了一些经典的协调博弈，诸如参与人必须要说出“正面”还是“反面”的博弈，以及参与人必须说出在纽约市碰面的一个地点的博弈。然后，在这章的最后一节，我声称有一些更加基础的社会实践，包括货币与语言在内，是与我们在交通博弈中使用的规则有相同意义的惯例。

有些读者认为从驾驶实践到语言这一步的跨越太过于诡辩。他们反对说，正如我所想象的，进行交通博弈的行为人，他们已经归属于一个具体的社会，分享着一套共同的言语概念谱系以及历史的、地理的和文化参照谱系。谢林的协调博弈也是如此。似乎我正在通过假定一些惯例来解释另一些惯例，是否是这使得我的理论成为一种套套逻辑?

我不这么认为。复杂的事物是渐进出现的,这是所有演化论解释的核心特征。为了理解某样复杂的实体如何产生,我们不得不理解它如何从其他某样几乎同样复杂的事物中成长起来。这一解释策略不是套套逻辑,因为它允许更复杂一些的事物从不那么复杂的事物中产生出来。最终,高度复杂的事物可以追溯到非常简单的事物上;但是对于大多数的解释目的而言,无需回溯到如此之远。如果我们想要解释一组与那些统驭驾驶行为的惯例同样复杂的惯例,我们必须预期该解释把许多其他的惯例和规律当作是给定的。

一个批评者仍然可能会问假定缺乏共同语言的人们具有共同的突出性概念是否是逻辑上内在一致的。[7]为了回应这一反对意见,我必须澄清我不是在提出一个有关最早的人类语言的出现的理论。我的主张是语言——我指的是人际间沟通的理解系统,无论是基于声音、符号、姿势还是其他任何东西——能够像现代人类中的惯例那样产生出来,产生的方式非常类似于十字路口的优先权惯例。(我说“现代”人类是表明,我假定的是一个具有我们现在认为是正常的人类推理能力的行为人群体;是否这种能力对于根本没有语言的生物来说是可能的,我对这一问题不发表意见。)一种新的语言在一个群体中产生的过程不需要涉及任何事先存在的共同语言的公开使用;但是(我坚持这一点)其必须含有有关突出性的共同概念。

首先,让我解释为什么突出性的共同概念是至关重要的。关于语言产生的模型,我从大卫·刘易斯的《惯例》(1969)中借用了一个例子。刘易斯分析了他所称的**发信号问题**(*signalling problems*)。发信号问题是协调问题的特殊类型,其中两个行为人 A 和

B，如果 B 的行为选择可预测地基于 A 所做出的一组任意行为，那么两人都可获益。(用刘易斯的例子之一来说：B 开着一辆卡车，倒车通过一个狭窄的入口，而 A 站在后面引导他。如果有一个发信号的惯例，诸如：如果 A 给出一个招手的手势，B 倒车；如果 A 举起双手，掌心向外，B 停车。那么他们两个人都会获益。)刘易斯认为发信号惯例不仅仅是协调问题唯一的解决方案，还有原始语言也是一种解决方式。我同意这一点。

现在假设我们试图模型化倒车博弈中发信号惯例的产生，假定(在这一情形中，高度人为化的假定)A 类型的人从一个群体中随机抽取，B 类型的人从另一个群体中随机抽取，博弈在 A 与 B 之间周期性地重复进行，并且不存在 A 类型人和 B 类型人都知道的已有的语言。假设 A 的两条手臂能够各自独立地做出姿势，分别能够指向**上**、**下**、**左**、**右**。这就给出了我们 $4\times4=16$ 种可能的手势。假设，在任何给定的博弈情况下，A 观察到的要么卡车继续倒车是**安全的**，要么继续倒车是**不安全的**。让我们为 A 定义一项策略，作为 16 种手势的集合中任何的一部分都可归入两个非空子集，**安全的**手势和**不安全的**手势；根据该策略，如果得到了安全的情况，才形成了一项**安全的**手势(我们说，该手势是随机选择的)，一项**不安全的**手势则相反。我们得到对 A 来说有 $2^{16}-2=65\,534$ 种备选策略。[8]一项 B 的策略则由在各个手势的情况下要作出的行为所构成。如果我们假定对 B 而言有两种可选择的行为，**倒车和停车**，一项 B 的策略由在 16 种可能的手势之中，对应各个手势的情况要做出的两个行为中的一个行为所构成。我们得到，对 B 来说有 $2^{16}=65\,536$种备选策略。[9]对每一项 A 的策略来说，都有 B 做出的唯一的最优反应，即如下策略：看到每一个**安全的**手势则选择**倒**

车，看到每一个**不安全的**手势则选择**停车**。这些策略组合的每一对都是一个严格的纳什均衡(因而是一项惯例)，所以我们有一场65 534×65 536种可能性的博弈，具有65 534项备选惯例。

如果我们不求诸突出性，我们就有一个模型，在这个模型中每个人认识到他有一个包含65 534或者65 536项备选策略的集合，并且试图通过试错习得这些策略中哪一个是最成功的策略。如果每个人从随机选择的策略出发，并且如果每个人只观察到他参与的博弈的结果，一项惯例要产生出来需要花多长时间呢？绝对可以说：需要非常、非常久的时间。我得出结论认为，在现实世界中，任何有关发信号机制演化的完备理论都需要假定信号的发送者和接受者带着先验的——并且更关键的是，**共有的**——思考方式，即赋予某些可能的发信号惯例相对于其他惯例来说而具有的特殊性，才参与到博弈之中。换言之，关于潜在的信号必定具有共同的突出性概念。

但是这不是说一种共同的**语言**是必需的。可能有些突出性方面对所有人类都是共同的，无论他们的文化有什么差异。两类自然事实为跨文化的突出性概念提供了显而易见的源泉：人类间的生物相似性，以及人们已经适应的世界上的规律。

我们感知世界以及我们对世界做出反应的方式的最基本性质是由人类物种的生物构造所引致的。有很好的证据表明人类大脑的组织能使得人们可以赋予一些划分经验的方式具有比其他方式更大的优越性。其中，一些最好的证据来自于在刚出生几天的婴儿身上进行的实验。许多这样的实验使用了一种**习惯化**研究法(*habituation* method)[1]反复地对一个婴儿造成相同的刺激，持

[1] 一种心理学研究方法，用来研究婴儿的知觉。——译者注

续监测其警觉的状态（例如，记录他吮吸奶头的频率）。随着这个婴儿开始习惯于——或者可以说，忍受——这种刺激，他的警觉性会减弱。然后以某种方式改变刺激。如果这引起了婴儿警觉性的提高，那么我们能够推断这个婴儿受到了新的刺激，其中有些东西不同于以前旧的刺激——一些新的东西、一些值得注意的东西。相反，如果警觉性没有发生变化，我们能够推断婴儿受到的新刺激正是旧刺激的另一种形式而已。通过这种方法，就有可能研究发现某些建立于人类大脑之中的分类体系。

这里是已经发现的一个例子。如果一个婴儿已经习惯于看一个简单的形状，那么再给他看绕着纵轴反射的那个形状的镜像，他会把新的形状当作旧形状的另一种形式；但是如果这个形状旋转九十度，这个婴儿就会有反应，像看到新的东西一样。并且，当给婴儿看围绕着某个轴线成对称状的复杂形状时，如果轴线是垂直的，与如果轴线是水平的或者对角的相比，婴儿会更迅速地习惯于那些轴线是垂直的形状。这意味着婴儿发现垂直对称形状更容易"读懂"：似乎我们天生就有一种在世上发现垂直对称物的先验预期。这些分类原则如何帮助人类适应于他们所生活的世界是很容易发现的。对大多数人类的意向而言，两个除了左一右方位之别外看上去完全一样的对象有可能具有相似的属性；它们甚至可能是同一个对象，仅仅是从不同的角度观察而已。并且，我们可能遇到的许多生物大体上都是纵轴对称型的，这是一个生物学事实。[10]归根结底，纵轴的特殊意义反映了我们这个世界地心引力的重要性。

除了我们经验**感知**中的相似性之外，在人类对外界刺激的反应方面还有许多生物因素决定的相似性。例如，饥饿和饱腹，愤怒与恐惧，性兴奋与性冷淡，都与可观察的生理学反应有关，这些生理学反应很难去伪装或者抑制。因为这些反应是无意识的，它们不能被认作是任何语言类型；但是它们提供了一份作为参照点的基本清单，其中的突出性不具有文化上的特殊性。这些反应中有一些甚至为其他物种所共有；这种跨物种的相似性当然具有重要意义，例如使得人类能够充分理解狗类从而与之协同工作。

其他的突出性概念仍然是学习的产物。在经验习得中，人类拓展了分类体系，在某种程度上对人类在与他们所生活的这个世界相处方面很有帮助。处于不同文化中的人类受到相同的自然力量的支配，就这方面而言，必定存在着一种聚集到某些概念体系上来的趋势，他们利用这些概念体系来组织他们的经验。

由于所有这些理由，突出性的共同概念无需依赖于一种共同的语言或者一种共同的文化。那么，在诉诸某个这种共同概念作为一种语言产生的部分解释的时候，以及在主张一种发信号机制能够通过不要求对事先存在的语言的公开使用过程而形成的时候，就不需要套套逻辑。如果这一结论是正确的，我们可以预期会发现以此种方式形成的发信号例子。我认为我们能够做到。

在 18 世纪中期，英国航海家詹姆斯·库克(James Cook)[1]指挥了三次伟大的航海探险，到达了世界上此前没有欧洲人访问过的地方。就他那个时代的标准来说，库克船长具有异乎寻常的

---

〔1〕 又称库克船长(Captain Cook，1728～1779)，英国航海家和探险家。一生中进行了三次伟大的航行，分别是 1768～1771，驾驶三桅帆船"奋斗"号，发现了新西兰，并绘制出该岛的海图，还探测了澳大利亚东海岸；1772～1775 年，作环球和穿过南极洲的首次航行，完成了第一次自西向东高纬度的环球航行；1776～1779 年，旨在探索是否存在围绕加拿大和阿拉斯加的西北航道，但未成功，在夏威夷被波利尼西亚人杀死。——译者注

人文精神，他付出了巨大的努力与他所访问的岛屿上的土著居民培养起友好的关系，这些努力中的大多数极为成功。当第一次接触的时候，土著和欧洲人没有共同的语言，那么这些成功是如何成为可能的呢？[11]

似乎大多数交流通过打手势进行，而且好像每一方都能够发现让对方理解的手势。这里有一个发生于1769年的典型例子。库克船长的船只停泊在火地岛（Tierra del Fuego）的海岸外，尚未和当地的火地岛人接触。库克船长在他的日记中用典型的纪实方式写道："晚饭后，在班克斯先生（Mr. Banks）〔1〕和索兰德博士（Dr. Solander）〔2〕的陪同下（首次航海旅行中的博物学家），我们走到岸边，寻找水源，看到几个土著，于是和他们说话。"我们可能会想知道，库克船长如何与土著**说话**呢？一队欧洲人在海湾的一头登陆，三四十名当地的火地岛人出现在海湾的另一头，然后退却。班克斯和索兰德走上前，递上一些小饰物和彩色饰带，意思是作为礼物。随后两名火地岛人走上来，坐下，又站起，展示巨大的手杖，用它们示意，然后炫耀性地扔掉。欧洲人将这些姿态理解为放弃暴力的信号。不一会儿双方互相表达了很明显都能理解的友好欢迎姿态——虽然这对欧洲人来说可能显得粗鲁（似乎火地岛人的语言里包括了用男性生殖器表达的姿势），在船上他们用面包和啤酒来款待火地岛人。

---

〔1〕 应该指的是约瑟夫·班克斯爵士（Sir Joseph Banks，1743～1820），英国探险家、植物学家。当时作为英国皇家学会的成员，随同库克船长出海探险。——译者注

〔2〕 应该指的是丹尼尔·索兰德（Daniel Solander，1733～1782），英国皇家学会成员，曾随同库克船长出海。——译者注

这类经历表明，来自数千年来文化相互隔绝的地方的人们能够通过传递信号的方式非常有效地交流简单的信息，使用的信号也不是任意的。相反，它们具有有目的的行为的独特形式(使用手杖作为武器，放弃有价值的占有物)，或者具有感情状态的自然表达的独特形式(性兴奋)。我们可能会说这种原始的有目的的行为或表达是一种**自然信号**：它们交流的是有关行为者的信念、意图或者情感的信息，即使它们不带有交换任何东西的意图。当人们**正在**试图进行沟通的时候，自然信号提供了线索，其中含有的突出性不依赖于任何事先存在的共同语言。这些线索是语言能够从中生长出来的种子。

库克船长与未知的文化进行接触的例子是特殊的情况。但是我们不需要到如此遥远的年代或者如此陌生的地方去寻找似乎不需要任何口头语言的发信号机制的自发显现。例如，在英国大多数的道路交汇处，其中一条道路上的车辆正式拥有比其他道路上的车辆优先通过的权利，而这种权利通过树立在其他道路上的“避让”标志牌发出信号来表示。但是如果司机总是在道路交汇处坚持他们的权利，这套系统就会致使交通堵塞。幸运的是，行驶在主干道上的司机偶尔允许行驶在支路上的司机在他们之前驶入车流之中，对于这大家有一种普遍的理解。为了使这一做法顺利进行，一名行驶在支路上的司机必须能够估算出什么时候一名行驶在主干道上的司机会想要给他让路；并且他必须能够在刹那间做出回应。一名行驶在主干道上的司机如何发出“我要让路”的信号呢？通常，这通过与打手势同等意义的驾车行为来发出信号——稍稍减速，使得发信号的司机的车辆和前面的车辆之间的车距刚好比一般时候要更宽些。我们在这里看到的是发信号机制从一个自然信号中演化出来的早期阶段。

还有另一个表示“我要让路”的信号，道路使用者一般都知道：车头灯闪一下。根据英国交通手册（Highway Code），车头灯闪一闪仅仅是一个警示信号；由于使用相同的信号可以表示“我要让路”和“注意！我正驶近！”，意义不明确从而会产生危险，“让路”的这一用法在官方是禁止的，但还是得到了广泛使用。此外在另一种场合——甚至更遭到官方反对——车头灯闪一闪的信号类似于说“你这个蠢货！”或者还可能意味着“开车小心点，你正在危险驾车”，或者“你忘了开车灯”，或者“谢谢你”。似乎已经成为了既定的警示信号的车头灯闪烁，逐渐具有了多种意思。我看不出有什么理由认为类似这些的发信号机制的出现取决于口头语言的使用。

A.4 权力

一些 *ERCW* 的读者怀疑本书的观点，即在决定一个可能惯例集合中哪一项惯例建立起来的时候，有关突出性的重要性。他们可能接受如下观点，当每一方参与人关于哪一项惯例出现意见不一致时，突出性可以作为打破僵局的工具而发挥作用。但是当不同的惯例导致参与人之间不同的收益分配的时候，突出性能够决定何种惯例产生的思想让许多人觉得难以信服，甚至是虚妄的。当然（如他们所说），突出性是如此缺乏实质意义，以至于不能作为一项解决利益冲突的因素。如果社会的实际做法以他人为代价而利于某些人，显而易见的解释难道不是因为那些受到偏爱的人具有更多的权力吗?[12]

认为冲突不是通过惯例,而是根据竞争者的相对权力来解决的思想,能够在社会契约论传统的许多著作中找到。在契约论思想的一条主线中,如果理性且自利的个人,在某种假设的、前社会时期的自然状态下进行讨价还价,会对一项社会组织原则达成一致,那么该原则就被认为是正义的。如果这一方法产生的是一种有关正义的决定论,我们要能够确认从一个给定的起点开始进行的理性讨价还价的结果。在契约论中,通常假定某种讨价还价理论为真,这一理论使得结果仅取决于参与讨价还价各方的相对权力,然后建构起讨价还价的初始状态,以使得权力的分配是平等的或者公平的。相反,如果理性讨价还价的结果取决于共有的突出性概念,也许不可能定义一个讨价还价的初始状态,在这种状态下,个人之间不存在"武断的"(即从历史上或者文化上来说是偶然的)非对称性。那么像通常理解的那样,这种契约论方法会失败。[13]

我相信 *ERCW* 中提出的论证经得起考验。然而,在试图为这一主张辩护之前,我必须强调 *ERCW* 并没有声称相对权力与讨价还价博弈以及冲突博弈的结果**无关**。这样的主张会难以令人信服。我们所主张的是,保持参与各方的相对权力不变时,突出性对结果具有某种影响。*ERCW* 通过考察各种各样简单的两人冲突博弈(其中参与人在权力上是平等的),来探究突出性所扮演的角色。在这些受到控制的设定下,问题简化为是否每一种博弈都支持一组备选惯例,其中有一些利于一方参与人,另一些利于另一方参与人,或者是否每一种博弈都只具有一种唯一的解决方式,其中双方参与人平等获益。

为了探究 *ERCW* 中的观点与那些怀疑突出性的人的观点之间具有怎样的关系，我集中讨论分割博弈。回忆一下，这是一个在两名参与人 A 和 B 之间进行的博弈，他们对一个单位某种资源的分割产生了争议。参与人各自且同时提出**要求** c_A 和 c_B；一项要求能够是从 0 到 1 之间的任意数值。如果 $c_A+c_B\leqslant 1$，两项要求能够是**匹配的**，每一方参与人的效用等于他所要求的数值。否则，两项要求是**相互冲突**的，每一方参与人的效用为 -1。这一博弈是**纳什要价博弈**（*Nash demand game*）——在博弈论中已经有许多讨论——的变体。[14] 由于就策略选择和收益方面而言两名参与人的处境是完全对称的，因此权力完全平等。

对于这一博弈非对称形式的分析（在 4.6 节中给出），假定 A 和 B 通过某种标签性质的不同相区分：举例来说，A 是"占有者"（处于争议的资源目前在他的占有之下）；而 B 是"挑战者"。这一非对称性对博弈的收益来说不具有重要意义，但是双方参与人都能识别出来。我指出这一博弈具有一个演化稳定均衡的连续统。每一个均衡由位于区间 $0\leqslant c\leqslant 1$ 的一个 c 值来定义；对于每一个这样的 c 值来说，均衡采取的形式是 $c_A=c, c_B=1-c$。这样，每一方参与人要求多少资源是一个惯例问题。然后我论证说突出性可能会帮助决定哪一种惯例会出现。如果这是对的，博弈的结果能够取决于突出性而不是权力。

就我所知，没有人争论分割博弈这一结果的正确性。然而，一位批评者可以合理地质疑我有没有通过使用这一特定的模型来作弊。这一模型足以代表现实的讨价还价问题吗？

怀疑突出性在讨价还价中扮演的角色的理论家们常常争论说纳什要价博弈是一个非常特殊的例子，他们更倾向求诸这一博弈的一个变体，**平滑的**纳什要价博弈（*smoothed* Nash demand game）。这种博弈的一个形式可以通过对分割博弈作一点小修改而构建起来，修改之处（或者说“平滑的地方”）是参与人不完全确定他们之间有多少资源可以分割。在每次博弈中，资源的数量（或者说“馅饼的大小”）是 $1+\varepsilon$，其中 ε 是一个均值和中位数皆为零的连续分布的随机变量。通常假定 ε 的变动很小，因此参与人可以**几乎**确定馅饼的大小。参与人不知道馅饼的确切大小的假定是一种理论上便利的方式，用于模型化一个更为一般性的思想：在现实生活大多数的讨价还价博弈中，即使是最有经验的参与人也从来都不能够完全确定有关那些会导致冲突和那些不会导致冲突的策略结合之间的分界线。

因为馅饼的大小是不确定的，甚至一名能够完全自信地预测他对手的要求的参与人，也不得不根据他承担风险的意愿稍微调整自己的要求。假设参与人 A 确信 B 的要求会具有某个特定的值 c'_B。那么如果 A 要求得到 $1-c'_B$，两项要求会发生冲突的机会是对半开的。冲突的概率随着 A 要求得到的大小而连续性地变化；A 要求的越多，概率值越高。当然，A 要求的越多，如果两项要求相匹配，那么他得到的就越多。这样，如果他要找到在给定 c'_B 值的条件下最大化他的预期效用的 c_A 值，那么他就必须找到在这两种影响之间的最优平衡。（为了简化起见，我假定 ε 的分布使得，对每一个可能的 c'_B 值，存在着唯一的最优 c_A 值。）

让我们定义 A 的**安全边际量**（*safety margin*）为 $m_A=1-c'_B-c_A$，其中 c'_B 是 A 对 c_B 值的预期。（出于分析的目的，我假定 A 感到确信 B 的要求会是 c'_B。）也就是说，A 的边际量就是在 $\varepsilon=0$ 的情况下，B 提出 A 预期他会提出的要求后留下的资源，而 A 要求得到的资源比这部分剩余资源要少，减去 A 的要求后余下的数量就是边际量。类似地，我们能够定义 B 的安全边际量为 $m_B = 1 - c'_A - c_B$，其中 c'_A 是 B 对 c_A 值的预期。

现在考虑给定 c'_B 值的情况下，对 A 来说什么样的边际量是最优的。根据"边际量"的定义，A 的要求是 $c_A = 1 - c'_B - m_A$；A 预期 B 会要求得到 c'_B，所以 A 预期两项要求的总和会是 $1 - m_A$。因而从 A 的角度看，发生冲突的概率为 $pr[1 - m_A > 1 + \varepsilon]$或者 $pr[\varepsilon < -m_A]$。注意发生冲突的概率仅取决于 ε 的分布和 A 的边际量；独立于 c'_B。然而，会使 A 在冲突中失败的是他自己所要求的值。对于一个给定的边际量，A 要求得越少，c'_B 值就越高；因此预期 B 会要求更多，A 就越不一定会输。由此得出对 A 来说最优的安全边际量随着 c'_B 的增加而减少。对称的论证表明，对 B 来说最优的安全边际量随着 c'_A 的增加而减少。

现在到了画龙点睛之处。如果每一方参与人对另一方的预期是正确的，正如必须是均衡的情形那样，我们就有 $c'_A = c_A$ 和 $c'_B = c_B$。这样 $m_A = m_B = 1 - c_A - c_B$：**参与人的边际量必定相等**。但是我们知道每一方参与人的边际量越小，对方要求所得的就越多。这样，由于该博弈对双方参与人而言是完全对称的，仅当双方参与人的要求相等时，才能够有一个均衡。进一步说：如果 ε 的变动很小，最优安全边际量就很小，因此每一方参与人的均衡要求必定接近于 0.5。那么，在平滑的博弈中，权力平等意味着收益的平等。似乎没有留下突出性能够发挥作用的空间。[15]

因此分割博弈平滑和非平滑的形式导致了非常不同的有关均衡的结论。我们更喜欢哪种模型？就表面看来，似乎我们应当更喜欢平滑的博弈。在生活中，每件事情总是有**某种**不确定性；忽视不确定性，正如我们所做的那样，如果我们使用了非平滑的博弈作为模型的话，就是舍弃了现实讨价还价的一个重要特征。肯·宾默尔(Ken Binmore，1998，p. 103～104)使用这一论证得出结论，他认为非平滑博弈中均衡的多重性是“虚假的”。

当然，对于平滑的讨价还价博弈的分析给予我们一个重要的洞见，理解相对权力如何能够影响讨价还价。其表明，**当其他条件都相同时**，讨价还价问题往往会以反映权力平衡的方式解决。但是，即便我们接受平滑的分割博弈作为一个解释许多真实世界冲突的有效模型，我们可能仍旧会问，作为一个描述真实世界行为的模型，该博弈的**均衡**有多少用处？要回答这个问题，我们需要考虑把参与人拉向均衡的力量的强度。

正如我在 A. 2 节使用狭路相逢博弈的例子所论述的，经验习得的动态过程既受到突出性的影响也受到效用的影响。传统的模仿者动态模型，预测向演化稳定均衡的集中，只考虑了效用的影响。如果这些影响十分微弱，它们可能被突出性的影响所压倒。

考虑在平滑的分割博弈中引致均衡的过程。由于我需要一个以数字表示的例子，我取了 ε 为具有 0.01 标准方差的正态分布情形。想象一下在某个时间点，群体的状态是如下情形，挑战者总是要求得到 $c_B=0.1$，占有者总是要求得到 $c_A=0.873$。由于两项要求的总和为 0.973，接近于 1，我们能够猜测，给定他的对手的要求能够预期到，每一方参与人的要求相当接近于对各自而言最优的值。事实上，在这个例子中，给定挑战者的要求，占有者的要求正是最优的。但是冲突中必定会输的挑战者则承担了因小于最优化程度而引起的风险。所以我们可以预期，随着时间的推移，挑战者的要求会稍微增加。但是如果这种情况发生，占有者的最优反应必定是稍微降低些要求。以此类推:挑战者的要求小小地增加导致了占有者的要求小小地减少,而这又导致了占有者的要求进一步小小地增加。这样就有一个相互调整的缓慢爬行过程,只有当占有者和挑战者的要求相等时才会终止。

但是我们要问,这一调整过程的运作有多迅捷和可靠?如果占有者和挑战者的要求还没有接近于匹配,调整的得益会很容易看到。这样,我们预期会有一个相对迅速地向某个双方要求接近匹配的事态集中的过程。调整过程的这一部分通过非平滑的分割博弈的动态机制来进行模型化。但是一旦以这种方式来调整双方要求,接下来的调整得益一般会非常少,并且由于随机变量所造成的干扰,得益很难觉察得到。可以预期调整过程会急剧减缓。

再拿我在两段之前提出的以数字表示的例子来看。起初,占有者要求得到 0.873,挑战者要求得到 0.1。挑战者的要求是次优的,但是少了多少呢?将占有者的要求作为是给定的,挑战者的最优要求是 0.110;得出预期效用为 0.105。次优要求 0.1 产生的预期效用为 0.100,比最优结果少 5%。这 5%的损益是一个预期;一名挑战者个人只能够通过对不同的要求进行试验并且观察每一个这样的要求有多少次伴随而来的是冲突,才能发现这一损益值。因此,一旦两项要求是近乎匹配的,这种基于效用的、拉向对半分割的力量是相对弱小的。相对弱小却又在学习过程中含有系统性和抵消性的倾向,可能会足以使得调整过程终止。

正如我在 A.2 节中所论述的,有些规律可能比其他规律更容易习得,因为它们具有突出性——因为它们能和人们预先就在寻找的模式对应起来。对一名分割博弈的参与人来说可能更容易学会要求 0.1 而不是要求 0.11。如果最优结果真的是 0.11,并且如果预期效用对各种要求之间的不同不是很敏感，当参与人习得最优结果是某个接近于 0.1 的值时，它可能就会很满足。改写谢林的一个隐喻(1960，p. 70～71)，就好比可能的协议空间不是一个完美的平滑表面，而是在那些协议条款中存在着“沟沟壑壑”，讨价还价双方将这些沟壑识别为突出性——举例来说，价格能够用约整数表达，或者分享额能够用简单的分数表达。谢林表明，当思考是否作出让步的时候，讨价还价双方在这些沟沟壑壑方面会“决不妥协“。我的意见是，突出性规律可能在参与人习得最优化的过程中产生了摩擦作用。所以认为往往在人类社会中出现的产权规则既反映了突出性的事实也反映了权力的事实，并**不是**虚妄的。

休谟用来解释产权惯例，以及我们在第五章中讨论的有关突出性的具体假设又如何呢？自从开始写作 *ERCW*，我已经做了试验，使用了相当类似于图 5.2 所示的那个协调博弈，来检验这些假设。实验结果表明，当人们将一类对象分配给另一类对象的时候，他们确实使用了相近原则和添附原则，和使用平等原则一样(Mehta，Starmer and Sugden，1994a，1994b)。我支持 *ERCW* 的观点：突出性在讨价还价博弈中**确实**很重要。

A. 5　惯例竞争

将社会秩序解释为自发的社会演化之结果的理论家们常常认为演化过程是仁慈的——其趋向于选择这样的惯例和规范，它们的总体效应会有利于遵循这些惯例和规范的人们。这一思想最有名的表述大概是亚当·斯密有关“看不见的手”的隐喻。斯密的道德论和他的市场理论基于一套共同的思想体系:人类被自然地赋予了特定的“性向”(propensity)和“情感”,这些性向和情感,如果允许在“天赋自由”(natural liberty)的社会环境中自由地发挥作用,会产生复杂的社会秩序形式,而这些社会秩序形式往往会增进每个人的利益。在规范之演化的现代文献中,能够在布莱恩·史克姆斯(1996)关于“相关惯例”(correlated convention)的分析中——我在这一节后面会进行讨论——以及在宾默尔(1998)关于“公平规范(fairness norms)”的阐述中,发现某种相同的乐观主义。[16]尽管斯密的道德情感论是我的灵感来源之一,但*ERCW*更加怀疑自发秩序的效率性质。

*ERCW*认为演化的选择**没有**直接偏爱有效率的惯例。相反,其利于那样的惯例,**在惯例最初开始出现的环境下**,这些惯例给予那些遵循它们的人们以最好的结果。以这种方式受到偏爱的惯例无需是有效率的(参见3.2节和3.3节)。在这一节,根据博弈论的后继工作,我再度来看一看这个结论。

在博弈论的当前文献中,演化选择是否偏爱效率这一问题常常在与**狩猎**博弈(*stag hunt* game)有关的内容中提及。这一博弈背后的故事多多少少改编自让—雅克·卢梭(Jean-Jacques Rousseau)的《论人类不平等的起源和基础》(*Discourse on Inequality*, 1755, p. 36)。在自然状态下,两个人在森林中捕猎。他们各自独立行动,能够捕猎兔子;这对两人各自产生一份有限的回报。换一种选择,他们能够一起去猎鹿。如果两个人都根据商定好的猎鹿计划进行,他们都会比各自捕兔子要过得更好。但是该计划要求他们在森林的不同地方、双方视线之外进行工作。如果他们中的一人紧遵计划而另一个人背叛了计划去捕兔子,第一个人会什么也得不到。这一对称博弈的收益如图 A.1 所示。

		对手的策略	
		兔	鹿
参与人的策略	兔	2	2
	鹿	0	3

图 A.1　狩猎博弈

很容易想到这类博弈的现代例子。遵照卢梭的故事的精神，想一想两个人在匿名的情况下相遇，他们能够凭借以某种方式共同行动而获益，这种方式要求他们互相信任。对他们每个人来说还有一个差一些但依然令人满意的选择，而这项选择不涉及任何与对方的交往行为。例如：你和我是碰巧在机场登机休息室相遇的乘客。我们每个人各自有一个很重的袋子。我们每个人都想到休息室外面转一下——我想要杯咖啡，你想去购物。公共广播说无人照看的行李会被移走。我能够拿着我的袋子去喝咖啡，这会很不方便，或者我能够提议我们轮流照看对方的袋子。这对我来说更好，只要你不在我走了以后走开。

就博弈论而言，狩猎博弈的核心特征就是这些。有两项惯例：其中一项惯例，以概率 1 选择**逐兔策略**；另一项惯例，以概率 1 选择**猎鹿策略**。在博弈的任何情况下，双方参与人都根据**猎鹿**惯例行动，与都根据**逐兔**惯例行动相比，会过得更好。但是如果一个参与人的对手有可能同样地根据任意一项惯例进行选择，则该参与人选择逐兔惯例会更好。用博弈论的语言来说，**猎鹿策略是收益占优的**（*payoff-dominant*）；而**逐兔策略是风险占优的**（*risk-dominant*）。[17]

这两项惯例中哪一项更有可能建立起来？使用2.4节介绍的分析，令p为从群体中随机选择进行博弈的任意行为人选择**逐兔策略**的概率。如果$p>\frac{1}{3}$，选择**逐兔策略**的预期效用大于选择**猎鹿策略**的预期效用；如果$p<\frac{1}{3}$，则得到相反的结果。所以如果在任何时间，p值都大于$\frac{1}{3}$，其会趋向于上升到1；而如果它小于$\frac{1}{3}$则会趋向于下降到0。这样，**逐兔**惯例具有比**猎鹿**惯例更大的吸引区域。这意味着，当其他条件都相同时，**逐兔**惯例更有可能从演化过程中浮现出来——即便**猎鹿**惯例更有效率。

与其说要问哪种惯例更有可能从一种任意的初始状态中演化出来，我们更有可能想问另一个不同的问题：各项惯例，如果建立了起来，有多少可能会被另一种惯例所取代？是否无效的惯例往往会被有效的惯例所取代？或者是否风险占优的惯例往往会被收益占优的惯例所取代？〔1〕

处理这一问题的一种方法归功于培顿·扬（Peyton Young，1993），他假定，参与人以非常低的概率，会犯独立的随机错误。在一个有着这类错误机制的模型中，并且在如下的假定下——行为人选择相对于最近观察到的、潜在对手的行为来说是最优的策略，

〔1〕 原文该句前后两个都是 risk-dominanted（风险占优的），疑误，译文中做了修正。——译者注

如果有足够多的行为人同时犯同样的错误，那么就会产生从一个均衡向另一个均衡的转换。在一个每个人(没有犯错时)都选择**猎鹿策略**的均衡中，发生了同时的集体犯错，导致群体中超过 1 /3 的人选择了**逐兔策略**，这会使得**逐兔策略**成为最优策略，并因此促使向**逐兔策略**均衡的转换。相反，在一个选择**逐兔策略**的均衡中，发生了同时集体犯错，导致群体中超过 2 /3 的人选择了**猎鹿策略**则会促使向**猎鹿策略**均衡的转换。由于第一类转换要求较少的错误，因而更有可能发生。说得更通俗些，收益占优的惯例(例如**猎鹿**惯例)比风险占优的惯例(例如**逐兔**惯例)更易受到错误的影响。[1] 这意味着"从长期来看"风险占优的均衡会更频繁地被观察到。事实上，如果犯错的概率十分小，风险占优均衡会"几乎总是"被观察到。

这一论证的困难在于，尽管这告诉我们在长期会发生什么，但是这个"长期"从事实上讲可能会非常地长。当收益占优向风险占优的转换真的比反方向的转化更有可能发生时[2]，那么如下的情况也是真的，在任何规模的群体中，向任何一个方向的转换，对所有意图及目的而言，都是不可能的。举例来说，假设我们有一个拥有 n 个行为人的群体，犯错的概率为 ε。假设每个行为人每天进行一次狩猎博弈。如果每个人除了在犯错的时候外都选择**猎鹿策**

---

〔1〕 原文该句前后有矛盾，原文本句前一部分说 risk-dominanted conventions (such as *deer*)，后一部分说 risk-dominanted conventions (such as *hare*)。这既不符合前文内容，也不符合上下文逻辑。疑误，译文中根据上下文做了修正。——译者注

〔2〕 这一句有同样的矛盾，前后两个都是 risk-dominanted(风险占优的)，疑误。——译者注

略，并且如果错误的出现对进行博弈的行为人以及进行博弈的日子毫不偏袒，那么在至少有 $n/3$ 的人选择**逐兔策略**的那一天到来之前，预期的时间长度是多少? 让我们设 $\varepsilon=0.05$（对每个人而言，进行 20 次博弈犯 1 次错），这看起来是相当高的值。那么，如果$n=8$，答案是 173 天；如果 $n=20$，是 81 年；如果 $n=29$，则是 3 400年。即便群体的规模是一个小村子，我们也要等上几十亿年。我认为，这意味着一种不相关错误的理论还无法解释在现实中一项惯例如何替代另一项惯例。

如果我们允许同样的博弈在某个社会空间内的不同场所中进行，我们就会有更好的机会来理解惯例如何相互取代。我们能够将“空间”和“场所”理解为有关任何一个维度的术语，表明在这一维度下突出性足以被博弈的参与人理解到具有潜在的重要意义。举例来说，统驭英语使用的惯例。这些惯例的差别随着地理空间的不同而不同；它们根据相互交流沟通的人们的年龄、社会阶层以及种族特征的不同而有所差别；它们根据沟通发生的社会环境（同样的人可能在办公室使用一组表达方式，在酒吧使用另一组表达方式）的不同而有所差别；如此等等。一旦我们认识到社会空间的存在，我们就能够思考进行相同博弈的不同惯例如何能够相互并立地留存下来。并且，超出当前的目的之外，我们还能够考察一项惯例侵蚀另一项惯例的过程。

对于一个给定的博弈，我把**社会空间**定义为场所的集合，在这些场所中博弈得以进行。一个给定的行为人能够选择不同的策略，取决于博弈进行的场所。随着空间的不同而出现的行为变化被当作行为人以场所为条件来进行他们的选择这种方式的结果。[18]

这里是一个狩猎博弈的简单空间模型。空间用圆形来表示，圆圈上的一个点是地点 0；其他的点通过它们以顺时针方向与 0 相隔的距离来定义，用“度数”来表示；一圈的长度为 360。这有助于我们使用一种算术形式，举例来说，其中 359＋3＝2。（一开始从零向顺时针方向旋转 359 度，然后再向顺时针方向旋转 3 度，我们就得到了过了零的顺时针方向 2 度这个点。）有一个潜在的参与人群体，每一场博弈在两个行为人之间进行，这两个人从群体中随机挑选，博弈发生在某个场所，该场所从圆圈上的点中随机挑选。现在是关键的假定：参与人无法完全确切地知道他们进行博弈的场所。如果博弈的场所是 x，每一方参与人各自收到独立的**信号** $x+\varepsilon$，其中 ε 是一个随机变量。为了简便起见，我假定 ε 在区间 $[-1,1]$ 中呈矩形分布。直觉上，这种理念是指每一方参与人以他自己对于他正在进行博弈的社会场所的理解来决定他的行为，因为不同行为人的理解不是完全相关，一个场所的行为受到毗邻场所的行为的影响。

该博弈的一项**策略**是一条规则，其对每个可能的信号指派了某个**逐兔策略**和**猎鹿策略**的概率混合。立刻至少有两种惯例是显而易见的。其中一项惯例是，在所有的信号下都以概率 1 选择逐兔策略；另一项惯例为，在所有的信号下都以概率 1 选择**猎鹿策略**。但是能不能有一种惯例使得在某些场所选择**逐兔策略**，在另外一些场所选择**猎鹿策略**？

给定或者选取一些技术上的限制条件，该模型提供的答案是：不能。博弈的结果是，在均衡中，如果在某个区间 (x^*-1, x^*+1) 内，在所有的信号下以概率 1 选择**逐兔策略**，那么就会在所有的信号下都以概率 1 选择**逐兔策略**。为了知道为什么会这样，假设在这些信号下以概率 1 选择**逐兔策略**。为了对抗**逐兔策略**而选择尽可能地作弊，假设在每个其他的信号下都以概率 1 选择**猎鹿策略**。

考虑某个接收到信号 x^*+b 的参与人。基于这一信号，他的对手会选择**逐兔策略**的概率是多少呢？令这一概率（根据模型的对称特性，概率与 x^* 无关）为 $p(b)$。很明显当 $b=0$ 时 $p(b)$ 达到最大值；事实上，$p(0)=\frac{3}{4}$。如果信号在区间 (x^*-3, x^*+3) 之外，那么 $p(b)=0$（随之而来的事实是参与人的信号与对手的信号之差的绝对值不能大于 2）。在区间 (x^*-3, x^*+3) 之内，$p(b)$ 随着 $|b|$ 的上升而降低。关键的是，其结果为 $p(1)=p(-1)=\frac{1}{2}$。也就是说，如果参与人的信号正好位于他的对手选择**逐兔策略**的信号集合和他选择**猎鹿策略**的信号集合之间的边界线上，对手有同样的可能选择任意一项策略。给定模型的对称性质，这一点应当并不令人惊讶。然而，这具有非常重要的含义。回忆一下，如果参与人的对手选择**逐兔策略**的概率大于 $\frac{1}{3}$，对他而言**逐兔策略**是唯一的最优选择。也就是说，如果 $p(b)>\frac{1}{3}$，那么**逐兔策略**是唯一的最优选择。所以不仅仅是在区间 (x^*-1, x^*+1) 内的所有信号下，而且在这一区间之外的某些信号下，**逐兔策略**都是严格的较优策略。事实上，**逐兔策略**和**猎鹿策略**给出相同的预期效用的信号是场所 $x^*-1.37$ 和 $x^*+1.37$。

扼要重述，我们通过假定如下的均衡作为开始，在区间 (x^*-1, x^*+1) 内，在所有的信号下以概率 1 选择**逐兔策略**。我们已经证明，如果有这样一种均衡存在，那么在较大的区间（x^* －

1.37，$x^*+1.37$)内，在所有的信号下，**逐兔策略**也是唯一最优的选择——因而以概率1选择该策略。然后我们能够重复该论证，在均衡中，如果在区间($x^*-1.37$，$x^*+1.37$)内，在所有的信号下以概率1选择**逐兔策略**，那么在更大的区间($x^*-1.37-1.37$，$x^*+1.37+1.37$)内，在所有的信号下，**逐兔策略**也是唯一最优的选择——因而以概率1选择该策略，以此类推。所以原初的假定意味着在**所有的**信号下以概率1选择**逐兔策略**。

这一结果背后的直觉很简单。如果一个(不是非常小的)选择**猎鹿策略**的社会空间领域与一个(不是非常小的)选择**逐兔策略**的社会空间领域毗邻，必定在两块领域之间相邻的地方存在着一些区域，在其中以近乎相等的概率选择两项策略。但是，因为**逐兔策略**是风险占优的，在这些区域里它是可选的最优策略。所以，正如参与人会被引向更为成功的策略，选择**逐兔策略**的领域会扩张而选择**猎鹿策略**的领域会缩小。这意味着，即使是一块很小的选择**逐兔策略**的领域开始建立了起来，它也会扩张，直到所有地方**猎鹿策略**的选择都被消灭。换句话说，**猎鹿**惯例比**逐兔**惯例更容易受到侵扰。

当然，**逐兔策略**对**猎鹿**惯例的侵扰仍然需要在某个社会空间领域内存在着同时发生的对于惯例的偏离。出于我先前解释的原因，一套错误之间不相关的机制不太可能在任何现实的时间范围内产生出造成一次成功侵扰的先决条件。但是我们不需要一个关于偏离的具体理论来发现风险占优的惯例在演化选择的过程中受到偏爱。我们足以认识到有各种各样的理由可以解释为什么相关的偏离有可能在局部的范围内出现。这里是一个历史例子。在19世纪，威尔士(Welsh)语的使用在南威尔士大部分地区遭受了灾难性的急剧减少。关于这次减少有许多解释，但有一个解释是南威尔士煤田的迅速发展，这导致了说英语的工人大规模迁入。英语的使用可能从那些移民占主导地位的社会空间区域向外传播。由于有相当多的说威尔士语的人将英语作为第二语言，而相反的情况则没有，说英语可以被认为是风险占优的惯例。

这一抽象的空间模型不应当从表面来理解。在模型中，选择**逐兔策略**的领域侵蚀选择**猎鹿策略**的领域这种缓慢爬坡的过程，类似于在平滑的分割博弈模型中纳什讨价还价的解出现的过程。在 A. 4 节中我论证这种过程背后基于效用的力量可能相对来说是弱小的，并且会遭到其他力量的反对，特别是那些与突出性相关的力量，这同样也适用于当前的情形。举例而言，如果**猎鹿策略**比逐兔策略更突出或者更容易习得，这可能会超越**逐兔策略**由于风险占优的特性而获得的优势。并且，正如在可能的讨价还价表面会有沟沟壑壑，因此在社会空间表面也会有沟沟壑壑。这样的话，如果一个选择**猎鹿策略**的领域具有非常突出的边界，它可能会存在下去，即便被选择**逐兔策略**的领域所包围。而且该模型依然表明社会演化中基于效用的力量偏爱风险占优而不是收益占优。

许多人发现这一结论难以接受。一个通常的反对意见会这么讲。考虑狩猎博弈中两类参与人团体。对于许多定义这类“团体”的自然方式而言，以下假定是令人信服的，在每个团体内部，行为人大体上更有可能对抗来自于他们自己团体内的对手而不是来自于其他团体的对手。如果一个团体遵循**猎鹿**惯例而另一个团体遵循**逐兔**惯例，选择**猎鹿策略**的团体从平均来说可能会做得更好。因此（据说）我们可以预期相对于选择**逐兔策略**的团体来说，选择**猎鹿策略**的团体会成长起来。

史克姆斯(1996,p. 58～59)从生物学角度提供了一个类比,以支持他的"相关惯例"的分析。在其生物学形式中,这一理论归功于威廉·汉密尔顿(William Hamilton,1964);我做了改动以适用于狩猎博弈。考虑某种具有领地观念的动物物种群体,散布在一些区域内。假设存在着一个周期性的过程,通过这个过程,这些动物一对对地进行具有和狩猎博弈相同结构的博弈,但是收益用繁殖成功率来度量。这些动物的配对并不是完全随机的;两只动物的领地越接近,它们越有可能相遇。假设几乎所有这些动物被设定选择**逐兔策略**,但是有一小群因地理原因而聚集起来的动物被设定为选择**猎鹿策略**。如果这一群体不是太小,那么选择**猎鹿策略**的参与动物中,其领地接近于这一群体中心的动物所进行的全部博弈几乎都是对抗其他选择**猎鹿策略**的参与动物。对于更接近群体边缘的选择**猎鹿策略**的参与动物来说,遇见其他选择**猎鹿策略**的参与动物的概率会较低。对所有选择**猎鹿策略**的参与动物进行平均化,令 q 为它们与其他选择**猎鹿策略**的参与动物进行博弈的比例,那么选择**猎鹿策略**的参与动物的平均收益为 $3q$。如果 $q>\frac{2}{3}$,这完全与模型的假定相一致,那么就平均而言,选择**猎鹿策略**的参与动物比选择**逐兔策略**的参与动物具有更大的繁殖成功率。假设这一条件成立,紧随着"繁殖成功率"的意思而来的是选择**猎鹿策略**的群体在相对规模上会成长。如果这一群体变化导致了领地的再分配,那么选择**猎鹿策略**的参与动物现在就占据了较大的区域,但在地理上仍然是聚集在一起的,我们预计 q 值会稍微上升一些(由于更小比例的选择**猎鹿策略**的群体会有靠近该群体边缘的领地)。所以不等式 $q>\frac{2}{3}$ 仍然得到满足,这个过程会继续直到整个群体完全由选择**猎鹿策略**的参与动物所组成。

在汉密尔顿的模型中，演化选择偏爱收益占优而不是风险占优，而我的空间模型具有正好相反的含义。我们应当相信哪个？

在我看来汉密尔顿的模型虽然在生物学上有效，但并不适用于社会演化。不能类比之处的关键涉及到对于收益的理解。如果收益是对繁殖成功率的度量，那么说团体具有较高的平均成功率会成长得更快就是同义反复。但是在社会演化的背景下，收益是用个人想要什么来作为对成功的度量。成功的策略逐渐得到更频繁地选择的过程是一种试错学习过程。给定对于处在地理或社会空间的一个领域的人们来说，**猎鹿策略**平均来看一定是相对成功的，我们必须问，为什么可以预期这一事实会导致**处于一个不同领域内**的行为人采纳**猎鹿策略**？试错学习的逻辑是人们趋向于采纳在他们所生活的任何社会环境中，都对他们有益的策略。尽管对于非常幸运恰好处于选择**猎鹿策略**选择区域之内的人们而言，**猎鹿策略**是非常成功的策略，但是在所有其他地方它都不如**逐兔策略**成功——包括位于选择**猎鹿策略**选择区域之内，但是靠近边缘的那些场所。正如我的空间模型所表明的，在这些环境下，试错学习会导致选择利于**逐兔策略**。

我的直觉是，为了使得社会演化的力量利于**逐兔策略**，选择**逐兔策略**与选择**猎鹿策略**必须是相互交往的行为人的有组织团体的备选特征（例如，企业、俱乐部或者政治团体），并且这些团体必须进行竞争来吸引并保持其成员人数。在这类情形下，团体可以与生物有机体相类比：它们会存在会死亡，并且它们的存续前景可能取决于他们的效率。[19]作为对比，*ERCW* 中使用的分析方法更适用于如下的环境，在其中惯例是为了作为个体的行为人的忠诚而进行竞争，并且在其中个体自身的生存并不在考虑之列。（拿威尔士语和英语的例子来说。在威尔士，英语的扩张并不是两个不同的民族团体内不同的出生率和死亡率造成的结果。相反，是英语交流的实践从一个民族团体向另一个民族团体传播的结果。）

在后一类的环境中，受到演化选择偏爱的惯例的特质非常有可能是风险占优型而不是收益占优型。或者用另一种方式说：当我们思考何种惯例受到偏爱的时候，我们需要考虑到没有一种惯例得到普遍遵循的境况。在这种境况下（特别是在最有可能出现这种境况时）人们往往会受到吸引去实践一项给定的惯例，就这一意义上而言该惯例才具有一种演化优势。在每个人都遵循这项惯例的境况下，人们遵循该惯例会过得有多好则不具有重要意义。

读者可能会问这一结论如何与第六章所做出的主张相一致，即有关互惠惯例在循环的（或者说“扩展的”）囚徒困境中演化出来的趋势。根据 *ERCW*，在那个特定的博弈中，演化选择利于效率策略。但是 *ERCW* 并没有主张互惠出现在这一博弈中**是因为**它是一项有效率的惯例。相反，第七章表示了怀疑，将第六章的乐观结果放到个人与团体利益之间存在冲突的其他博弈中去进行一般化，能够走多远。事实上，第六章中拓展的一个论点诉诸现在会被称做风险占优的理由。6.4 节以考虑一个循环囚徒困境的最简化形式作为开始，其中仅有两项策略：**勇敢互惠**（B）和**无条件背叛**（N）。两项策略各自都是一项惯例。我们表明，除非能够预期到博弈在非常少的回合之后结束，否则使得两项策略同样成功的选择 B 策略的频率是相当低的——大大低于 0.5。我们将这一结果理解为表明相对于 N 策略而言，演化选择利于 B 策略。用现代博弈论的语言来说，该结果是 B 风险占优于 N。当然，说 B 策略是收益占优的也是正确的；然而是风险占优而不是收益占优给予了 *B* 策略以演化优势。

A.6 互惠的演化

在 A.2 和 A.4 节中，我已经论述我们需要考虑在模仿者动态模型中所呈现出来的力量的**强度**，而不仅仅是这些力量所拉向的**方向**。这些力量越软弱，我们对于一个忽略了其他影响参与人习得过程之因素的模型作出的预测所具有的信心就越小。我认为 *ERCW* 在对突出性的处理上，至少暗示了这个一般性原则。我现在必须承认 *ERCW* 中有一处论证忽视了这一原则。

第六章分析了数个循环的囚徒困境博弈的变体。这一章的中心观点是在这些博弈中，演化趋向于偏爱**勇敢互惠**策略，即一名参与人与选择合作的对手进行合作，对选择背叛的对手也选择背叛，并且愿意以合作来试验而不用等待对手首先选择合作的策略。针锋相对的策略（在第一个回合选择合作，然后在接下来的每个回合，做对手在前一个回合所做的无论什么样的行动）是这种策略的一个例子。第六章提出了两条截然不同的论证路径来支持这一主张。

第一种论证——在 6.2 节和 6.3 节中提出——是如果存在低概率的犯错的话，一类复杂的针锋相对策略会成为稳定均衡。[20]这些策略通过创建起一串无限长的潜在惩罚链来发挥作用。我们从一条**第一位阶**规则（在循环的囚徒困境的所有回合中双方参与人都选择合作）出发，这是通常预期参与人会遵循的规则。然后我们加入了一条**第二位阶**规则规定，如果任何人偏离了第一位阶规则会发生什么：这要求所有参与人采取特定的补偿行动（作为偏离者的情形）或者惩罚行动（作为其他人的情形），这向偏离者施加成本。然后我们加上了一条**第三位阶**规则规定，如果参与人违反了第二位阶规则如何惩罚他们，以此类推。任何这类策略必须明确规定对于违反规则施加什么样的惩罚。例如，策略 T_1 下被定义为使得所有对其规则的违反都受到一回合背叛的惩罚。

在对这些策略的讨论中，我对于将模仿者动态的正式模型应用到选择压力很弱的环境中去而犯的错误感到愧疚。举例来说，想象一个进行循环的囚徒困境博弈的参与人群体，在其中每个人都遵循复杂的针锋相对策略 T_1。除了犯错的时候外，每个人在每个回合都选择合作；但是如果一名参与人由于犯错而选择了背叛，他会受到惩罚。这一群体会受到容易受骗者的策略 S——在所有回合都选择合作，无论对手做什么——的侵扰吗？在没有错误存在的情况下，策略 S 面对任何策略 S 和 T_1 的混合时和策略 T_1 做得一样好。防止向策略 S 漂移的唯一力量来自于如下事实，在面对一名选择 T_1 策略的对手在某个回合 r 由于犯错而选择背叛的时候，策略 T_1 稍微做得比策略 S 更好些。（在这种情况下，S 类型参与人不能在回合 $r+1$ 惩罚对手，然后在回合 $r+2$ 由于不惩罚对手而使自己遭受了惩罚。）如果犯错是很罕见的，就所有博弈平均而言，选择策略 S 而不选择策略 T_1 的净成本，可能非常小。换言之，抵制策略 S 的选择压力可能会非常弱，很容易被其他系统性地利于策略 S 的因素所压倒。（举例来说，策略 S 是一项比策略 T_1 简单得多的策略，因此可能更加突出，更容易习得。）这样，尽管能够证明复杂的针锋相对策略是演化稳定的，该证明没有给我们很多的理由去预期现实的演化过程会选择这类策略。[21]

然而，*ERCW* 提供了另一个论证来支持演化会利于勇敢互惠的主张。这一论证在 6.4 节中提出。主要思想是能够存在**谨慎互惠**的策略，其不是一开始就选择合作，而是如果对手一开始选择合作则回报以合作。这种策略的一个例子是 C_1，其正像策略 T_1 一样，除了它在第一个回合选择背叛，然后如果对手在第一个回合选择了合作，则通过在第二个和第三个回合都选择合作来作为回应(即对其最初的背叛做出补偿)。在一个几乎每个人在每个回合都选择背叛的险恶策略的群体中，这种策略没有处于不利地位，因此能够通过随机漂移在群体中传播。这些策略的存在为勇敢互惠策略的侵扰敞开了大门。6.4 节中提出的正式模型如今在我看来过分简化；但是我认为演化利于勇敢互惠的结论是正确的。

这里是如今在我看来更好的一个论证。考虑循环的囚徒困境的任意策略 Q。我们能够问的关于策略 Q 的一个问题是：其如何对一名**在与策略 Q 进行博弈时**，在每个回合都选择合作的对手做出回应？面对这样一名对手时，如果策略 Q 在每个回合都选择合作(包括第一个回合)，那么策略 Q 就是在**复制合作**。我们能够问的另一个问题是：策略 Q 如何对一名在与它进行博弈时，在每个回合都选择背叛的对手做出回应？面对这样一名对手时，如果策略 Q 在每个回合都选择背叛(包括第一个回合)，那么策略 Q 就是在**复制背叛**。并且我们能够问：什么样的行动序列是对策略 Q 的最优反应？如果唯一的最优反应是在每个回合都选择合作，那么策略 Q 就是在**回报合作**；如果唯一的最优反应是在每个回合都选择背叛，那么策略 Q 就是在**回报背叛**。使用这些定义，我们能够定义四大类宽泛(但没有完全穷尽的)的策略。首先，同时复制并回报背叛的策略:险恶策略 N 是一个例子。其次,同时复制并回报合作的策略:这一类包括所有的勇敢互惠策略。再次,复制背叛但回报合作的策略:这一类包括所有的谨慎互惠策略。最后,复制合作但回报背叛的策略:容易受骗者的策略 S 是一个例子。

现在考虑任一群体,在其中所选择的唯一策略是复制并回报背叛的策略。在这样一个群体中,合作行动永远不会被选择。任何这样的群体都处于一种弱稳定均衡的状态,因为所选择的每一项策略都是对每一项其他策略的最优反应。让我们称这一状态为一种**背叛均衡**。相反的另一种极端情形是另一群体,在其中所选择的唯一策略是复制并回报合作的策略。在这样一个群体中,没有人曾选择背叛,它也是处于一种弱稳定均衡的状态:这是一种**合作均衡**。

在该博弈中,策略选择的模式从一类均衡彻底转向另一类均衡如何成为可能?首先,假设我们从背叛均衡出发,随机漂移能够导致复制背叛但回报合作的策略出现。起初,这一发展不具有显著的影响:实际进行的唯一的行动仍旧会是选择背叛。然而,如果选择这类策略的比例达到一个关键规模值,就会出现同时复制并回报合作的策略的侵扰。这就是我在 6.4 节中所描述的过程;侵扰的策略是勇敢互惠策略。

我并没有说的是(因为,就我所记得的,那时我还没想到这一点),也会存在反方向的彻底转变。假设我们从一个合作均衡出发,那么随机漂移能够导致复制合作但回报背叛的策略(诸如容易受骗者的策略)出现。起初,不会有显著的影响:实际选择的只有合作行动。但是如果选择这类策略的比例达到一个关键规模值,就会出现同时复制并回报背叛的策略的侵扰。

那么，从长期来看，我们可以预期会发现表面看来是稳定的时期，在这些时期中几乎所有的行动都是选择合作或者几乎所有的行动都是选择背叛，这些时期不时地被短暂的插曲所打断，即从一个状态向另一个状态的转换。[22]然而，这两个彻底转向的过程相互间并不是十分对称的。由于这一非对称性，向一个方向的转换能够比向另一个方向的转换更加容易地出现。

在每一种转换中，随机漂移都允许称为**沉睡者**(*sleeper*)策略的成长——这些策略会导致这样的行为，使得这些策略一开始并不能同它们所取代的**现任**策略相区分，但是倘若当特定类型的潜在侵扰者策略出现的时候，它们会利于这些策略。沉睡者策略的存在提供了允许侵扰策略成功的条件。到目前为止，情况都是对称的。现在来看非对称的情况。

当初始均衡是一种背叛均衡的时候，侵扰者策略早期的成功来自于他们所具有的**与沉睡者策略建立互惠合作模式**的能力。用这一种方式，侵扰者策略相对于现任策略来说对沉睡者策略做出了回报；因为这样，人们选择侵扰策略频率的增长一开始主要以现任策略为代价。由于侵扰的早期阶段只是由于关键性的大量沉睡者策略的存在才有可能，这一因素帮助使得侵扰成为一个自我强化的过程。相比较而言，当初始均衡是一种合作均衡的时候，侵扰者策略早期的成功来自于他们所具有的**背叛沉睡者策略**的能力。用这一种方式，侵扰者策略相对于现任策略来说惩罚了沉睡者策略；因为这样，人们选择侵扰策略频率的增长主要以那些沉睡者策略为代价，这些策略的继续存在对于侵扰的成功而言是至关重要的。这造成了一股侵扰会崩溃的趋势。这样，合作均衡与背叛均衡相比，较为不易受到侵扰。

从这类分析中学到的一个总的经验是，演化过程不一定向稳定不变的均衡状态集中；相反，可能会有持续的变化。不同策略得到选择的频率的随机漂移能够导致突然的、不可预测的、一个弱稳定均衡向另一个均衡的转换，或者是出师未捷的转换——发生了然后失败了。在循环的囚徒困境的情形下，似乎有一种普遍的趋势，从长期来看，勇敢互惠策略会占据主导地位，但是容易受骗者的策略和用心险恶的策略永远不会完全消失。确实，邪恶之人会偶尔入侵，捕猎动摇不定的容易受骗者群体，这是维持互惠机制的一部分。

A.7 规范预期和惩罚

在 *ERCW* 的第八章，我介绍了“他人的预期对我们而言至关重要”这一思想。我用两个我所称的自然和原始的人类情感来提出这一假设：怨恨感和成为怨恨对象时候的不安感。8.4 节暗示了一种理论的可能性，避免成为怨恨对象的欲望能够激励起非自私的行为。特别是，这一节表明这样一种理论可能会解释为什么人们有时候即便在例外的情形下——在这种情形下遵循惯例会违反自利——也会遵循已经建立起来的惯例，以及解释互惠的实践如何能够在自利的个人会搭便车的环境中维持下来。自从写作 *ERCW* 以来，我已经用一个简单的**规范预期**(*normative expectations*)理论形式充实了这些思想(Sugedn，1998 and 2000)。

为了简便起见，我用一个相关的两人博弈来提出这一理论，但是这能够轻易地拓展为较大的博弈。该理论对一种特殊类型的博弈用一个均衡概念来公式化，**规范预期均衡**。它能够被理解为是在由从一个大群体中随机抽取的一对对行为人周期性地且匿名地进行博弈的假定下，一个有关在试错学习的演化过程中的均衡状态理论。

博弈本身有参与人 A 和 B。A 从某个集合 $\{R_1, \cdots, R_m\}$ 中选择一项策略；B 从 $\{S_1, \cdots, S_n\}$ 中选择，这两类选择的收益之间存在差别。遵循博弈论中正在形成的惯例，我称这两类收益中更基本的那类为**物质收益**（*material payoffs*）。和标准博弈论中的效用收益一样，物质收益用真实数字的基数尺度来度量。其解释是一名参与人的物质收益提供了他想要从博弈中取得什么的信息（除掉他与另一名参与人交往时的态度）。在思考该理论的时候，将物质收益简单地想成是某种资源的数量，双方参与人都宁愿得到更多而不是更少，可能会有帮助。如果参与人 A 选择策略 R_i 而参与人 B 选择策略 S_j，那么 A 的物质收益表示为 $u(i,j)$ 而 B 表示为 $v(j,i)$。令 $p=(p_1, \cdots, p_m)$ 为关于 A 的策略的任意概率分布，令 $q=(q_1, \cdots, q_n)$ 为关于 B 的策略的任意概率分布。为了简化符号，令 $u(i,q)$ 为如果 A 选择策略 R_i 而 B 根据 q 来进行选择时的 $u(i,j)$ 的期望值；令 $u(p,j)$ 为如果 A 根据 p 来进行选择而 B 选择策略 S_i 时的 $u(i,j)$ 的期望值；令 $u(p,q)$ 为如果 A 根据 p 进行选择而 B 根据 q 进行选择时的 $u(i,j)$ 的期望值；并且令 $v(q,j)$、$v(i,q)$、$v(p,q)$ 对称地进行定义。

到目前为止，与标准博弈论的唯一不同是“物质收益”对“效用”的替代。但是，与标准的博弈论相比，规范预期理论没有假定参与人仅仅只受到最大化物质收益（或者说效用）的目标的激励。参与人的动机用**主观收益**（*subjective payoffs*）来表示，其不仅仅考虑物质收益，还考虑参与人对他们相互交往行为的看法。正式来说，主观收益取决于物质收益和信念。

该理论的目的是为了提供一个确定哪些(p,q)组合是博弈均衡的标准。给定我们用演化的术语来解释这一理论，一对(p,q)被理解为是一个**群体状态**，即，是在某个给定的时刻，对潜在参与人群体的行为的描述；p 和 q 描述了随机选择的行为人能够被预期到的、分别扮演角色 A 和角色 B 时候的行为。

假设目前的群体状态是(p,q)，并假设在博弈的一个特定情况下，A 选择采取策略 R_k。我定义 A 的行为对 B **造成的影响**为$v(q,k)-v(q,p)$。类似地，如果 B 选择策略 S_k，他的行为对 A 造成的影响用$u(p,k)-u(q,p)$来定义。看一下这些定义中的第一个，$v(q,k)$是给定 B 根据 q 来选择他的策略而 A 选择策略 R_k 的条件下，他的物质收益的期望值；$v(q,p)$是当参与人 B 不知道参与人 A 实际会选择哪项策略时，B 的物质收益的期望值。这样，A 的行为对 B 造成的影响是 B 的预期物质收益的净增长，这是 A 选择策略 R_k 而不是 A 根据 p 来行动产生的结果。B 对 A 造成的影响能够作类似的理解。

现在想象一下群体状态(p,q)持续了足够长的时间，使得参与人学会了预期他们的对手根据 p 和 q 来行动；并假设 A 选择采取策略 R_k。那么正如我所定义的，这一选择造成的影响就不只是对 A 的行为对 B 的物质收益所造成的净效应的度量，而这正是全知的博弈论专家所作的判断。其还是对 A 的行为对 B 造成的 **A 能够预期到**的净效应的度量。并且 B **能够预期到** A 能够预期到他的行为会对他造成这一效应。如果 A 的行为对 B 造成的影响是消极的，相对于 B 先前的预期来说，A 使得他的处境恶化；双方参与人能够看到这一情况。这就有可能激起 B 的怨恨。这意味着一个简单的方法，可以使参与人不愿成为遭到怨恨的对象这一思想变得模型化：我们能够假定，当其他条件都相同时，每一方参与人都更喜欢他的选择策略所造成的影响是非消极的，并且在那些消极影响中，参与人偏好较小的消极影响。

这样的偏好能够用主观收益来表示。令 $U(k;p,q)$ 为在群体状态 (p,q) 中 A 从选择策略 R_k 中得到的主观收益；并令 $V(k;q,p)$ 对称地进行定义。作为一个简单的回避怨恨模型，我假定

$$U(k;p,q)=f[u(k,q),v(q,k)-v(q,p)] \tag{A.1}$$

以及

$$V(k;q,p)=g[v(k,p),u(p,k)-u(p,q)] \tag{A.2}$$

其中 $f(\cdot,\cdot)$ 和 $g(\cdot,\cdot)$ 是有限值函数。我假定这两个函数每一个都随着其第一个变量的上升而递增，当第二个变量为负时随着它的下降而严格递增，当第二个变量为正时则随着它的变化而保持不变。换言之，我假定每一方参与人都寻求最大化他自身的预期物质收益，并且最小化对他的对手造成的任何消极影响。

如果用预期的**主观**收益来评价的话，p 是对 q 的最优反应并且反之则反是，那么一种群体状态 (p,q) 是一个**规范预期均衡**。[23] 这样，对标准博弈论的修正就是用主观收益来替代效用作为行为的一个决定因素。正式地表述就是，主观收益（如等式 A.1 和 A.2 所定义的）随着概率的变化而变化；而在标准博弈论中，任何给定的纯策略组合是独立于概率的。[24]

为了举例证明这一理论的含义，我回到我在 A.3 节中讨论过的一个例子：在竖有“避让”标志牌的道路交汇处的行为。这是有关这种情况的一个简单的博弈论模型。我们处理的是两种角色的

参与人之间周期性的交往行为，他们分别是主干道上的司机(A)和支路上的司机(B)。A 在两项策略之间选择：**保持原速**和**让路**。如果我们假定 A 的减速行为十分明显，使得 B 毫不怀疑他正在给自己让路，那么 B 就不需要直到 A 发信号表达他的意图时才作决策。实际上，根本就没有决策要 B 来作出：当且仅当 A 减速时，B 才应当驶入主干道。因此让我们称这一策略是**合理的**并且无视 B 可能做出的任何其他行为。图 A. 2 显示了这一博弈高度简化形式的物质收益。在这些收益背后的思想是，通过选择**让路**而不是**保持原速**，A 承担了很小的成本，同时给予了 B 较大的利益。

		B 的策略 合理的
A 的策略	保持原速	5， 0
	让路	4， 5

图 A. 2　礼让博弈

如果图 A. 2 中的数字是通常博弈论意义上的效用，那么这个博弈就没有什么价值：参与人 B 没有什么决策要作，而参与人 A 很明显通过选择**保持原速**来达到最优。但是如果我们应用规范预期理论，该博弈就有比这更重要的价值。假设，无论何时 A 对 B 造成的影响都是消极的，参与人 A 的主观收益是(i)，他的物质收益(ii)和他对参与人 B 造成的影响乘上某个正的常数 α，两者加总；当 A 对 B 造成的影响为零或者是积极影响时，他的主观收益就是他的物质收益(α 的值用来度量 A 想要避免激起怨恨的强烈程度)。令 p 为在一个人群总体中，扮演角色 A 的行为人选择**让**

路的概率。现在考虑一个特定的博弈，参与人 B 的预期物质收益为 $5p$。如果 A 选择**保持原速**，他的预期主观收益为 $5-5p\alpha$；如果他选择**避让**，则为 4。这样，从主观收益来看，如果 $p\alpha<\frac{1}{5}$，则**保持原速**是较优的策略；而如果该不等式反一下，则**让路**是较优的。很明显，$p=0$（A 类型参与人总是选择**保持原速**的群体状态）是一个规范预期均衡，无论 α 的值为多少（如果 B 预期到 A 会**保持原速**，他这么做就不会激起怨恨）。但是如果 $\alpha>\frac{1}{5}$，就有另一个规范预期均衡，在 $p=1$ 时：预期到每一个参与人 A 都会选择**让路**，并且给定这一预期，他就会选择**让路**而不是激起怨恨。

正如这一例子所示，会存在行为人背离他们的利益（就"物质的"意义而言）而行动的规范预期均衡。这种均衡通过自我强化的预期来维持：如果一种背离自利的行为模式开始在一个群体中建立起来，他人对该行为的预期能够导致符合这种模式的行为。

和 *ERCW* 中的分析所基于的理论一样，规范预期理论并没有明确地将怨恨当作一种激励力量来处理。我现在将这视为一种限制。怨恨是惩罚和报复行为的一种原始动机。在自然状态的交往行为中，采取报复手段易于造成过大的代价：像其他战斗形式一样，对双方都造成了损害。因此，报复行为是一种非自私行为。正如成为怨恨对象时的不安感能够激励起利于他人的非自私行为一样，怨恨也能够激励其伤害他人的非自利行为。

有越来越多的证据表明报复行为在维持互惠实践中扮演着重要的角色。[25]在第七章，我论述了互惠的惯例，如果仅仅依靠自利来维持，当潜在合作者的团体变得非常大时，会趋于变得脆弱。这类惯例的不稳定性产生于惩罚个别搭便车者而又不会摧毁整个合作的大厦的困难性。如果人们具有某种程度的非自私动机去回报他人的合作行为，那么合作实践就多多少少会更稳定些。然而，即使许多人以此种方式受到激励，一小股坚定的搭便车少数派的存在也会使得合作易于崩溃。相比较而言，如果有些人得到激励用不会危及到更大的合作计划的方式，去**个别地**惩罚搭便车者，那么搭便车行为能够较容易地制止。这样，消极互惠的非自私动机——鼓励惩罚和报复行为的动机——可能在稳定合作实践方面比 *ERCW* 所关注的、更有吸引力的积极互惠动机更重要。

即便如此，*ERCW* 中对怨恨的分析还是提供了一个出发点，来思考有关鼓励报复行为的条件。其提出如下的假设，执行报复的人受到激励去伤害那些行为违背他的利益和预期的人，因此报复行为的出现是对于破坏既有预期的行为的回应。

A.8 怨恨和道德

在 *ERCW* 中，我论证说对于特定类型的行为规则而言存在着一种——特别是，合作规则、产权规则和互惠规则——在人类群体中产生并自我复制的一般趋势。在它们发挥作用的群体中，这些规则不仅仅只是分享了有关人们实际如何行为的预期。它们还被意识到具有道德力量：每个人都具有这种感知，他**应当**遵循这些规则，并且他被**赋予权利**去期望他人也遵循这些规则。

正如 9.1 节所提出的，根据我的分析，如果一项行为规则 R 具有如下三个特征，那么它就有可能在一个群体中获得道德力量。首先，群体中几乎每个人都遵循规则 R。其次，对于任何遵循规则

R 的行为人来说，他与之交往的人也遵循规则 R 是符合他的利益的。第三，如果与某个行为人交往的几乎每个人都遵循规则 R，那么他也遵循规则 R 是符合该行为人的利益的。然而，正如 ERCW 从头至尾所澄清的，一项规则可能具有全部这三个特征，但仍然会对每个人造成比某项备选规则更糟糕的结果，并且具有这些特征的一项规则可能以他人为代价而利于某些人，而这种方式从局外人的角度看，似乎具有道德上的武断性。许多读者没有被我的论证——这种无人欲求的或者武断的规则被理解为是道德的——所说服。

那个论证假定了当他人以破坏一个人的预期的方式而行为时，人具有一种感到怨恨的自然人类性向。然后文中表明，如果某项规则 R 具有这三个特征，遵循规则 R 的人们会对不遵循规则 R 的人们感到怨恨。由于怨恨意味着反对，背离规则 R 会遭到普遍的反对。但是(该论证总结道)作为一种社会现象的道德仅仅**只是**受规则支配的赞成和反对。一些批评者认为这一论证把道德反对与非道德的、对预期受挫的刺激的心理反应合在了一块。例如，简·曼斯布里奇(Jane Mansbridge，1998，p. 162～166)将恼怒(irritation)和愤怒(anger)划分为一类，将怨恨(resentment)划分为另一类。她说，怨恨具有道德内容，在这一点上其与恼怒和愤怒不同。如果他人违反惯例的结果使得你的预期受挫，你可能感到恼怒或者愤怒；但是仅当你已经感知到该惯例是道德的或者是公平的时候，你才会感到怨恨。类似地，布鲁诺·维尔比克(Bruno Verbeek，1998，第 1 章)明确了他所称的“合作的美德”(cooperative virtues)——在一个公平的合作计划或者默契中，与做好你的那部分职责相关联的美德。他论证说，仅当违反惯例的形式是没有根据合作的美德而行动时，才会产生对那些违反行为的怨恨。这样，根据曼斯布里奇和维尔比克的观点，我所主张的对于道德的解释，依赖的是偷运来的道德许诺(smuggled-in moral premis)。在此争论的问题是，是否如我所描述的，怨恨的出现是作为对预期受挫的一种原始心理反应，抑或是否仅当存在特定的道德判断时它才出现。

在讨论自然情感时的困难之一是我们用来描述这些情感的语言常常看起来具有认知的内容。因为这样，很容易误以为情感本身没有相应的认知就不能出现。拿相对直白的恐惧的例子来说。毫无疑问，恐惧是一种许多动物都经历过的自然情绪。假设人类是唯一的具有恐惧**概念**以及具有能够表达这种概念的语言的动物，可能是令人信服的，但是恐惧本身当然是先于恐惧概念而出现的。对我们而言恐惧感觉起来像是什么，大概与我们在哺乳动物中的近亲所感到的恐惧感觉没有太大的不同：概念提供给我们一种把感觉**分类**的方法，而不是一种不同的体验方式。即便如此，我们也有可能倾向于说正如在人类语言中使用的那样，恐惧概念不仅仅是对一种感觉的形容，还包括了对于存在某些让人恐惧之物的认知。例如，假设我正沿着高耸的悬崖边缘向下看。在我和悬崖边缘之间有一道不起眼的防护栏，我知道这道防护栏是安全的。即便如此，我仍然感到一种不安，一种迫使我退后的冲动。这种包含认知的心理感觉很明显是恐惧的情形，并且正如在某些情形下，我感到有一种冲动要逃离产生这种心理感觉的来源。不同之处在于，在悬崖顶端我不具有典型地与心理感觉相关联的对于危险的认知。我是不是正经历着恐惧？这在我看来好像是个语义学问题，而不是心理学的内容。无论我们是不是称之为“恐惧”，都有一种类似恐惧的心理感觉，对存在有真实的危险感知的境况，和类似悬崖顶端的境况而言，这种心理感觉是共有的。

曼斯布里奇和维尔比克有关怨恨的论述类似于认为在悬崖顶端的体验不是真正的恐惧。考虑曼斯布里奇的一个例子。简上高中的第一天，她穿了黑袜子去，但是发觉所有其他人都穿了白袜子。她想适应这种情况，但是她拥有的全部袜子都是黑的。在成为唯一的一名没有穿白袜子的学生一个星期之后，她扔掉了自己所有旧的黑袜子，买了十双白袜子。当她穿着她的新袜子回到学校，她发觉她的同学凯蒂开始穿起了黑袜子。简是不是对凯蒂感到怨恨？因为凯蒂的行为与已有的预期相悖。如果有这样一种可能性，凯蒂的行为会树立起一股新风尚，那么她的行为就伤害了简。根据我的分析，我们预期简会感到怨恨。根据曼斯布里奇的观点，简并不感到怨恨，她只感到恼怒。其中的区别是什么？像怨恨一样，恼怒是一种带有消极的“化合价”(valence)的情绪：是一种痛苦而非愉悦的形式。像怨恨一样，它包含了对被认为是痛苦来源的人的消极态度。似乎其中的不同之处是在于简不具有凯蒂违反了一项道德规则的认知。换句话说，简的恼怒**感觉像是**怨恨，但它不是**真正的**怨恨，因为它没有与适当的认知相关联。

我的回答“怨恨”只不过是我用来描述某种特定的感觉混合物的用词。这些感觉结合了预期受挫时的失望以及对被认为是破坏了预期的人的愤怒和敌意。当它发生时，这些感觉常常与某些有关道德的信念相关联，但是这些感觉不需要那些信念也可以存在(而且确实不需要)。这些感觉和道德信念之间经常性的关联能够通过感觉的本质和易于产生这些感觉的条件来进行解释。

一位批评者可能仍然怀疑我所主张的，**反对**是怨恨的一个组成部分。是不是对不规范的愤怒和表示反对的愤怒之间，存在着某种意思上的游移？例如，如果我的头撞上了一个低门檐，我遭受了失望的预期所带来的痛苦。如果我心情糟糕，我情绪化的反应可能感觉起来非常类似于愤怒；我可能甚至会体验到一种内在不一致的欲求要将这种怨恨针对某样东西；但是似乎并不存在反对。那么简是对凯蒂的袜子选择表示**反对**，而不是仅仅只是感到愤怒吗？

我对于赞成和反对的理解大体上与亚当·斯密在他的《道德情感论》中所做的分析相一致。根据斯密的阐述，我们对另一个人的情感的赞同仅仅达到（用斯密的话来说）我们与他们“相一致”(go along)的程度——仅仅只是达到这样的程度，如我们所感知到的，对于任何激起他人反应的东西，我们的情绪化反应与（或者在这一论证的有些版本中写作“会与”）他人相类似：

> 因此，赞同别人的激情符合它们的客观对象，就是说我们完全同情它们；同样，不如此赞同它们，就是说我们完全不同情它们。(1759，p.16)[1]

对斯密而言，“同情”是一个心理学概念：当我们对他人的情感具有“**同感**”(*fellow-feeling*)时，我们才同情他人的情感——当他人的感情状态，如我们所想象的那样，在我们心里导致一种（通常是微弱的）同样的感情状态的时候。[26]所以赞成归根结底是一个有关同感的心理学问题：没有加入道德成分。如果简渴望融入环境，她就不会对凯蒂想要与众不同的欲求有同感；并且如果有的话，她的态度也**将会是**反对。

最后，批评者可能会怀疑**在现实中**，怨恨的心理是否正如我所描述的那样。作为对这种怀疑主义的一个偏袒性回答，我提供了

〔1〕 此处译文引自中译本《道德情操论》，蒋自强等译，商务印书馆1997年版，第15页。——译者注

一些有关怨恨可能起到的生物机能作用的推测。根据我的阐述，怨恨的核心特征是对破坏自己期望的他人的敌意感觉。对某人具有一种敌意感觉的意思是什么？我认为：具有某种原始欲望，想要攻击或伤害他。相反，对于成为另一个人怨恨的对象而感到不安则是抑制可能激起他人想要攻击或伤害我们的欲望的行为。如果我们要寻找一种有关怨恨的生物机能，我们需要思考这一特定的欲望和抑制的结合如何可能增强适应性。

让我们反思自身的欲望并有意识地思考如何最好地满足这些欲望的那类理性似乎是演化历史上较晚发展起来的，而且只是少数一些物种的特征。相比较而言，许多这类欲望本身在演化的过程中可以追溯到非常早期的时候，并且是大量的物种群体所共有的。那么，欲望起初必定演化为与理性无关的作用机制，作为行为的直接激励。理性可能最多被视为是一套平行的决策系统，能够使用欲望作为资料，但是不能完全替代决定我们行为的原初机制。为了理解特定欲望的演化起源，我们需要寻找那些欲望直接激励的行为的适应性增强属性。

考虑一种社会性且周期性地与同类个体进行混合动机博弈——参与人的利益既不完全是敌对的也不完全是相容的博弈——的动物，那么请考虑什么样的**一般性**欲望和厌恶会适合于这样的动物。在此，我在生物学意义上使用一种博弈概念，用适应性度量收益；这些博弈可以被理解为围绕稀有的且增强适应性的资源——食物、领地、配偶等——展开的冲突。这类冲突是诸如交通博弈、消耗战以及怯鸡博弈这类博弈在生物学上的相关产物。

在这些博弈中，使参与人的行为适应于另一方参与人的预期， 是具有适应增强性的。典型地，对抗在面对侵犯时有可能退让的对手，表现出攻击性，而对抗自身不太可能退让的对手时进行退让，是有利的。很明显，在这样的世界中，具有一种认识到并设计出其他行为人的行为模式的能力，会具有适应性。但是认识并不足够：行为人必须具有**欲望**在侵犯有可能得到回报的境况下行动表现出攻击性；并且行为人必须当侵犯不太可能得到回报时具有一种对攻击性行动相应的**厌恶**。这样，在行为人处于自身立场上通常会得到他们所想要得到的东西的那类境况之中，我们可以预期其中一种对攻击性行为的触发会成为一种意识，有某样东西值得欲求去得到，以及某个其他人会破坏行为人去得到它的努力。相反，在攻击性行为通常遇到反攻击性行为的那类境况下，以及在行为人处于自身立场上通常不能得到他们所想要得到的东西的那类境况下，我们可以预期恐惧和不安会通过对攻击性行为的思量而触发。一旦侵犯和顺从的情绪开始通过消极的相关刺激所触发(即，使得一个人的侵犯与另一个人的顺从相吻合)，这一触发集合便会具有演化稳定性：每个人根据这些情绪行动会创造一个这种行为非常适应的环境。

我认为这类对攻击性行为的欲望和抑制的混合，十分像我们人类的怨恨体验，使得认为怨恨是一种原始的人类情绪至少是可信的。[27]在生物学上以及在概念上，怨恨可能都先于道德。

A.9 我们所处的立场

一方面是关于道德的社会心理学，另一方面是伦理学——有关我们应当和不应当做什么的问题的研究，*ERCW* 与这两者保持着显著的区别。我反复说 *ERCW* 不是对伦理学所作的一份贡献。它没有要主张说出任何有关人们**应当**接受的道德规则的东西。相反，它试图解释人们如何逐渐接受某些他们确实接受下来的规则。产生于周期性的社会交往行为的道德实践会是无效率的，以及它们会通过看起来武断的方式以他人为代价利于某些人，这可能会让人惊讶并且不受欢迎。但是如果这是真的，那么这就是真的。如果这个世界不是如读者所希望的那样，这不是我作为一名社会理论家的错误。

然而，在本书的最后一节，我向伦理学的领域迈出了谨慎的几步。我定义了如下的**合作原则**："令 *R* 为在某个社群中重复进行的一场博弈中能够（被每一方参与人）选择的任意一项策略。令这一策略使得，如果任意一个行为人遵循 *R*，那么他的对手应当也如此做是符合该行为人的利益的。那么假如所有其他人都同样遵循 *R*，每个行为人都具有一种道德义务去遵循 *R*。"我论证说这一原则是趋向于围绕惯例成长起来的道德规则所共有的内核。然后我从一个伦理学家的视角来看待这一原则。

从这一角度来看，合作原则具有两项引人注目的性质。首先，其不参照任何社会福利思想，更一般地说，不参照任何有关社群的善或者世界的善的思想。它涉及到的是个人的**利益**，但是不存在不同个人间的利益的加总。从这个意义上说，其精神上是契约论的：它表达了一种道德观点，其中社会生活被视为是个人之间为了互利而进行的合作，而不是追求某种同一的善的概念的方式。其次，该原则使得我们相互间的义务成为一个惯例问题。可能有两种策略，比如 *R* 和 *S*，使得如果所有其他人都遵循 *R*，每个行为人都有义务去遵循 *R*，但是如果所有其他人都遵循 *S*，那么就有遵循

S 的义务，两种义务恰好相当。这一规则对于如何比较每个人都遵循 R 的事态和每个人都遵循 S 的事态，什么也没有说。也未曾要求行为人以违背在他的社会得到普遍遵循的策略的方式行动。

总结这些性质的一种方式是说，合作原则中表达的道德是**由我们所处的立场**建构起来的。我们每个人都被要求从其他人的视角来看待这个世界，正如从我们自己的视角来看这个世界；但是我们没有被要求去思考从某种普遍的意义上来说，什么是善。我们也没有被去要求思考如果我们都遵循并非我们实际所遵循的惯例，这个世界会怎样。道德用互利来阐述，但是度量利益的参照点是现状。

道德视角仅仅是我们所处的立场，这一思想对大多数主流伦理学思想来说都很陌生。在 *ERCW* 中，我强调了这一思想与功利主义和福利主义相冲突的方方面面。18 年过去了，功利主义及其衍生思想与它们的曾经相比已不再那么流行；但是伦理学理论中流行的观点仍然坚持认为，当我们作出道德判断时，我们是从特定的生活和特定的社会之外的立足点出发作出判断的。

这一思想的一个版本，源自康德主义的哲学传统，在托马斯·内格尔(Thomas Nagel)的作品中得到了充分表述。内格尔有本书名为《无源之见》(*The View from Nowhere*，1986)，囊括了这种思想。内格尔认为存在着有关行动的**客观的**或者说**主体无涉**(*agent-neutral*)的理性——在给定的境况下普遍适用于任何人的理性。这样，当我们作伦理思考时，我们能够将主体中心的(agent-centred)问题"我应当做什么"转换为主体无涉的形式"这个人应当做什么"(p. 141)。通过想象处于我们自身之外，通过采取无源的观点，我们能够将我们的动机与客观理性保持一致。

寻找中立立场的另一种不同的努力是亚里士多德传统之当代研究的特征。其主导思想是，通过反思人类状况，有可能发现人类之善（或者说“幸福”，或者说“昌盛”）的真正本质。这一善的概念被假设适用于所有人类，与他们的主观感知、所生活的特定社会无关。这一方法的现代版本常常终止于列出一份有关人类昌盛的构成要素的“客观表单”，为使得这些要素相混合以及相匹配的主观判断留下一些空间（例如，参见 Griffin，1986 以及 Nussbaum，2000）。

在 *ERCW* 的最后几页，我表达了自己对于内在一致的道德概念**不**要求中立立场观点的坚信。我意识到从一名公正仁慈的旁观者的视角来看，问什么对这个世界来说是最好的，是有意义的；但是我没有看出来对这样的问题的回答如何告诉我们他应当做什么。在回答康德主义或者亚里士多德主义的拥护者的时候，我所能说的只是，对于无论是客观理性还是人类昌盛因素的客观表单的存在，我都不信服。我同意休谟的理解，当我们试图解释人们如何逐渐具有无论什么样的道德信念的时候，我们发现最好的、可以作出的解释并不要求有关客观理性或者道德真理的假设。我们的道德信念不是（像我们的感官所感知的那样）用于考察超越我们感知之外的现实的不完美工具。如果我们进行伦理思考，我们必须找到一种方式去问我们应当做什么，而这种方式不会利用到一种幻觉，即存在着处于我们自身的情感和知性之外的道德权威。[28]

ERCW 提供了一种有关那些有可能在人类社会中出现的道德信念的理论。如果该理论是正确的，那么那些信念中有一些仅仅是基于惯例而非其他。我并没有主张，当我们像道德主体而不是像社会理论家那样思考的时候，我们**必须**赞同这种惯例的道德；但是我确实主张我们**能够**真诚地并且明白无误地赞同它。

注　释

1　自发秩序

①自发秩序是哈耶克三卷本的《法律、立法和自由》(*Law, Legislation and Liberty*,1979)中的核心主题。在《自由秩序原理》(*The Constitution of Liberty*,1960,p. 160)中,哈耶克将"自发秩序"这一用语归功于博兰尼(Polanyi)。

②一些经济学家(例如,Becker,1979)试图用传统经济学理论的框架来解释公共品供给的自愿捐赠问题:在他人的捐赠为给定条件下,每个行为人被假定为选择进行捐赠以使得他自身效用最大化。据称这样一种理论与对**某些**自愿捐赠行为的观察相一致——尽管该理论也预测说公共品供给量将会小于有效率的数量。我认为自愿捐赠公共品的证据不能用此种方式加以合理解释(Sugden,1982,1985;同时参见 Margolis,1982,p. 19～21)。

③这一机智的类比归功于威廉姆斯(Williams,1973,p. 138)。

2　博弈

①这一术语归功于吉巴德(Gibbard,1973)。

②卡马乔(Camacho)发展了另一个有些类似的效用概念(1982)。

③这项工作由梅纳德·史密斯作了概述(1982)。我将在第四章提及更多的生物学文献。

④阿克塞罗德(Axelrod)只使用了条件(2. 1)而没有使用条件

(2.2)来定义他的“集体稳定策略”概念。用我的话来说，阿克塞罗德所称的集体稳定策略是一项均衡策略，但并不一定是一项稳定策略。

⑤这一假定——使得每个行为人的立场相对于他人来说都是对称的——便利的但不是严格必需的。其后的论证所要求的仅仅是，在任意一次博弈中，每个行为人都有**某种**概率(即某非零概率)扮演角色 A，**某种**概率扮演角色 B。

⑥刘易斯(1969，p. 22)用“适当均衡”(proper equilibrium)这个概念来定义这种情况，每一方参与人的策略是针对他对手的策略(或者众多对手的众多策略)的**唯一的**最优反应。这是我的定义中稳定性的充分但非必要条件。

3 协调

①诺齐克(Nozick，1974，p. 18)提供了来自洛克的这些段落的另一种解读。和我一样，诺齐克认为货币的使用是一种自发演化的惯例，但是他声称洛克相信“货币的发明”是“明示同意”的结果。我认为诺齐克将洛克对于同意概念的使用理解得太拘泥于字面意思了；毕竟，洛克说了这种同意是“默许的”且“不需要社会契约”。

②肖特(Schotter，1981，第 2 章)提供了一个市场交易日惯例演化的模型。

4 产权

①如果不跟着霍布斯说“人”(men)，而说“个人”(persons)，是不合时宜的。

②能更好地模型化大多数形式的青少年博弈的，或许是 4.3

节论述的“消耗战”博弈。

③假设效用随着时间以固定的速率流失其实并不是必需的，虽然这会让分析变得稍微简单一些；所必需的仅仅是效用持续不断地流失直到一方参与人投降。为了一般化文本中的论证，一项纯策略应当被理解为一种“可接受的惩罚”（acceptable penalty）（即参与人投降前能够承担的最大效用损失），而不能理解为一段坚持的时间（参见 Norman *et al.*，1977）。

④更正式地表示，令 $f(t)$ 为给定策略下坚持时间的概率密度函数。那么 $S(t) = f(t) \Big/ \left[1 - \int_0^t f(t)dt\right]$。

⑤我避免使用导数以使得对尽可能多的读者来说能够理解该论证过程。采用极限 $\delta_t \to 0$ 的话，能够得到更精确的结果。

⑥这一结果对应于“寻租”理论中的结果：如果行为人能够为了得到经济租而进行竞争，竞争的自由准入会确保从长期来看租金的价值完全耗散[参见 Tullock(1967)和 Krueger(1974)]。

⑦通过假定并非要求的份额总和小于 1，而是未被要求的那部分资源在参与人之间平均分配，能够建构起一个略有不同的博弈。这一博弈的分析与分割博弈非常相似。

⑧在谢林的博弈中，当参与人的要求不匹配时，每一方将会是什么也没有得到。

⑨用更数学化的语言来说，被指派了一个非零概率的要求是相关策略的**支持量**。

⑩这篇论文拓展了一个由帕克尔和鲁宾斯坦首先提出的思想（Parker and Rubinstein，1981）。

⑪在这一段和下一段中，术语“挑战者”和“占有者”是作为对

“自称为挑战者的人”和“自称为占有者的人”的简称。

⑫这一情形应当与3.2节中讨论过的情形区别开来，在那里博弈有两个稳定均衡，但是效用数值的非对称性使得其中一个均衡比另一个均衡更有可能演化出来。

⑬为了证明这一均衡的稳定性，需要假定存在着非常小的概率，参与人会犯错误。比较7.3节的论述和第七章的附录。

⑭最近关于守诺和置信度的讨论处于由泽尔滕(1978)论述“连锁店悖论”(chain-store paradox)的著名论文中所建立起来的框架内(例如，参见Milgrom and Roberts，1982)。我的模型在两个重要方面不同于泽尔滕的模型。首先，泽尔滕的悖论出现是因为他的博弈具有固定且有限的回合数；这样最后一回合的守诺是不可置信的(因为最后一回合后信誉不再具有价值)。我的关于长期均衡的观念预先假定了从来没有“最后一回合”：信誉总是具有价值。其次，泽尔滕连锁店博弈的结构使得只有一名参与人(连锁店的所有者)能够做出守诺。在我的模型中**所有**参与人都有同样的机会做出守诺。

5 占有

①至少，各国政府是如此理解该问题的。私人可能成为权利主张者的思想似乎根本没有被认真地考虑过。

②在这方面我对于消耗战的分析不同于生物学文献中的分析(参见4.7节)。

③这不是说完全没有。例如，关于什么才算一国陆地的一部分尚有争论余地。特别是，无人居住的小岛的地位——例如北大西洋的罗科尔(Rockall)——还存在着各种相互争论的解释。

6 互惠

①在此我假定我不办聚会的行动与你的行动无关。更确切地说，假设我与不同的对手重复进行这一博弈，那么我从博弈序列中所获得的效用仅取决于我表现出克制而不办聚会的次数以及我的对手如此行动的次数；是否我是在相同的博弈中和我的对手一样不办聚会则无关紧要。

②这些词语的用法有点不幸。一方参与人选择"合作"而另一方参与人选择"背叛"的事态不得不被称为单边合作状态——听起来像是语言悖论。类似地双方参与人都选择"合作"的状态不得不被称为共同合作状态——听起来像是同义反复。尽管如此，我还是遵循既定惯例，在互访博弈中称两项策略为"合作"和"背叛"。

③严格来说，互访博弈是囚徒困境博弈的特殊情形。经典的囚徒困境博弈是对称的两人博弈，其中每一方参与人选择"合作"或"背叛"。使用泰勒(Taylor，1976，p. 5)的符号，令 w 为如果双方参与人都选择背叛时他们各自得到的效用值；令 x 为如果双方参与人都选择合作时他们各自得到的效用值；令 y 为当一方参与人的对手选择合作而他选择背叛时，得到的效用值；令 z 为当一方参与人的对手选择背叛而他选择合作时，得到的效用值。经典博弈通过令 $y>x>w>z$ 来定义；有时候加上条件 $2x>y+z$(例如，参见 Rapoport and Chammah，1965，p. 34；Axelrod，1981)。我实际上加上了更强的条件，即 $x+w=y+z$。

④我在扩展的囚徒困境博弈中所作的均衡策略分析不是原创的，而是来自于(通过其他人)泰勒(1976)和阿克塞罗德(1981)。但是我相信我对于稳定性的分析**确实是**原创的。

⑤阿克塞罗德(1981)使用类似的论证表明用心险恶者的社群会被一小“股”选择针锋相对策略的行为人所侵扰。

⑥图 6.3 所示的效用值基于假定犯错的概率微不足道而计算得出的。

⑦严格来说，如果参与人偶尔犯错，在一个险恶的世界中成为一名谨慎互惠者有一些小风险。假设你的对手是用心险恶者，但是在第一个回合意外地选择了合作。如果你是一名谨慎互惠者，你会以在第二个回合选择合作作为回应，然而最优反应是选择背叛。但是假如 $pq>0$——即周围存在着**一些**勇敢互惠者——并且假如犯错的概率十分小，策略 C_1 会产生比策略 N 更多的预期效用。

⑧使用泰勒(1976)的符号，阿克塞罗德的博弈通过令 $w=1$，$x=3$，$y=5$ 和 $z=0$ 来定义。这些值满足经典囚徒困境博弈的两个条件，即 $y>x>w>z$ 和 $2x>y+z$。我的博弈也满足这些条件(和注释③相比较)。

⑨事实上，阿克塞罗德组织了一次演化过程的模拟，最成功的策略还是针锋相对策略。然而，似乎阿克塞罗德是使用提交给循环制竞赛的——因而也是为竞赛所设计的——策略来进行这次实验的。如果人们接受邀请为一场由明确的演化规则所规定的竞赛提交策略，更好的测试将可以发现在这样一场竞赛中针锋相对策略如何行为。

7 搭便车者

①经典的囚徒困境博弈在第六章注释③中作了描述。如果我们设 $w=0$，$x=v-c_2$，$y=v$ 以及 $z=v-c_1$，然后加上限制条件

$c_1>v>c_2>0$ 和 $c_1>2c_2$，那么囚徒困境博弈就完全等价于雪堆博弈。

②对应于 T_1 的策略（亦即"如果你的对手信誉良好，或者如果你没有良好信誉，选择'鸽'；否则，选择'鹰'"）能够为了鹰—鸽博弈而定义，但是由于有着我在提出鹰—鸽博弈时所使用的特殊效用值，这一策略结果**不是**一个稳定均衡，无论 π 值多么接近于 1。我的鹰—鸽博弈形式等价于 $v=4, c_1=2, c_2=1$ 的雪堆博弈；这导致了 $\max[c_2/v, c_2/(c_1-c_2)]=1$。

③在此我假定犯错的概率微不足道。

④马奇（Mackie 1980，p. 88～89）对休谟的划船例子提供了两种不同的解释。基于其中一个解释是，划船者的问题仅仅是协调他们打桨的节拍（或许每个划船者有自己的桨）：这是一个纯粹的协调博弈。而基于马奇的另一种解释，则是一个囚徒困境博弈，参与人采用针锋相对策略。

⑤泰勒和沃德（Taylor and Ward，1982）发展出了用怯鸡博弈来模型化公共品的自愿供给的思想；正如我在 7.3 节所指出的，雪堆博弈是怯鸡博弈的一种形式。

⑥为了简化论述，我忽略了 v 可能**正好**等于 $c_1,\cdots,c_n$ 其中一个数值的可能性。

⑦许多人提出了以这种方式提供公共品的模型，尤其是泰勒（1976，第 3 章）和盖特曼（Guttman，1978）。

⑧诺齐克提出了这一思想（1974，第 2 章）。

⑨假如救生艇人员准备只救助那些缴纳过捐助金的人，那么救生艇服务毫无疑问能够基于俱乐部原则组织起来。但是根据救生艇服务实际实行的原则，其救生行为为任何在海边的人都带去

了好处。

8 自然法

①艾尔斯特(Elster,1983)考察了一厢情愿的想法这一问题。

②霍布斯的第五自然法“是顺应;也就是说,**每一个人都应当力图使自己适应其余的人**”(1651,第15章。译文引自中译本《利维坦》,黎思复、黎廷弼译,商务印书馆1985年版,第115页。——译者注)。霍布斯的观点是,出于谨慎起见,一个希望在他人之中生存下去并出人头地的人,要培养一种和顺的或者合群的性格。如果这一观点是对的,我们预期生物自然选择中也具有某种趋势利于同样的性格特质。

③参见休谟(1740,第3卷,第1章,第1节)对这一“法则”的陈述。

④黑尔(Hare,1952)拓展了道德判断是可普遍化的这一思想。从随后黑尔最近的论述(1982)——我并不接受——中可以很清楚地发现可普遍化要求某种功利主义。

⑤在分割博弈中有一个对称的惯例——均分惯例。但是这一博弈中所有其他的惯例,以及鹰—鸽博弈和消耗战博弈中所有的惯例,都是非对称的。

⑥一项特定的惯例建立起来,而从这一事实中获益的行为人或许会怨恨这种顺从,因为它有削弱该惯例的趋势;但只要该惯例是安全的,顺从的少数派的存在会为所有其他人的利益而服务。

⑦在近期的一篇论文中我更充分地拓展了这一思想(Sugden,1984)。正如我在那篇论文中所强调的,互惠伦理不能与那些原则——通常被称为康德主义的——混淆在一起,规定在具有囚徒

困境结构的博弈中每一方行为人有无条件的道德义务去选择合作策略(参见 Laffont,1975;Collard,1978;Harsanyi,1980)。互惠原则强制仅当他人也选择合作的时候个人要选择合作。

9 权利、合作与福利

①刘易斯简单地称这些是“惯例”;他的惯例定义排除了我称为产权惯例和互惠惯例的规则(参见 2.8 节)。

②她拿来作为她的范例模型的博弈具有与我在第二章所述的钞票博弈相同的结构:两名参与人与两项备选惯例,一项惯例利于一名参与人而另一项惯例利于另一名参与人。

③另一种解读是,每次对惯例的违反往往都会削弱惯例。根据这一解读,仅当正义的规则在长期服务于我们的利益时,我们才从非义的行为中受到“间接的”损害。

④在《道德情感论》中斯密进行论证来反对如下观点,我们对正义原则的赞同是基于对公益的同情:“我们对个人命运和幸福的关心,在通常情况下,并不是由我们对社会命运和幸福的关心引起的”(1759,第 2 卷,第 2 篇,第 3 章。译文引自中译本《道德情操论》,蒋自强等译,商务印书馆 1997 年版,第 110 页。——译者注)。

⑤这一原则与哈特(Hart,1955)形式化的“公平原则”密切相关,也与我在最近的论文中提出的互惠原则具有某些相似之处(Sugden,1984)。

⑥或者说是几乎所有其他人,如果我们关注的是实际道德的话。这种限制是理论上的窘困,但又是不可避免的。

⑦布坎南(1985,p. 63)指出了这一点。

⑧“担起白人的重负 /收获他古老的赏酬 /你把他们的责骂安抚 /你把他们的仇恨看守。”

跋

①*ERCW* 按照谢林(1960)的理论对引人注目或者说与众不同这一性质使用了“凸显性”一词。同义词“突出性”——似乎是刘易斯(1969)引入的——现在成为了博弈论的标准；我在后记中使用后一术语。

②卡默若(Camerer，1995)和斯塔莫(Starmer，2000)调查了证据。

③我在一篇论文(Sugden，2001)中讨论了这些困难。

④在接下来的段落中勾勒的演化博弈论，宾默尔(1992，p. 414～434)和威布尔(Weibull，1995)解释了更多细节。模仿者动态模型要归功于泰勒和容克(Taylor and Jonker，1978)。

⑤在 *ERCW* 中我使用术语“重复博弈”(repeated game)来指从一个群体中抽取的不同行为人集合周期性地进行的博弈，用“扩展博弈”(extended game)指由相同的“回合”序列构成的博弈。前者现在更通常地被称作为**周期性**博弈(*recurrent* game)，而后者则称为**循环**博弈(*iterated* game)[其中的回合是**阶段**博弈(*stage* game)]。在这篇跋中，我遵循现今的用法(在中文翻译中，目前大多没有这类区分，通常都译为“重复博弈”，这里根据萨格登的区分译作不同的用语。——译者注)。

⑥我关于归纳推理如何发挥作用的论述，以及没有突出性意识的完美理性行为人不能进行归纳推论的论述，受到了古德曼(Goodman，1954)的启发。刘易斯(1969，p. 36～42)解释了为什

么共同的有关突出性的感知是惯例习得过程中至关重要的部分。对于这些问题更多的讨论，参见 Goyal and Janssen(1996)，Schlicht(1998,2000)以及 Cubitt and Sugden(2003)。

⑦史克姆斯(Skyms, 1996)提出了与刘易斯(Lewis, 1969)的语言作为惯例的分析相关的这一问题，而刘易斯的分析为我自己的分析提供了出发点。丘比特和萨格登(Cubitt and Sugden, 2003)针对史克姆斯的批评为刘易斯的理论进行了辩护。

⑧16 项要素的集合具有 2^{16} 个不同的子集。其中一个是空集，另一个则包含了全部 16 项要素。

⑨对于如此多的精明读者不相信 2.1 节中提出的类似观点，即如果国际象棋在黑方走出第一步之后结束，黑方会有 20^{20} 项备选策略，我感到惊讶。我指的难道不是 20×20 吗？不是：黑方走出第一步之后有 20×20 种可能的**情形**，但是黑方有 20^{20} 项可能的**策略**。

⑩我那极少的儿童实验心理学知识是从梅勒和都彭(Mehler and Dupoux, 1994)以及凯尔曼和阿特贝瑞(Kellman and Arterberry, 2000)那里点滴搜集来的。有关对称物的特殊结果来自于伯恩斯坦和克林斯基(Bornstein and Krinsky, 1985)。

⑪有关库克船长的航行，我的资料来源于霍夫(Hough, 1994)。

⑫巴瑞(Barry, 1989, p. 168～173, 346～347)就是一个这样的怀疑者。他的批评直指休谟对于产权惯例的分析，而这是*ERCW*第五章的出发点。巴瑞认为这一理论是“虚妄的”，并归结为休谟年轻时候想引人注意的理论。尽管巴瑞似乎表明产权惯例是根据它们的效率来选择的，但他认为讨价还价问题是通过相对的权力

来解决的(p. 12～24)。

⑬我在(Sugden,1990)一篇论文中对这一问题谈论了更多内容。

⑭在纳什要价博弈的通常形式中,每一方参与人在冲突的情况下得到零效用。我的形式允许存在一个稳定均衡,其中全部的资源由一个参与人所获取。在*ERCW*中,我将这一博弈归功于谢林,但是是纳什(Nash, 1950)首先进行了分析。

⑮这一结果能够进行一般化。在"平滑的"讨价还价博弈大类中,仅当对两名参与人而言,效用结果非常接近于非平滑博弈的"纳什讨价还价解"的时候,均衡才是可能的。纳什讨价还价解能够被理解为是相对权力的反映。宾默尔(Binmore,1992,p. 299～304)对这一理论主干给出了可行的处理。

⑯对宾默尔来说,公平规范是规范性原则,它们是自发演化出来的,并且允许团体用以解决在备选惯例之间进行选择的难题;在演化过程中受到偏爱的规范是允许团体根据**有效的**惯例来进行协调的那些规范(p. 422)。

⑰哈森义和泽尔滕(Harsanyi and Selten, 1988)将这些概念引入了博弈论。

⑱我在接下来的段落中所举出的空间模型在我(Sugden, 1995)的一篇论文中有更具一般性的拓展。其改编自埃里森(Ellison, 1993)所提出的一个模型,但是他使用了一个不同的空间概念。在埃里森的模型中,正如和在大多数的空间博弈论模型中一样,人们(而不是像在我的模型里那样,是博弈)是有固定方位的。每个人被假定只和他最近的邻居进行相关的博弈,但是是匿名进行的。这样,根据空间不同而产生的行为变化通过人际间的行为

变化而产生出来。

⑲当存在这类团体间竞争的时候，可能会出现利于更有效率而非效率较低的**惯例**的选择。但是我们不应当预期选择会利于并非演化稳定的策略(例如一次性囚徒困境中的合作策略)——无论它们多么有效率。在选择这类策略的团体中，平均收益相对很高，但是单方面偏离策略的行为人甚至会过得更好。

⑳这一结果是博弈论专家所称的无名氏定理(Folk Theorem)的一种情况。有关对这一定理的一种解释，参见宾默尔(Binmore，1992，p. 369～379)。

㉑宾默尔、盖尔和萨缪尔森(Binmore, Gale and Samuelson，1995)在有关**最后通牒博弈**(*ultimatum game*)的演化稳定均衡中得出了一个类似的结论。

㉒霍夫曼(Hoffman，1999)提出的有关循环的囚徒困境模拟中发现的正是这一模式。霍夫曼使用的模拟方法基于一种遗传算法；这会让大量的潜在策略在一个易控制的模型中表现出来。

㉓这能够表明，如果除了我已经陈述的假定之外，$f(\cdot,\cdot)$和$g(\cdot,\cdot)$是连续的且非严格凹的，那么规范预期均衡在每个博弈中都存在(Sugden，2000)。

㉔主观收益取决于概率的博弈是**心理博弈**(*psychological game*)，乔纳科普洛斯、皮尔斯和斯塔克惕(Geanakoplos, Pearce and Stacchetti，1989)发明了这一类型的博弈。心理博弈理论最有名的应用之一是拉宾的公平理论(Rabin，1993)。在拉宾的理论中，参与人A被定义为：根据他摒弃自身的利益以有利于参与人B的程度多少，对B较为“仁慈”或较为“不仁慈”。参与人的主观收益具有如下性质，每一方参与人都想要向对自己仁慈的对手表现

出仁慈，对自己不仁慈的对手表现出不仁慈，这是与不破坏他人的预期非常不同的动机。举例来说，在礼让博弈(courtesy game，图 A. 2)中，拉宾的理论意味着**保持原速**是唯一的均衡策略。

㉕许多这类证据来自于菲尔(Fehr)和他的合作者们所进行的实验研究，他通过假定行为人反感**不平等**，特别当不平等利于他人而不是他们自己的时候，来解释惩罚的欲望(有关这一研究的概述，见 Fehr and Fischbacher，2000)。我认为用预期受挫时的怨恨来解释惩罚的欲望，在这心理学上更可信，并且更与证据相符。

㉖在一篇论文中(Sugden，2004)，我重构了斯密的同感理论，并论证其主要假设与现今所知的同情心和同感心(sympthy and empathy)的心理学以及神经学理论相符。

㉗可能会有人反对说，侵犯和怨恨不是非常相似的东西：侵犯对得益的追求是向前看的，而怨恨能够激起有代价的向后看的报复行为。报复的欲望如何增强适应性？一个可能的回答是它不能，但它是一种有关侵犯的生物可行机制不可避免的副产品。弗兰克(Frank，1988)用守诺的策略价值提供了一个更为复杂的回答：因为愤怒同时与某种理性控制的丧失以及可见的生理上不易伪装的信号有关，愤怒能够发出信号，如果某些欲望没有被满足，一个人承诺要做出侵犯行为，紧随该守诺而来的就是报复。

㉘对我来说，对伦理学而言这样一种方式的可能性和价值通过伯纳德·威廉姆斯(例如，Williams，1981)的作品而得到证实——这不是说威廉姆斯赞同 *ERCW* 的保守主义。

译者后记

从社会规则到个人道德
——论萨格登关于惯例的演化博弈论分析

一、为何要遵守规则

一个社会的运行、维持与发展依赖于无数的规则。我们每个人每天的日常生活、交往行为都遵照这些规则来协调。“不以规矩，不成方圆。”(《孟子·离娄上》)那么，是否所有的社会规则皆会获得每个人的遵守呢?

有些规则的确会在大多数场合得到大多数人的普遍遵守。最简单的例子，马路上的行路规则。无论是靠右行、靠左行还是忽左忽右的相机抉择，在某个社区的某个时期内，大多数人总会遵守这样或那样的规则。但同样我们也知道，还有其他大量的交通规则，却并不能总是得到大多数人的普遍遵守。这就出现了一个问题：为什么有些规则会得到大多数人的遵守，有些规则却无法得到普遍的遵守?

有一个简便且通俗的回答，规则之所以得到遵守，因为这是法律所规定的。然而，并不是但凡法律所规定的便一定能得到遵守，小到我们国家一些城市关于禁止燃放烟花爆竹的规定，大到美国著名的“禁酒令”，都是法律规则失败的例子。并且，实践做法通常是反过来的，先有了某种不成文的规则实践，尔后才有了法律的明文规定。

为什么我们要遵守规则? 这就是罗伯特·萨格登(Robert

Sugden)在其最自豪的作品——《权利、合作与福利的经济学》(*The Economics of Rights, Co-operation and Welfare*, 1986, 2004)——开篇提出的问题。特别是,为什么有些规则无需任何外在的强制(权威机构、法律、命令等)我们就会去遵守,即为什么我们会遵守那些自我施行的(self-enforcing)规则?

这些自我施行的规则是惯例(convention)。《权利、合作与福利的经济学》(我们遵照作者的用法,在后面都简写作 *ERCW*)一书就是要解释这些惯例是如何生成的,并且更重要的是,这些惯例是如何会得到普遍遵从的。

惯例是社会现实制度建立的基础。〔1〕那么惯例是如何生成的呢?更具体一些,惯例是如何从自发秩序(spontaneous order)〔2〕——或者说,有秩序的无政府(orderly anarchy)状态——中生成,并得到我们自觉且普遍的遵从的呢?萨格登首先解释了惯例的生成,运用的是在他写作该书第一版时,尚未获得经济学家们普遍接受的演化博弈论方法。

如今演化博弈论不再是一个陌生的名词,但是在我们详细阐述萨格登的论证理路之前,还是有必要先简单解释其中几个关键概念。当然有些概念的更多细节我们会在后文提及。

首先第一个概念就是惯例。什么是惯例?萨格登用演化博弈

〔1〕 萨格登文本中所指的"制度"(institution)一词应当作一种狭义上的理解。即已经正式建立起来的法律规则,或者按照《牛津英语大辞典》的定义:业已建立起来的秩序,由此所有的事物均被调规着。但是我们知道,广义上的"制度",包含着惯例的意思。在韦森(2003)中对这一点有着更为详尽的讨论。

〔2〕 "自发秩序"这个用语,萨格登明确指出取自哈耶克(F. A. Hayek),参见 Sugden(2004, p. 1),但是显然萨格登是在根据自己的定义使用这个词的,即自发演化出来、能够自我施行的规则(Sugden, 1989)。

论的相关概念定义为："具有两个或两个以上稳定均衡的博弈中任意一个稳定均衡。"(Sugden, 2004, p. 33)这样，从中又牵涉出第二个概念：什么是稳定均衡？萨格登所指的稳定均衡其实就是指演化稳定策略(evolutionarily stable strategy，简写为 ESS)。这是最早由生物学家[1]所发展出来的均衡概念。那么什么又是演化稳定策略？简单地说是对如下这类问题的一种回答，"'为什么每个人都做 X'是'因为所有其他人都做 X'"(Sugden, 2004, p. 33)。或者更规范一些表述，"在严格的演化选择的压力下也是稳健的"策略(Weibull, 1995, 中译本，p. 40)。如果用数学形式描述的话[2]，假设两项策略 K 和 L。$E(K,L)$为预期效用，即一次博弈中任意一方参与人选择策略 K 而其对手选择策略 L 时所获得的效用。当满足如下两个条件时：

$$E(K,K)\geqslant E(L,K) \qquad \text{(P. 1)}$$

对于所有策略 L(纯策略或者混合策略)，当 $L\neq K$ 时：

$$\text{或者 } E(K,K)>E(L,K)\text{，或者 } E(K,L)>E(L,L) \qquad \text{(P. 2)}$$

则被称为演化稳定策略。其中第一个条件表明，策略 K 是对自身的最优反应(best-reply)；第二个条件表明，策略 K 是不受侵扰的策略，也就是说此时的均衡是稳定的。满足这两个条件的策略被称为 ESS 或者说稳定均衡。[3] 因此我们可以看出，演化稳定策略与我

---

[1] 由约翰·梅纳德·史密斯(John Maynard Smith)领导的团队。

[2] 这里的描述援引了 ERCW 中的定义，并且作了一些简化，因此不是很严格的数学证明，参见 Sugden(2004, p. 26～30)，另参见 Weibull(1995, 中译本，p. 43～47)。

[3] 我们也可以把这两个条件简单地合并在一起。一项策略 K 要成为 ESS，其不仅是对自身的最优反应，而且是对自身唯一的最优反应。

们在传统博弈理论中理解的均衡策略最大的不同在于，其规定了“一套行为模式，如果在一个群体中该行为模式得到了普遍遵从，那么偏离该模式的少数人与其他人相比会处于劣势”(Sugden, 1989)。

以上的论述必定会引出第四个概念：什么是最优反应？假设有策略 J，如果对于所有策略 J，都有 $E(K,L)\geqslant E(J,L)$，那么我们可以说 K 是对 L 的最优反应。按日常的理解来说，“最优反应”就是当行为人面对他人对自己做出的某种行为 X 时，能够回应的最优行动是什么。这在生物学中是用生物适应性来度量的。这或许让我们想起了博弈论中的“占优”概念，两者之间确实存在着关联，但又不是完全一致的。萨格登本人并未明确这两者之间的关系。在威布尔(Jörgen W. Weibull)的《演化博弈论》(*Evolutionary Game Theory*, 1995)中作了正式的说明，任何两人博弈中“未被严格占优的纯策略一定是对某个完全混合策略组合的最优反应。类似的，如果一个纯策略是对某个完全混合策略组合的最优反应，那么它是未被占优的”(Weibull, 1995, 中译本，p. 16)。

让我们暂时离开越陷越深的概念牢笼。现在我们已经可以看出，萨格登定义的惯例似乎有些松散。扬(H. Peyton Young)用另一种形式来定义惯例，“一项惯例是一套惯常的(customary)、预期到的(expected)并且自我施行的模式。每个人都遵守，每个人都预期他人会遵守，并且给定所有其他人都遵守的条件下，每个人都想要去遵守”(Young, 1993)。〔1〕 扬的这个定义，根据他的说法

〔1〕 另外值得一提的是，扬对于惯例的博弈论证明采取的是“随机稳定均衡”(stochastically stable equilibrium)的概念，既不同于纳什均衡，也不同于ESS，参见扬。但是，在扬后来的一篇文章——《惯例的经济学》(*The Economics of Convention*, 1996)中(1993,1998)，他转而采取了萨格登的定义，并把这作为惯例的主要特征之一。

来自于刘易斯(Lewis, 1969),同时我们也注意到作为博弈论制度分析史上第一部著作,肖特(Andrew Schotter)的《社会制度的经济理论》(*The Economic Theory of Social Institution*, 1981)也采用了刘易斯(David Lewis)的惯例定义。因此最后我们还是要看一下,刘易斯的定义与萨格登的定义之间究竟存在什么样的差别。

根据刘易斯的定义:

当群体 P 中的成员作为周期性重复的境况 S 中的当事人时,他们行为中的常规性 R 被称为惯例,当且仅当如下条件为真,并且在群体 P 的成员处于境况 S 的任何情形下时,如下条件在群体 P 中都是共同知识:

(1) 每个人遵守 R;

(2) 每个人预期所有其他人都遵守 R;

(3) 每个人在其他人都遵守 R 的条件下皆偏好于遵守 R,因为 R 是一个协调问题,且对于 R 的统一遵守是 S 的协调均衡。(1969, p. 58)

很明显,从刘易斯的定义中我们至少可以看出两个特征。第一个,刘易斯的惯例解决的是协调问题。第二个,刘易斯定义的是业已建立起来的惯例,也就是说"既定惯例"(established convention)。而萨格登所称的惯例事实上尚在成形之中——数个稳定均衡中的任意一个。因此我们认为萨格登这种松散的惯例定义可能更适宜于分析惯例的生成。

此外,萨格登还认为刘易斯的这个定义有一种"强制性":规定"对于 R 的统一遵守是 S 的协调均衡"(Sugden, 2004, p. 34)。这涉及到惯例的一个深层次问题,我们将在后面予以讨论。但就目前而言,我们已经具备了条件来详细了解惯例生成的机制。

二、惯例是如何可能的

我们用一个日常生活中大多数人都会遇到的故事来展开萨格登的论证理路。〔1〕

假设在公交车站，一辆公交车到站，等车的人陆续上车。这时候你匆匆忙忙地去赶乘公交车。前面上车的人都已经上去了，车也快开了。你冲向车门急于上车。这时候你发现从你对面也冲过来一个人，显然他也急于上车。公交车门很窄，必须依次上车，否则两人就会撞在一块。这时候出现了一个作为参与人“你”和“你的对手”之间的上车博弈。

假设参与人在同一时间以差不多的速度奔向车门，并且两人与车门的距离也几乎一样。这就意味着，两人会同时跑到公交车门边。这时每位参与人各自有两个选择：一是稍微停一下，礼貌性地让对手先上车；二是保持原速冲上车。此时有四种结果：你先上车；你的对手先上车；你们两人都礼让对方结果没赶上车；你们两人为争着上车而大打出手。显然，最后一种结果最糟糕；其次是第三种结果。如果我们假设，后上车可能相比较先上车的人而言是不利的(比方说，车上最后一个座位被占了)，那么另两个结果就是对一人有利另一人不利。最后一个假设，每个人每天重复地和陌生人进

〔1〕 以下提出的数种博弈，其核心结构与萨格登书中分析的几个关键博弈一致，即都属于协调博弈、产权博弈和互惠博弈这三大类博弈家庭中的一员。在几处关键的地方，我们运用萨格登的分析方式来处理。我们的主要目的在于扼要重现萨格登的博弈论分析理路，因此在有些地方只能放弃数学推导的严密性。

行这样的博弈。[1] 这样我们用图 P.1 来表示这个博弈。

“你”的策略		“你的对手”的策略：礼让	“你的对手”的策略：冲上车
	礼让	0	3
	冲上车	5	−10

图 P.1

注意这个收益矩阵，其中效用[2]的赋值本身是无关紧要的，只要符合参与人对四种结果的偏好排序就可以。但是这种效用值的特殊形式[3]却表明了这是一个对称形式的博弈。也就是说，两名参与人之间不存在任何差别。“你”和“你的对手”，从博弈分析的角度而言，是一种镜像关系。

那么在这种情况下，博弈的均衡是什么呢？按照我们前面的定义，只有一个均衡。令 p 为一次随机博弈中随机选择的参与人选择“礼让”策略的概率。那么我们来看，当你以 p 的概率选择礼让时，你的对手有两种可能行动：以 p 的概率选择礼让，以 $(1-p)$

〔1〕 毫无疑问，像每个理论化的博弈模型一样，我们这个上车博弈也抽象掉了许多事实，并且人们可以认为这四种结果也有些虚构，真实的情况还有许多可能。确实如此。这只是四种“假定”的结果，但是这四种结果可以具有一种一般性。此外，这个博弈的核心结构与萨格登的“交通博弈”（the crossroads game）（参见 Sugden，2004，p. 36～44）是一致的，我们把它归入“协调博弈”这一类。

〔2〕 “效用”这个问题萨格登在 ERCW 中谈了很多，尽管萨格登本人不太愿意使用预期效用这样的概念，但他还是把这作为了他分析的出发点。我们在本文的分析中也遵照这一点，以一种最宽容的态度来对待效用。

〔3〕 这个形式用标准的博弈收益形式来写应当是：(0,0)、(3,5)、(5,3)、(−10,−10)。

的概率选择冲上车。那么你的预期效用为$(1-p)\cdot 3$。相反，当你以$(1-p)$的概率选择冲上车时，你的对手也有两种可能行动：以p的概率选择礼让，以$(1-p)$的概率选择冲上车。那么你的预期效用为$5p+(-10)\cdot(1-p)$。由于博弈是对称的，你的对手也面临同样的情形。均衡出现在无论是哪一方参与人、无论是选择礼让还是选择冲上车，预期效用都相同的时候，即$p=\frac{13}{18}$时。

这个均衡是稳定的吗？当$p=\frac{13}{18}$时，参与人无论选择哪一项策略，预期效用都相同。所有策略都同样成功——我们用预期效用的高低来定义"成功"，包括以$p=\frac{13}{18}$的概率选择"礼让"这项混合策略本身，因此满足条件(P.1)。同时，如果p值小于$\frac{13}{18}$，也就是说当你发现越来越多的人选择冲上车，而不是礼让的时候，那么你最好选择礼让。而随着你选择礼让次数的增加，p值就会有上升的趋势。反之，如果p值大于$\frac{13}{18}$，当你发现越来越多的人选择礼让的时候，那你最好选择冲上车，而这导致p值会有下降的趋势。[1] 也就是说$p=\frac{13}{18}$有自我持存的(self-perpetuating)性质。这满足了条件(P.2)：均衡不会受到侵扰。因此，这是一项稳定均衡。

但是到目前为止，我们对于惯例生成什么也没有说，因为在这

〔1〕 理解这段话的关键在于，我们前面假设博弈是重复且匿名进行的——人与人相互之间每天都进行博弈。这样，想象一下有无数个"你"，也就是无数个同样的参与人，在进行博弈选择。

种情况下不存在惯例。$p=\frac{13}{18}$只是告诉我们：进行博弈时，应当以什么样的比例选择“礼让”策略（18 次博弈中的 13 次），以什么样的比例选择“冲上车”策略，这样在长期来看预期效用会最大。或者从旁观者的角度观察到：当两个人冲向车门的时候，有多少次是两人相互礼让；多少次两人争着上车；多少次一人抢上车，一人礼让。无论怎样，都没有惯例：我应当遵守什么，每个人都应当遵守什么。用萨格登的话来说，只有一个稳定均衡，不可能出现惯例。

因此，萨格登提出另一种方式来分析这个博弈问题：非对称形式的博弈。非对称形式的博弈形式如图 P. 2 所示。

		B 的策略	
		礼让	冲上车
A 的策略	礼让	0,0	3,5
	冲上车	5,3	−10,−10

图 P. 2

这里所谓的非对称性是指，参与人各自认识到自己与对手的不同。比方说两名参与人发现对方与自己的性别不同、年龄不同甚至是衣着外观的不同。这意味着参与人从自身的立场出发来思考博弈，其中的意义我们后面再详细论述。现在，单就博弈分析而言，这里的非对称性要求并不严格，只是一种标签性质的非对称性。也就是说，参与人只要认为自己与对手不同就可以（哪怕可能实际上两名参与人意识到的差异并不一样）。所以我们这里采取最简便的两种角色 A 与 B 之间的不同。他们之间的不同只是一个标签而已。

在这种非对称的情况下，博弈的均衡是什么呢？根据许多次的博弈，参与人现在有了扮演 A、B 两种不同角色的经验，这种经验习得代表着人类社会演化的过程。令 p 和 q 为在一次随机博弈中随机选择的参与人 A 和参与人 B 选择“礼让”策略的概率。按照前面对于对称形式的博弈的分析，我们可以得到如下结果：对于参与人 A 而言，根据 q 是否小于、等于或者大于 $\frac{13}{18}$，“礼让”将是比“冲上车”更成功、一样成功或者劣于后者的策略。对参与人 B 而言，根据 p 是否小于、等于或者大于 $\frac{13}{18}$，“礼让”将是比“冲上车”更成功、一样成功或者劣于后者的策略。此时，博弈的状态可以用一对概率 (p,q) 来描述。此时，有三组状态不具有变化的趋势，分别是：$(0,1)$，$(1,0)$ 和 $\left(\frac{13}{18},\frac{13}{18}\right)$。它们都构成了对自身的最优反应的通用策略[1]，因而都是均衡状态。但是其中只有两组是稳定均衡，即 $(0,1)$ 和 $(1,0)$。当 $q<\frac{13}{18}$ 时，p 将趋向于上升而接近于 1；当 $q>\frac{13}{18}$ 时，p 将趋向于下降而接近于 0。类似地，如果 $p<\frac{13}{18}$，q 将趋向于上升接近 1；如果 $p>\frac{13}{18}$，q 将趋向于下降接近 0。这个变化过程一直到两个极端 $(0,1)$，$(1,0)$ 时才会停止。而当达到均衡时，任何一项通用策略都不会受到侵扰，任何偏离均衡的行为都会被吸引回均衡上来。因此满足条件（P. 2）。这时的均衡就是，“如果

---

〔1〕 通用策略（universal strategy），按照萨格登的定义，指如下形式的策略，“如果扮演 A，做……；如果扮演 B，做……”。参见萨格登（2004，p. 31）。

你扮演参与人 A，选择礼让；如果你扮演参与人 B，选择冲上车”，或者相反。[1] 其现实的表达可能就是，如果你遇见一个蛮汉跟你抢着上车，你最好让他一下；如果你遇见一位女士，你最好表现得有绅士风度，让女士优先。

但是在整个变化过程中还有一个均衡状态，即$\left(\frac{13}{18},\frac{13}{18}\right)$。然而这个状态在非对称的博弈中是不稳定的，也就是说无法满足稳定性条件。如果扮演参与人 A，这个时候对手总是以$\frac{13}{18}$概率选择礼让（也就是说，作为参与人 A 进行博弈时，平均 18 次博弈中有 13 次参与人 B 都选择礼让）；扮演参与人 B 时也是这种情况。因此无论是选择“礼让”还是“冲上车”对参与人来说都是同样成功的策略（预期效用相同）。那么也就是说，所有的通用策略(p,q)都是对$\left(\frac{13}{18},\frac{13}{18}\right)$的最优反应，$\left(\frac{13}{18},\frac{13}{18}\right)$会受到任何通用策略$(p,q)$的侵扰。$\left(\frac{13}{18},\frac{13}{18}\right)$是对自身的最优反应，但它不是对自身唯一的最优反应，因此它不是稳定均衡。

现在，我们有了两个稳定均衡(0,1)，(1,0)。也就是说，我们有了惯例。什么样的惯例？“女士优先”就是一项惯例。用通用策略的方式说，“如果你是绅士，选择礼让；如果你是女士，选择冲上车”。或者“年轻人礼让老年人”也是一项惯例；或者“先到先上

---

[1] 熟悉博弈论的读者会发觉这个结论似乎就是纳什均衡(Nash equilibrium)。我们不否认这一点。按照萨格登的说明，非对称博弈中，满足条件(P.1)的均衡概念与传统博弈论中使用的纳什均衡概念存在着一一对应关系。但是事实上在对称博弈中也存在纳什均衡，而这时对称博弈中的均衡就与纳什均衡不存在对应关系。参见萨格登(2004，p.31)。

车”——“排队”惯例的一种变体——也是一项惯例。

确实，一次博弈中存在着许多潜在的惯例，但就目前看来协调问题一定程度上可以由这类演化出来的“协调惯例”来解决。现在让我们再深入一步探讨问题。假设你和你的对手已经上了车，现在你们面对另一个情况：车上只剩下一个座位。在假设你们两人都是平等的条件下，你和你的对手都有权利去坐这个位置，并且你们都想要坐这个座位。于是你们陷入了霍布斯(Thomas Hobbes)的自然状态，“两个人都想取得同一东西而又不能同时享用”(Hobbes，1651，中译本，p. 93)。谁能够坐这个座位？

让我们把这种情况称为抢座博弈。这个博弈与前一个博弈的不同在于：此时博弈的参与人面临更大的利益冲突。我们假设先上车后上车的效用差异，远不及有没有座位可坐来得大。

抢座博弈涉及的是社会生活中另一类更重要也是更关键的问题：产权。其属于产权博弈的一种情形。[1] 现在已经有许多方式可以模型化这一问题，例如主流的纳什要价博弈(Nash demand game)[2]，萨格登则分别用鹰—鸽博弈[也就是主流博弈论中的怯鸡(chicken)博弈]、消耗战以及分割博弈(也就是纳什要价博弈的一个变体)来论述。为了简便起见，我们用鹰—鸽博弈的形式来模型化这一问题。

“鹰”与“鸽”的区分只是在策略上而已。采取鹰策略即意味着行为人要求获得全部的争议资源(攻击性策略)；采取鸽策略即意

---

〔1〕 我们不能以法律上的“所有权”的概念来严格规定我们这里提出的概念。我们仅仅是指，涉及到某人使用某物的权利这类问题。

〔2〕 关于纳什要价博弈以及纳什讨价还价问题的精彩论述，参见 Rubinstein(1982)，Binmore，Rubinstein and Wolinsky(1986)，以及 Binmore(1998)。

味着行为人只要求分享一半的资源(顺从性策略)。在我们的故事中采取鹰策略意味着每天都会去抢座,采取鸽策略意味着每天如果有座位空着就坐下,但是如果有人要抢就让给他(如果博弈重复进行,两个都选择鸽策略的参与人各自有50%的概率坐这个座位)。这样我们就有四种情况:鹰遇见鸽;鸽遇见鹰;鸽遇见鸽;鹰遇见鹰。对应于四种结果:对手给你让座;你给对手让座;你们两人相互让座;你们相互抢座。抢座博弈用图P.3的收益矩阵来表示:

		"你的对手"的策略	
		让座	抢座
"你"的策略	让座	2	0
	抢座	4	−4

图 P.3

很明显,这是对称形式的抢座博弈。同样,令 p 为一次随机的博弈中随机选择的参与人选择"让座"策略的概率。根据与上车博弈相同的论证,均衡出现在 $p=\frac{2}{3}$ 时,并且该均衡是稳定的。

但这不是一个让人满意的结果,这就是对霍布斯的自然状态——"每一个人对每个人的战争"(Hobbes, 1651,中译本,p. 94)——的演化博弈论写照。每天在公交车上进行博弈的行为人都知道别人可能会抢座也可能让座,根据行为人的经验知道让座的概率是,这时候无论是选"让座"还是"抢座"都一样成功,那行为人最好就时刻准备着抢座。但是如果每个人都这么想,从长期来看让座和抢座所得的预期效用是一样的(为$\frac{4}{3}$)。然而如果每个人都选择“让座”的话，我们会发现预期效用反而更高些（为 2）。在这种自然状态下，大家时刻准备着去战斗（抢座），但最终的结果是两败俱伤。

我们再来看看非对称形式的博弈（见图 P.4）。

		B 的策略 让座	抢座
A 的策略	让座	2,2	0,4
	抢座	4,0	−4,−4

图 P.4

和非对称的上车博弈一样，A 和 B 仍然代表的是标签性质的非对称性，仍然令 p 和 q 为在一次随机博弈中随机选择的参与人 A 和参与人 B 选择“让座”的概率。一项通用策略仍然用一对概率组合 (p,q) 来描述：“如果扮演 A，以 p 的概率选择‘让座’；如果扮演 B，以 q 的概率选择‘让座’。”最后的稳定均衡为 (0,1)、(1,0)。而另一项均衡 $\left(\frac{2}{3},\frac{2}{3}\right)$ 则是不稳定的。论证过程和非对称形式的上车博弈一致。

这表明，自然状态下也会演化出某种确定的规则，“如果扮演 A，选择‘抢座’策略；如果扮演 B，选择‘让座’策略”，或者相反。换具体的例子，(0,1) 和 (1,0) 这两个均衡可以表明“先到先得”的惯例：如果你先上车，抢下座位；如果你后上车，让先上车的人坐。在现实中，这表明一项具体的产权规则：争议的资源归一人所有。产权规则可以从霍布斯的自然状态中通过自利的行为人相互之间的交往行为演化出来。

让我们在这个问题上继续深入，在现实中，有些问题并不是只涉及协调、产权这类问题，有些时候人们还需要更进一步的相互合作。也就是说，当我们发现了协调惯例、产权惯例的演化后，互惠的惯例是否也可以通过类似的方式演化出来？让我们继续讲述这个乘车故事。现在情况又发生了变化，假设车上确实有一个空座，但是这个座位却被一个大箱子给占了。现在无论谁要想坐这位置，必须把箱子挪到车的后面去(假定车道上不允许放箱子)。假设整辆车上只有你和你的对手站着，你们面临同样的问题：如果其中一人去搬箱子，这时另一人完全可以乘机把座位占去。现在我们假设参与人之间可以沟通，你可以和你的对手约定：我把箱子搬走，这个位子我来坐；你把箱子搬走，这个位子你来坐。但是在没有任何外部机制可以保证的情况下，你认为你的对手会遵守约定吗，你会遵守约定吗？

很明显，这就是经济学上典型的“囚徒困境”(prisoner’s dilemma)难题。我们用图 P.5 所示的收益矩阵来表达这个博弈。

		“你的对手”的策略	
		合作 (遵守约定)	背叛 (不遵守约定)
“你”的策略	合作 (遵守约定)	$b-c$	$-c$
	背叛 (不遵守约定)	b	0

注：$b>c>0$。

图 P.5

按照囚徒困境模型的标准分析,我们用"合作"和"背叛"来代表策略。其中,b 代表你占有这个座位后的收益,$-c$ 代表你搬箱子的代价,并且假定 $b>c>0$[1]。在一次性博弈的情况下,囚徒困境的均衡都是(背叛,背叛),这是一个纳什均衡。

现在来看,如何解囚徒困境已经不再是个新鲜的问题。[2]而萨格登援引的则是阿克塞罗德(Robert Axelrod)的证明。接下来我们依旧按照萨格登的分析来进行,但是先扩展一下。在一次性的囚徒困境中,由于背叛是占优策略,因此对于个人而言没有激励去选择合作。现在我们把乘车故事再扩展一下,这不是一个一次性的博弈,也就是说,两名参与人不是只有这一次博弈而已。(可能这不是一趟市内的短途公交车,而是一趟长途车,旅程会有好几天,但是又不知道具体会有几天。可能每天都会重新分配一次座位,而不知怎的就总是固定的两个人要争抢最后一个座位,而最后留下的座位每天那个大箱子都会重新放在上面。)不管怎样,最重要的是,现在不是在进行一次性博弈,两名参与人在进行扩展的囚徒困境博弈。并且博弈不再是匿名的。在进行了数次回合的博弈之后,参与人之间已经相识,并且知道对方在前次回合中的"行动"(move)。这一扩展的博弈具体进行多少个回合对双方参与人而言都不知道[3],假设每个回合博弈之后,有 π 的概率博弈

---

〔1〕 和前面所有的论证一样,我们这里沿用了萨格登的分析思路。萨格登的这个囚徒困境模型实际上比博弈论中经典的囚徒困境模型有着更强的假定,参见萨格登(2004,p. 228),但这并不影响囚徒困境的核心特征。

〔2〕 关于囚徒困境解的详细讨论可以参见韦森(2002,2007)。

〔3〕 了解博弈论基础知识的读者都会知道,当重复的囚徒困境进行的回合数是有限次数的时候,使用倒推方法,会发生和一次性囚徒困境相同的情况。

会进行下去。在这里，萨格登作出了另一个重要的假设，π 有一个关键值：c/b。仅当 $\pi > c/b$ 时，才有达成合作的可能（Sugden, 2004, p. 112）。[1]

在扩展的博弈中，一项策略以参与人在每个回合的行动序列来构成。如果我们了解阿克塞罗德的竞赛（Axelrod, 1984），我们会知道存在着无数种囚徒困境策略。但是什么样的策略才是均衡策略，才是 ESS？限于篇幅，详细的论证我们这里不再给出，并且也已有大量的文献讨论过这类的问题。因此我们简单地给出结论：至少有两项策略可以构成稳定均衡，一个是永远选择"背叛"的策略 N，一个是"针锋相对"的策略 T。由于这两个都是稳定均衡，按照萨格登的惯例定义，惯例必定从这多个稳定均衡中的一个均衡中演化出来。因此，或者是大家永不合作的"江湖险恶"惯例，或者是人与人在有限条件下的"互惠"惯例，都有可能从我们的故事中演化出来。我们都知道阿克塞罗德的竞赛的结果，"针锋相对"的策略获胜。那么，在萨格登的分析中，什么样的惯例会演化出来呢？

三、什么样的惯例

前面我们用一个乘车故事简单地把萨格登的惯例生成的博弈

---

〔1〕简单地说，双方参与人在无限次回合中永远选择合作所获得的收益为 $(b-c)/(1-\pi)$，只有当 $(b-c)/(1-\pi)$ 大于 b（即一个回合背叛的收益，这里暗含了背叛之后永远不合作的意思）时，参与人才有激励去选择合作。

论分析进路作了概括。至少我们现在可以认识到，在追求自利的个人之间的日常交往行为中，某些行为规则确实会演化出来。而一旦这些规则演化出来，我们每个人都会遵守，因为我们预期到别人也会遵守这些规则，这就是社会规范(Young, 2007)，也就是惯例。在我们的乘车故事中，可以发现萨格登所区分的三类惯例：协调惯例、产权惯例以及互惠惯例。但是到目前为止似乎还有一个关键问题没有解决：由于惯例是多个稳定均衡中的某一个均衡，那么，到底最后会产生哪一个均衡呢？什么样的惯例会演化出来，或者说更核心的问题是，演化出来的惯例应当具有什么样的性质？

如果是规制一些简单的协调问题的惯例，比如说马路上是靠右走还是靠左走、度量衡、乃至语言的形成。什么样的惯例会演化出来对大多数人而言也许并不太重要。在这类利益冲突不大的协调问题中，最关键的一点是有惯例总比没有惯例要好。因此，在现实生活中不同的地方以不同的惯例来解决同一类的协调问题：有些国家规定“靠右走”，有些国家规定“靠左走”；许多国家使用的度量衡各不相同；不同的民族有不同的语言；等等。

但是当涉及到其他两类惯例时，什么样的惯例会演化出来可能就变得非常重要了。在我们的让座惯例中，为什么“先到先得”的惯例就是合理的，为什么不是后到后得？后到的人可能有各种各样的原因致使他后到(比如说他是残疾)，那么“先到先得”惯例岂不是很武断？如果我们把这个问题放大，世界上的大多数现代文明国家都确立了产权规则，所有权人对其所有的对象依法享有一系列的权利，这就是由产权惯例变为产权制度的一个实例。而这其中许多具体的产权实践源自“先占先得”这样一条产权惯例(如民法中关于无主物的归属)。为什么先占就可以先得呢？用我们博弈分析的语言来说，资源归占有者所有，和归挑战者所有，各自都是一项惯例。那么为何一定要归占有者所有呢？

在互惠惯例中，这个问题就变得更为至关重要也更为错综复杂，这甚至意味着我们的社会是如何成为可能的。如果在一个社会中，人与人之间时刻想着"背叛"，想着欺骗对方，这个社会还能够维持下去吗？正如我们前面所指出的，"永远背叛"和"针锋相对"都是惯例。大家相互欺骗、相互偷盗，也是一个均衡，尽管可能是类似于霍布斯的自然状态的均衡。但是至少，仅从我们前面的模型推导而言，一个处处险恶的社会也是可以存在的，甚至也是稳定的，然而这显然不是我们每个人想要的社会。回到囚徒困境的模型上去，如果说我采取"针锋相对"的策略是可行的，那么必须有前提，社会中有好人的存在，或者至少是有个坏人偶然错误地选择了一次"合作"。那么这是否意味着一个欺骗成风的社会就不可能演化为一个人们互惠合作的社会？或者哪怕有这种可能性也只不过是历史的偶然，是自然的作弄？简单地从模型中似乎看不到确定的回答。[1] 因此，我们凭什么相信互惠合作的惯例会从追逐私利的个人行为中产生？

对于这类问题的回答，有一个经济学家们所偏好的主流模式：效率问题。特定的惯例在演化过程中被选择出来是因为这些惯例更有效率。那么我们要问："业已建立的惯例必须是有效率的吗？"

这里首先要明确一个问题，我们怎么来度量这里所指的"效

[1] 萨格登通过限定一些条件，比如 π 的值，证明在允许犯错的情况下，"针锋相对"的策略（确切地说是"勇敢互惠的策略"）会优于永不合作的策略而演化出惯例，参见萨格登（2004，p. 119～125）。

率"问题。如果从"交易费用"的角度来评价效率问题,那么由于惯例的建立,使得行为人对他人的行为有了确定的预期,则必然降低了由于不确定性而带来的交易费用,因而惯例是有效率的(Young, 1996,2007; Wärneryd, 1994; Coleman, 1987)。这也就是我们所说的,"有惯例总比没有惯例好"的全部意思。但是我们如果从帕累托效率的角度来看,也就是说,既定的惯例是否会使得社会福利增进,那么效率问题就开始值得怀疑。

首先,对于许多协调惯例而言,效率问题似乎是无关紧要的,比如说"靠右走"和"靠左走"的惯例。然而对于其他的惯例而言,比如说产权惯例,惯例必须要具有效率性质吗?宾默尔(Ken Binmore)给出的回答为"是",持同样答案的还有史克姆斯(Brian Skyrms, 1996)。在宾默尔《博弈论与社会契约》的第二卷,《公正博弈》(Game Theory and the Social Contract, Vol. II: Just Playing, 1998)中,宾默尔论述道:"……公平规范会演化出来,是因为当这些规范可供选择时,它们允许采纳公平规范的团体根据帕累托改进的均衡迅速地进行协调……"(p. 422)。扬则采取了比较暧昧的立场,他采取了一种迂回的方式来回答这个问题,"问题是规范[1]不是'被选择的',而是从历史的偶然和先例的积累中诞生的"(Young, 2007)。

而萨格登对此则不太乐观,在 *ERCW* 的第一版中,他谨慎地怀疑了惯例的效率性质。而在 1989 年的《自发秩序》(Spontaneous Order, 1989)以及 *ERCW* 第二版增订的后记中,他正式表明,惯例不一定具有帕累托效率(Sugden, 1989, 2004)。

〔1〕 这里所指的"规范"包含了惯例的意思,参见扬(2007)。

在博弈论中，评价惯例的效率问题通常用狩猎博弈(stag hunt game)来表示。据称这一博弈源自卢梭(Jean-Jacques Rousseau)的《论人类不平等的起源和基础》(Discourse on Inequality, 1755)。故事简单叙述如下。两个猎人去打猎，他们可以各自猎兔子，也可以合作猎鹿。自然猎鹿的收益对两人来说比逐兔要高。但是有一个问题，猎鹿的时候，要求两人在各自视线之外的地方埋伏。这样，如果一个人乘机开小差去打兔子，另一个人就什么也得不到了。图 P. 6 所示的就是猎鹿博弈的收益矩阵。[1]

在这种情况下，按照我们前一节的分析，毫无疑问有两项惯例：一个是逐兔惯例，两个人总是各自分开去打兔子；一个是猎鹿惯例，两个人总是合作猎鹿。从收益角度来看，猎鹿的收益高；但是考虑到参与人双方开小差的风险，逐兔更保险些。因此在博弈论中，猎鹿策略被称为是收益占优的(payoff-dominant)，逐兔策略被称为是风险占优的(risk-dominant)。

		对手的策略	
		逐兔	猎鹿
参与人的策略	逐兔	2	2
	猎鹿	0	3

图 P. 6

[1] 这里所描述的猎鹿博弈版本来自于萨格登(2004, p. 202)。

扬用他的随机稳定性模型证明，从长期来看，风险占优的均衡更容易被发现(Young，1993，1996，1998)。也就是说，在现实中，惯例所涉及的风险越小，越容易建立起来(比方说“五五均分”的合约，参见扬(1998，p. 165～166))。萨格登也通过一个空间模型证明，即使当两种惯例都建立起来了，收益占优的惯例从长期来看也会被风险占优的惯例所取代(Sugden，2004，p. 204～209)[1]。但我们即便不需要借助复杂的模型，也能发现萨格登的结论——当然不是很严谨。按照我们上一节的分析，这里任意一名参与人选择逐兔策略的概率 p 的关键值为$\frac{1}{3}$。如果 $p>\frac{1}{3}$，选择逐兔策略的预期效用大于选择猎鹿策略的预期效用。因此，只要 p 值大于$\frac{1}{3}$，进行该博弈的群体便会逐渐选择逐兔策略；而小于$\frac{1}{3}$，则会选择猎鹿策略。而当其他条件都一样时，p 大于$\frac{1}{3}$的可能性要高于小于$\frac{1}{3}$的可能性。[2] 这就意味着，逐兔策略更容易得到选择。惯例的演化更偏爱稳定而不是效率。

既然特定的惯例并不一定是出于效率原因而被选择的，那又是什么原因呢？萨格登在分析过程中采取了谢林(Thomas Schelling，1960)的一个观点：凸显性(prominence)。如今在博弈论中称

[1] 萨格登认为扬的模型在现实中缺乏实际意义，因为按照扬的模型的随机演化过程，哪怕在一个小村庄里，这样的惯例替代过程也需要亿万年的时间演化(Sugden，2004，p. 204)。但是，萨格登也承认，自己的模型的适用是有条件的。在一些类似于动物竞争的场合，比如说企业竞争，可能收益占优的惯例更易于演化出来(Sugden，2004，p. 209)。

[2] 这里指的是区间[0，1/3]与[1/3，1]之间的比较。

为突出性(salience),或者说聚点(focal point)。

回想上一节中我们的推导。其中有一个关键性的转变,在对称形式的博弈中我们说没有惯例出现,但是在非对称的形式下,惯例形成了。对称的形式代表了一种中立的博弈分析立场,也就是采取旁观者的立场来看待博弈。那么当假定博弈的参与人处于平等地位时,参与人与参与人之间没有差别。然而什么又是非对称性?在模型中,我们称这只是一种标签性质的非对称性,也就是说贴上了 A、B 两个标签而已,没有其他多余的意思。这样一种方式仅仅是针对模型而已,目的是为了模型适用于更一般化的情形。但是在现实中,非对称的博弈分析代表着一种本质上的不同:双方参与人分别从各自的立场出发来思考问题。这也就是萨格登颇为自豪的,*ERCW* 所特有的"视角"(viewpoint)问题。行为人分别从各自现在所处的立场出发,进行判断,进行交往行为,从而才能演化出惯例。

但是,这种非对称性又必须有一个共同的标准,这种共同的标准是指用于区分博弈策略结构的方式。也就是说,如果你所关注的突出性与我所关注的突出性完全没有关系,我们两人可能根本就不会有交往行为发生。[1] 因此正如萨格登所言:"如果我们想要如我们所愿的那样去协调我们的行为,我们**必须**依赖于某种我

〔1〕 想象一种"伪"交往行为。交通博弈中,两名司机在十字路口相遇,两项策略:"减速"和"保持原速"。一名司机关心的问题是车辆大小:小车让大车;一名司机关心的问题是左行右行:左行让右行。如果两名司机恰好处于这样的事态:大车行驶在右边,小车行驶在左边。这样两名司机都可以安全通过十字路口。表面上看好像两人解决了协调问题,可事实上两人都在各行其是,根本没有交往行为发生。

们所共有的凸显性。”(Sugden, 1989)

因此,什么样的惯例取决于什么样的突出性,从不同的突出性出发会演化出不同的惯例。“女士优先”关注的是性别上的突出性,“左行让右行”关注的是左右之分的突出性,“先占先得”关注的是人与物之间密切关系的突出性。但是一场博弈中往往会具有大量的突出性,不同的人在进行不同的博弈时往往会关注于不同的突出性,此时就出现了惯例竞争。竞争的结果往往是越多人遵循的惯例会排挤掉越少人遵循的惯例。〔1〕然而一项惯例倘若要获得越多人的遵循,其必须要具有更为普遍的突出性。所以,最后胜出的惯例必然是其突出性最具有普遍性,因而可以被尽可能多的人所观察到的惯例。这样道路的“左”、“右”之分显然比“上坡”、“下坡”之分更突出(因为更普遍)。占有者对物所具有的关系,显然比挑战者更突出(萨格登引证的是休谟关于人与对象之间关系的论证:空间上越近的物与人关系越密切。参见休谟[1739,中译本,p. 465～466)]。

但是如果惯例的演化是以突出性为出发点,那么就又出现一个问题,为什么有些突出性会被大多数人挑选出来呢? 人对外在世界特征的感知,取决于我们的感官,萨格登在这里完全援引了休谟的论述。〔2〕而扬则归结为“先例的积累”或者是“历史的偶然”,但绝不是“演绎推理所定义的”(Young, 1996)。然而,感官的感知

---

〔1〕 按照我们前面所分析的惯例生成机制,这一点不难得出。详细的论证可以参见萨格登(2004, p. 44～49)。

〔2〕 萨格登把聚点问题做了规范化研究(Mehta, Starmer, Sugden, 1994; Sugden, 1995),但并没有过多涉及“为什么某些聚点为特别突出”这样的问题。

并不是确定的，不同的人对外部世界有不同的感知方式，那么这是不是就等于说惯例的出现可能完全就是一种偶然？那这样的惯例岂不是太武断了吗？比方说，相信有很多人并不认为个人仅仅对物的占有就会获得什么凸显的关系，相反，挑战占有者所谓的"权利"可能更具有突出性。因此"强盗"惯例完全有可能在某些地方出现（也确实在历史上某些地方出现过）。就互惠惯例的层面来说，甚至会出现更糟糕的情况：单方面合作。例如"奴隶"惯例，一些人无条件承担成本，另一些无条件获得收益。萨格登关于公共品的提供方面的论述，无奈地承认了这类"搭便车许可"惯例的存在(Sugden，2004，p. 135～136)。

这样就牵涉出了更深入的问题：凭借某种"感官的偶然"或者"历史的偶然"所产生的突出性，在此基础之上演化出的惯例是不是太过武断了呢？其产生基础如此武断的惯例，又怎么能够期望获得我们普遍的遵循？更进一步说，与其让演化的过程产生一些许多人并不想要的惯例，不如让我们自己构建最大化社会福利的惯例，这样岂不是更好？

这样，我们又会回到问题的原点：我们为什么要遵循惯例？

四、作为正义的惯例

根据我们在第二节关于惯例生成机制的分析，在惯例的形成过程中，我们会获得激励去遵循惯例，这个问题用博弈的内在机制就可以很容易地解释：因为当所有其他人都去做某事的时候，我也这么做对我来说是有利的。并且在演化的背景下这一机制甚至不需要很强的理性假设，我们只需要有"动物理性"就可以了。而在扬的随机稳定性的模型中亦是如此，我们只需要具有"有限理性"就可以了(Young，1996)。但是一旦惯例建立起来之后，这套蕴涵在博弈结构内部的机制还能发挥作用保证惯例得到遵循吗?

至少我们知道休谟对此并不乐观："两个邻人可以同意为他们所共有的一片草地排除积水，因为他们容易互相了解对方的心思，而且每个人都一定会看到，他不执行自己任务的直接后果就是把整个计划抛弃了。但是要使1 000个人同意那样一种行为，乃是很困难的，而且的确是不可能的；他们对于那样一个复杂的计划难以同心一致，至于要执行那个计划就更加困难了，因为各人都在找寻借口，要想使自己省却麻烦和开支，而把全部负担加在他人身上。"(Hume，1740，中译本，p. 578～579)休谟在此似乎是说，一项协调少数人的计划是可行的，但是一项要协调成千上万的人的计划几乎是不可能的。因为人人都会想要"搭便车"，从而使计划崩溃。对于协调处理我们每个人日常行为的惯例来说，是否也面临着同样问题？当一项惯例业已建立起来之后，原有的博弈分析机制——预期效用最大化也好、占优策略也好、最优反应也好——是否还能持续发挥作用？此时，我们面临的正是休谟所言的"搭便车"问题。

萨格登希望证明，在演化出互惠惯例的囚徒困境博弈中，搭便车行为并没有好处。最终的结果是，他证明在有些博弈中(互助类型的博弈)，搭便车行为不是最优的选择；但是在另一些博弈中(公共品的提供)会出现允许部分人搭便车的行为。因此有些涉及到"公益"的规则虽然通常会有许多人遵守，但是也总是有少数人会违反。所以，萨格登认为惯例并不一定那么脆弱，在有些场合，只要允许一些人以另一些人的付出为代价搭便车，惯例还是可能维持下去的。

但是这毕竟揭示了一种危险，单凭“利益”机制，惯例可能无法得到普遍且持久的维持。因此“利益”问题并不能够成为决定惯例得到遵循的唯一条件。在有些情况下，重要的是行为人做出“承诺”遵守惯例。这种承诺不是来自于“利益”，而是关于某种义务的意识，这就是“道德”意识(Sugden, 2004, p. 145)。

由此出现了从惯例到规范的转化，从社会规则到个人道德的转变。我们遵循惯例，不仅仅因为它符合我们的利益，还因为它是我们所恪守的道德原则。根据萨格登自己的说法，即“作为自然法的惯例”(Sugden, 2004, p. 149)。萨格登这里所谓的“自然法”一方面是切切实实的字面意思，即自发演化出来的法则，而不是人们刻意设计的实证法；另一方面还具有更崇高的意思，即一种“正义理论”。[1] 因为正义是一种德性，“把德的观念附于正义”(Hume, 1740, 中译本, p. 539)。这正是惯例应当得到遵循的最高理由。

演化出来的惯例是否可以具有道德维度呢？萨格登的论证来自于休谟的“正义理论”(Hume, 1740)与斯密的“道德情感论”(Smith, 1759)，来自于一种对行为进行道德判断的理论。让我们简单地按照休谟和斯密的分析方法来阐述既定惯例中所具有的道德。仍旧以我们的上车故事为例。假设你先上了车，你的对手随后也上了车。假设“先到先得”这一惯例已经建立起来了。你知道

---

〔1〕 数年后，他“假想”的对手宾默尔正式大胆地把这一点提了出来，即“自然正义”(Binmore, 2005)。

这项惯例，你也知道你的对手知道这项惯例。此时你便有了合理的预期，预期你的对手会按照这项惯例行为：你先上车，这个座位“应当”由你来坐。可是在这个时候，你的对手突然抢了你的座位，你的反应会是什么？难道不是一种愤愤不平（resentment）吗？或者我们把情况反过来，如果是你后上车，你抢了别人的座位，你的心中难道没有丝毫不安和羞愧吗？最后，他人会对“抢座”的人有何感觉呢？我们可以借助休谟的“同情”理论（Hume，1740，中译本，p. 539～540），也可以借助斯密的“同感”理论（1759，中译本，p. 15）来说明这一问题。但是在这里我想用一句话就能概括了：“这人怎么不讲道德！”[1]

这就是惯例的道德力量，但是萨格登把这种道德力量向前推进了一步。一项得到一个群体内所有人遵循的规则，如果任何一名行为人遵守它，该行为人的对手也遵守它是符合对手的利益的，这样规则便具有了道德力量；进而，如果该行为人的对手都遵循这一规则，遵循该规则是符合该行为人的利益的，那么该规则就可以被称为惯例（Sugden，2004，p. 170）。由此，萨格登提出了他的“合作原则”：令 R 为在某个社群中重复进行的一场博弈中能够选择的任意一项策略。令这一策略使得，如果任意一个行为人遵循 R，那么他的对手应当也如此做是符合该行为人的利益的。那么假如所有其他人都同样遵循 R，每个行为人都具有一种道德义务去遵循 R（Sugden，2004，p. 177）。这就是萨格登最终的道德论证：一

[1] 上述的分析在博弈论中是基于“合理预期”这个前提，萨格登后来用正式的形式提出了“规范预期”（normative expectations）模型（Sugden，1998；2004）。

种“围绕惯例成长起来的道德，是一种合作的道德；也是权利的道德”(Sugden，2004，p. 177)。这样，从惯例生成机制的演化出发，萨格登最终迈入了伦理学的领域。

因此，对于我们一开始的问题，“惯例为什么会得到遵循”，现在的回答就是，“因为遵循惯例是符合道德的，这是一项道德义务”。毫无疑问，萨格登在这里似乎已经触及了人类社会运作机制的深层根基。但是，一种作为惯例的道德信仰仍然会让大多数人怀疑：萨格登所得出的“道德”内涵对于我们的行为来说，是否能具有一种约束力或者说强制力呢？

这就有必要让我们再度来审视萨格登的“合作原则”。难道我们没有从中发现似曾相识的感觉？让我们给定该原则成立，此时，如果有人违反了该原则，那么会怎样？如果你不遵守策略 R，结果致使所有其他人都像你一样不遵守策略 R，会怎样？再具体一些。我说：不可偷盗。如果你要去偷盗，结果使得所有其他人都像你一样要去偷盗，这又是一种什么样的情况？

“你们愿意人怎样待你们，你们也要怎样待人。”(《圣・路，6:31》)[1]是的，合作原则似乎就是道德黄金律的表述，但远远不止如此。既然合作原则表达的是作为自然法的惯例，那么：“要按照能够同时把自己视为普遍的自然法则的那些准则去行动。”(Kant，1785，中译本，p. 446)

的确，这就是定言命令式(categorical imperative)，被宾默尔“誉”为康德(Immanuel Kant)的“皇帝的新装”(Binmore，2005，

〔1〕《圣经》中类似的话至少还有，“……要爱人如己。”(《圣・利，19:18》)；“……要爱邻舍如同自己。”(《圣・路，6:31》)

p. vii)。而萨格登自己对于康德主义的道德论也颇有微词。那么，合作原则是否就是定言命令呢？

首先，按照萨格登的理解，合作原则是作为对一种围绕惯例演化而生成的道德原则的表述[1]，而定言命令式也正是对一项"客观原则"的表述。其次，合作原则是否也是一项命令式——表达了一种"诫命"——呢？根据该原则，人们"应当"采取某一行为。显然萨格登的意图正是如此。惯例之所以不是脆弱的，之所以自利的行为能够产生利他的惯例，之所以自利的动机无法摧毁业已建立的惯例，正是因为除了利益的考虑之外其还具有道德的维度：要求人们"应当"做某事。最后，既然我们认为合作原则是命令式，那么它是"假言的"还是"定言的"呢？从惯例的生成机制来看，当一项惯例建立起来之后，并不一定要求"假言的"形式，即不必需求这样的形式："我之所以应当做某事，乃是因为我想要某种别的东西。"(Kant，1785，中译本，p. 449)注意，尽管一项通用策略的形式可以是"如果扮演 A，做……；如果扮演 B，做……"，但这个不是惯例。业已形成的惯例是 ESS 中的一个，而 ESS 要求的正是演化过程中不易被侵扰的策略。这就意味着，如果"先占先得"的惯例建立起来，你会自觉遵守该惯例，即便有人不遵守该惯例，也不应该影响到你的行为(我想要的东西被别人抢走了，但是这不意味我可以违反"先占先得"惯例，去抢别人的东西)。这正是合作原则所要求的。因此，当合作原则提出遵守惯例作为一项道德义务时，其

[1] 尽管萨格登指出，ERCW"没有主张要说出任何有关人们应当接受的道德规则的东西"(Sugden，2004，p. 233)，但是合作原则仍然是对于围绕惯例的形成的道德所作的表述，因此其事实上是在表达一种道德原则。

似乎就有一种倾向：人们具有道德自觉。但是这种自觉能够达到“定言”的高度吗？直观地看，合作原则似乎并不能达到如此境界，“即使我不想要任何别的东西，我也应当如此这般行动”（Kant，1785，中译本，p. 449）。并且，依据合作原则，“搭便车许可”这类惯例亦是允许存在的。然而，以他人为代价而搭便车，却正违背了以下实践的命令式：你要如此行动，即无论是你的人格中的人性，还是其他任何一个人的人格中的人性，你在任何时候都同时当作目的，绝不仅仅当作手段来使用（Kant，1785，中译本，p. 437）。

因此，合作原则似乎是一种不彻底的命令式，既高于假言命令，但又达不到定言命令的高度。那么，为什么合作原则与定言命令会有如此微妙的关系呢？

五、道德情感与道德信念

要回答这一问题，我们还是要回到萨格登的演化博弈分析上来。我们前面已经表明，萨格登模型分析中的关键一步是在从共有的突出性观念出发，参与人所意识到的博弈的非对称形式。让我们再详细审视整个博弈分析框架，整个博弈产生的背景又是如何的呢？我们知道肖特在《社会制度的经济理论》中按照诺齐克（Robert Nozick）的国家理论（Nozick，1974），将他的博弈模型建立在洛克（John Locke）的“自然状态”之下（Locke，1690）。但是萨格登和宾默尔均把他们的博弈建立于霍布斯的“自然状态”之下（Hobbes，1651）。为什么？肖特的理论分析中，“自然状态”似乎就是一个简单的理论出发点，并不具有太大作用。但是在萨格登和宾默尔那里，这个概念显然蕴含着更深层的意思。洛克的“自然状态”与霍布斯的“自然状态”有什么不同，为什么萨格登不使用洛克的自然状态而要用霍布斯的？

萨格登拒绝洛克的自然状态的理由似乎很简单，“我不相信这一产权原则仅仅依靠理性就能从虚无中发现”(Sugden, 2004, p. 100)。[1] 在这里萨格登是针对洛克的“自然法”而言的，产权原则是演化过程中博弈的结果，“自然法”也如是。那么霍布斯的自然状态又是什么呢？萨格登最关注的是这种自然状态下的两个特征(Sugden, 1990)：其一“每一个人对每一种事物都具有权利”；其二“自然使人在身心两方面的能力都十分相等”(Hobbes, 1651, 中译本，p. 92, 98)。但是，如果我们仔细比较洛克与霍布斯的论述，会发现他们两者的根本差别却是在别处。洛克同样承认自然状态中人与人的平等(Locke, 1690, 中译本，p. 5)，但是他并没有承认“每一个人对每一种事物都具有权利”，因为每个人需要在“自然法”的约束下行事。但什么是洛克的“自然法”？似乎并非如萨格登所说的那样是凭空而来的规则。“自然状态有一种为人人所应遵守的自然法对它起着支配作用；而理性，也就是自然法，教导着有意遵从理性的全人类……”(Locke, 1690, 中译本，p. 6)的确，自然法就是理性本身。但是，霍布斯的自然状态也强调理性，但在那里却是理性使得人们发现了经验世界中的自然法(Hobbes,

---

[1] 这个理由表面上看来与休谟的有些接近。但是休谟并不赞成使用“自然状态”，这只是“单纯的虚构”(Hume, 1740, 中译本，p. 534)。这似乎或多或少也反映出休谟整个理论体系推导的最根本基础，然而萨格登与宾默尔对此却都没有太在意，相反，他们弃休谟的“社会状态”于不顾，投身于霍布斯的“自然状态”。

1651，中译本，p. 97）。

其中的差别是什么呢？的确，在政治理论中，“自然状态”的构建只是一项工具而已。但是对于不同自然状态的选择却反映了两种截然不同的立场：何种理性。霍布斯的自然状态更受到演化博弈论专家的偏爱，是因为这其中的理性完全可以当作一种自然现象处理——例如动物理性，或者更确切地说，完全可以作为一种经验能够驾驭的对象。而洛克的则不然，理性为自然立法，唯有理性的存在我们方能区分经验。〔1〕这是两种截然不同的理性，最后产生不同层面上所说的道德论，这就是合作原则与定言命令之间的差异，也是道德情感与道德信念之间不可逾越的鸿沟。

萨格登的合作原则作为一项道德原则，其导出完全是依据某些特定的道德情感所作的道德判断。正如其所言，“我的论证不是关于道德命题的逻辑；而是关于道德的心理学”（Sugden，2004，p. 157）。因此合作原则是一种实践的道德，即现世的道德判断。但也仅止于此。也就是说，合作原则只是对我们的行为所作的道德判断，这种判断很大程度上依赖于一种道德情感。但是萨格登显然附加了更大的期望，他试图借此能够回答我们的道德信念是如何生成的（Sugden，2004，p. 179，225）。要从一种道德情感上升到一种道德信念，这就意味这合作原则必须成为道德性的最高原则。尽管萨格登的论述小心谨慎、步步为营，但是当他试图从道

〔1〕就在洛克指出理性即自然法的这一段之前，我们可以看到类似于康德的道德论的一段论证。洛克引用了胡克尔（Richard Hooker）的一段话，“……如果我要求本性与我相同的人们尽量爱我，我便负有一种自然的义务对他们充分地具有相同的爱心”（Locke，1690，中译本，p. 6）。很显然，康德继承并进一步深化了这一思想。

德情感跨越到道德信念的时候，显然和宾默尔一样，忽视了“实然”(be)到“应然”(ought to)的鸿沟。

合作原则能够表达我们道德信念吗？假使我们先给出肯定的回答，由于一种信念代表了一种可普遍化的意志，那么合作原则的具体表现——协调惯例、产权惯例以及互惠惯例——作为演化博弈的结果，表明“自然法”是演化的结果，从而道德本身就是演化的结果。这正是宾默尔一直试图回答的(Binmore，1994，1998，2005)。但是，出于两个理由，我们不承认这一点：道德本身不是博弈出来的，不是约定的结果。

首先，这种演化博弈的过程无法避免一个偶然性问题。如果突出性的判断全然只是我们的感官感知的结果，那么为什么许多人会分享共有的突出性？扬说来自于“先例”，萨格登说与文化、环境等因素有关。但这都无法避免惯例的偶然性问题。为什么是这种突出性，不是那种突出性；为什么是先来者优先的惯例，不是后到者优先的惯例；为什么是占有者的道德，不是强盗的道德。惯例是博弈的多重均衡中的一种，但是道德是否也只不过就是众多可能的道德中的一种？那么岂不是等于说道德本身就是偶然的，或者更进一步说，根本就没有道德这种东西，只有所谓的道德现象——出于一种情感需要我们把某些行为称作是“道德的”？确实，不同的社会在不同的时间，有不同的伦理要求。但是这些易变的实践伦理很难构成我们道德信念的坚实依据。我们的道德信念在这样的基础上方能成立：在具体的、不同的社会伦理道德要求之下，存在着全人类共有的普遍的道德。例如，每个社会对于产权规则保护程度有强有弱、有好有坏，对于涉及产权的伦理要求也各不相同(有些强调公有，有些强调私有)。但是，哪怕在一个产权得不到很好保护的社会里，不可偷盗这一道德要求也可以成立。这又是为什么？为什么不同的社群会博弈出相同的均衡，而这些社群之间往往没有交流。[1] 似乎从博弈过程本身我们并不能找出确定的答案。

其次，萨格登的演化分析中所给出的与其说是一种道德信念，不如更确切地说是一种道德感。那么道德情感本身是否就能够成为一种信念呢？我们认为情感还不足以达到那样的强制力。诚然，当我们对一种行为进行道德判断时，如果没有道德感参与其中，将是不能想象的。这里我与休谟一致。当我们指责一个人说：他很不道德！这是一个道德判断，同时这也是一种道德情感的体现。正如休谟所言："我们对于道德品质的赞许确实不是由理性或由观念的比较得来的，而是完全由一种道德的鉴别力，由审视和观察某些特殊的性质或性格时，所发生的某种快乐或厌恶的情绪而得来的。"(Hume，1740，中译本，p. 623)但是如果由此我们说这正是我们的道德信念，同样也会存在问题：情感并不一定总能与道德保持一致。人有许多情感，愤怒、怨恨、恐惧、悲伤、欢喜、愉悦、抑郁，等等；并且同样的情感不同的人也会有不同的表达程度。因此并不是所有这些情感都能够成为道德情感，甚至有些情感过于强烈的话还会危及到我们的道德信念本身。让我们举正当防卫的例子。当有人试图加害于你，或者有加害于你的现实威胁的时候，你进行反击，把他杀死了。你是否会感到一种巨大的不安感？我相信这是每个普通人都会遭遇到的心理危机。但是是否由于这种不

〔1〕 如果存在交流，那么有人可以说这是由于惯例的传播机制造成的，较优的惯例替代劣势的惯例。但是，正如我们所指，惯例的替代也要取决于博弈的参与人能够意识到较优的惯例中蕴涵的突出性。这样，又回到了问题的原点：为什么大家会共有某些突出性？

安感的存在，就可以证明你的正当防卫是不正义的，因而是不道德的行为？如果我们单凭情感的判断，出于一种极大的“负疚感”，我们可以认为正当防卫是“不正当的”。美国大量的司法实践，运用这种同情心理使得陪审团做出了类似的判决。但是，我们换一个角度质问，如果一个人连保护自身生命的合理行为都可以是不正当的，那还有什么正义可言，还有什么道德可言，我们的道德信念立足于何处？

对于这两个理由，宾默尔提出了对于前一个理由的回答，他认为既然蕴涵在规范深层的结构看起来对于我们来说是普遍的，大概是因为这种深层结构“构建在我们的基因之中”（Binmore, 2005, p. 129）。确实，如果从霍布斯的理性出发，似乎可以归结为“基因”（尽管我不确定这是否真的是霍布斯本人的观点）：我们之所以共有某些突出性是因为我们的基因结构是相同的。但是我们难道不可以从洛克的理性出发，认为理性本身就是原因？并且我们可以反诘，如果说规范的深层结构来自与我们的基因，那么基因是什么呢？一堆原子的特定组合？这种组合是不是又是一种偶然，普世道德终究是一种虚无？

对于第二个理由，萨格登亦有着他的回答，并不是任意的情感都能够构成我们的道德感，关键是这种道德感能够表达出有关赞成或者反对的道德判断，“我的观点是任何有关赞成或反对的可普遍化陈述都是道德判断”（Sugden, 2004, p. 159）。然而，一旦是“可普遍化的”，那么，偶然的、具体的、个别的道德情感显然无法为这种“普遍化”正名。事实上，萨格登的论述恰恰可以反过来理解：基于道德的情感方能与道德一致。

因此，道德不是博弈出来的。相反，我们之所以可以从演化博弈的分析中得出作为我们行为之道德判断的合作原则，发现蕴涵其中的道德感，正是因为我们具有善的意志，道德理性，自由意志："要这样行动，使得你的意志的准则在任何时候都能同时被视为一种普遍的立法的原则。"(Kant，1788，中译本，p. 33)。

那么，我们的观点又是什么呢？我们是否完全不承认演化博弈分析最后的结论，即合作原则根本不是道德原则，定言命令才是？或者，我们承认的是两种道德：实践的道德和先验的道德？

不是。我们承认合作的原则确实是道德原则，并且，道德就其本身而言不存在两种道德问题。关键的问题是，我们在什么层面上谈论道德：是就寻找实践行为的道德判断而言，还是就寻找确立道德性的最高原则而言？就前一个层面而言，休谟的道德论将其推到了极致，以至于萨格登与宾默尔始终只能是休谟的当代博弈论诠释者。而合作的原则作为道德原则，也仅仅是就这一意义上而言的；惯例的演化博弈分析所能达到的，也正是这一层面。然而我们不能从合作原则推出我们的道德信念就是如此产生的，否则我们就混淆了"实然"与"应然"之别。整个演化博弈分析，所基于的霍布斯的理性，正是康德所谓的"普通理性"，这种理性如果"敢于脱离经验的法则和感官的知觉，它将陷入全然的不可理解和自相矛盾之中，至少将陷入不确定、隐晦和反复无常的混沌中"(Kant，1785，中译本，p. 411)。这也正是休谟所谓的"道德的区别不是从理性得来的"(Hume，1740，中译本，p. 495)。在这里，康德继承但是进一步发扬并拓展了休谟的思考。我们发现，即便仅就道德判断层面而言，如果没有一种理性能够对情感作出分辨，那么道德行为的实践也是几乎不可能的。正如前文所言，纯粹情感可能违背道德本身的意志。而任意的凭借感官的认知，甚至会有丧失道德的危险。因此,"普通的人类理性……出自实践的根据,才被迫走出自己的范围,一步跨入一种实践哲学的领域,以便在那里为其原则的源泉及其正确的规定……获得说明和明晰的指示……以免冒因它容易陷入的暧昧而失去一切真正的道德原理的危险"(Kant, 1785, 中译本,p. 412)。

那么,这是否是在建议:如果我们把萨格登的演化博弈分析的出发点替换为一种哲学上的实践理性,是否就能推导出定言命令式的合作原则呢? 也不是。"自然会不让理性进入实践的应用……"(Kant, 1785, 中译本,p. 402)演化博弈论分析的基础不可能是某种先验的实践理性,因此不可能说把霍布斯的自然状态替换为洛克的自然状态,合作原则就能达到定言命令的高度。因此,尽管我们不承认道德是博弈的结果,但在实践中,对于我们行为的道德判断,一种实践的道德原则,也只能是博弈的结果,约定的结果。然而,合作原则作为一项实践的道德原则,其本身还不足以提供我们所需要的道德信念。因此这时候我们还需要迈入实践哲学的范畴,寻找定言命令。

六、惯例与道德

到此为止我们已经概述了萨格登关于社会惯例生成的演化博弈论分析的主要内容。

萨格登通过简洁的数学推导、精致的分析以及对休谟哲学的娴熟把握,从惯例的生成,到蕴涵在惯例之中的道德情感,进行了严谨的演化博弈分析。这本书的篇幅虽然不大,但是却涉及到了惯例以及围绕惯例而形成的道德行为的方方面面。就其思想深度而言，与继本书之后宾默尔的两卷本巨著《博弈论与社会契约》相比，不逊丝毫。相反，鉴于萨格登更为审慎的论证与细致的分析，其对于休谟哲学的把握甚至要略胜于宾默尔一筹。尽管宾默尔是追寻萨格登的足迹而前进的(Binmore，1994；1998；2001)——萨格登自己并不这么认为(Sugden，2001)——但是其对于博弈论分析工具的娴熟运用，所给出的似乎只是康德所言的“技巧的规则”与“机智的建议”，其“公平规范”似乎还不及“合作原则”所达到的高度。

但是同时，我们也对萨格登最终的道德论持审慎的批评态度。我们认为，合作原则可以是一项实践的道德原则，但仅凭这个还无法推出我们所必然具有的道德信念，或许这也正是博弈分析所能到达的界限。相反，如果一味要从这样一种机制——无论是对我们的主观感受的规范分析也好、还是对我们合理预期的规范分析也好，推出我们的道德信念正是如此演化出来的，那么我们的道德实践甚至会有崩溃的危险。而此时，我们更需要在康德的道德王国中寻找我们实践的最高依据。演化过程中，一种特定均衡的产生充满着偶然性，倘若没有最初帮助我们区分突出性的那种实践理性的规范，又有什么能够确切保证我们不会陷入一种“恶”的均衡——例如，形成一个“尔虞我诈”的社会——呢？为什么演化会偏爱占有者的惯例，为什么演化会偏爱互惠者的惯例，为什么人人相互欺骗的社会最终会崩溃[1]，难道不正是由于一种不以任何

〔1〕 在博弈论分析中，人人都选择背叛这样一种稳定均衡也会存在被互惠者的惯例所替代的情况，只要符合一定模型约束条件。但这并不是必然的趋势，相反只是一种偶然；并且反过来的情况也可能出现。这样的演化过程本身无法为我们提供任何确定的道德信念。

意图为目的的善的意志的引导吗?

这也正是我们的立场,合作原则无论如何也需要定言命令相左,作为道德最终的安身立命之所。否则,合作原则本身的道德合法性也会受到怀疑。毕竟,道德不是博弈出来的,不是演化出来的。

但是回到实践的层面而言,可能会有人怀疑这样的立场有多少的实践意义。是的,定言命令是非常强的道德命令式,但就实践层面而言,却是非常"弱"的:其所具有的仅仅是最低限度的道德要求。回到我们前面对于惯例的道德性的推导那个例子中去。在抢座博弈中,"先到先得"惯例是具有道德维度在内的,然而这仅仅是最低限度的要求。可能更多的人希望我们建立起"为老弱病残让座"这样的惯例,这种让座惯例在某些时候是对"先到先得"这样的抢座惯例的违反。但是显然,这样的让座惯例就目前而言还无法普遍地建立起来,因为这是更高程度的伦理要求。同样,"见义勇为"这类我们所欲求的惯例也会碰到如此的窘境,最低限度的道德要求无法(也不应当)处理这种复杂的伦理事态。

这是不是说我们的批评纯粹是一种理论癖好?不是。康德已经道出了其中的实践缘由:

"……仅仅作为知性世界的成员,我的一切行为都会完全符合纯粹意志的自律原则;仅仅作为感官世界的部分,我的一切行为都会必然被认为完全符合欲望和偏好的自然法则,从而符合自然的他律……。但是,由于知性世界包含着感官世界的根据,从而也包含着感官世界的法则的根据,因而就我的意志……而言是直接立法的,……所以,我将把自己认做理智,虽然在另一方面如同一个属于感官世界的存在者,但仍然服从知性世界的法则,也就是说,服从在自由的理念中包含着知性世界的法则的理性，因而服从意志的自律，所以就必须把知性世界的法则对我来说视为命令式，把合乎这一原则的行为视为义务。”(Kant, 1785, 中译本,p. 462)

这就是合作原则与定言命令最终的交汇。合作原则并不是推理出了个人在遵守社会规则的行为中所具有的道德义务，而是发现了其中所内涵的道德性质。围绕惯例所产生的道德，不是“因”惯例而生。相反，正是一种人先天所秉有的道德之心，方才得以使看似无序、自发的人类行为能够在交往过程之中演化出能够反映出道德之心的惯例。

从演化的角度看，社会变迁的过程正是从旧有的均衡崩溃向新的均衡确立的漂移过程。鉴于演化过程中无处不在的偶然性，这一变迁过程如何才能避免落入一种“恶”的均衡，从而避免陷于一种制度性的恶性循环呢？中国正处在这一均衡生成的过程之中，这样的现状迫使每一个负有使命感的学人思考中国的未来：什么样的均衡，与这一均衡相契合的又是什么样的社会伦理。正因为如此，以萨格登、宾默尔、扬等人为代表的社会制度之演化博弈分析对中国学人的理论探索具有重要且深远的意义。《权利、合作与福利的经济学》这本篇幅不大的“小书”在人类思想的历史上也必定会留下浓墨重彩的一笔。

本书的翻译工作自 2005 年底开始，中途因为学业等一些因素，一度中断，拖沓了两年方才完成。因为韦森老师曾在 2003 年以本书第一版作为他的课程教材，其中数章已由当时上课的博士生译出。在 2005 年拿到本书第二版版权时，韦森老师交给笔者的任务是整理、校对原有的译稿，并补译没有译出的章节。但是在整理过程中发现原有的译稿质量参差不齐、难以统一，并且鉴于本书委实非常重要，于是笔者索性抛开原来的译稿，重新翻译全书。当时参与翻译的有：王建（第一章）、刘康兵（第二章 2.1～2.4 节）、张震（第三章）、孙振峰（第五章）、皮建才（第六章）、曾文慧（第八章正文部分）、刘宇光（第九章）以及还有两位同学（未查到署名）翻译了第七章和第九章。笔者在翻译过程中，曾参考过其中一些译文，在此表示感谢。萨格登教授的语言同他的思想一样，有浓厚的休谟主义风格，清新流畅，不饰奢华，将原本晦涩难懂的理论明晰准确地表达出来。可是将萨格登教授的文本用同样简明易懂的中文表达出来，实在不那么容易。在进行本书翻译的过程中，笔者一度"战战兢兢"，唯恐误读、扭曲甚至错解了作者的原意。幸得韦森老师不倦的指导，以及席天扬、郦菁、梁捷等好友的帮助，终于完成了本书的翻译。尽管无法保证中文语言能够如萨格登教授原文那般雅致，但也会尽力为读者提供一个可信的译本。译文中无疑还存在不少纰漏之处，欢迎学界方家批评指正。最后我还要感谢我的父母，没有他们，本书的翻译工作也不可能完成。

方钦

2008 年 6 月谨识于复旦

参考文献

1. Axelrod, Robert, 1984, *The Evolution of Cooperation*, New York: Basic Books.

2. Binmore, Ken; Rubinstein, Ariel; Wolinsk, Asher, 1986, "The Nash Bargaining Solution in Economic Modelling", *The RAND Journal of Economics*, Vol. 17, No. 2, 176～188.

3. Binmore, Ken, 1994, *Game Theory and the Social Contract*, *Vol. I. Playing Fair*, Cambridge MA: MIT Press.

4. Binmore, Ken, 1998, *Game Theory and the Social Contract*, *Vol. II. Just Playing*, Cambridge MA: MIT Press.

5. Binmore, Ken, 2001, "Evolutionary Social Theory: Reply to Robert Sugden", *The Economic Journal*, Vol. 111, No. 469, Features. pp. F244～F248.

6. Binmore, Ken, 2005, *Natural Justice*, New York: Oxford University Press.

7. Coleman, James S., 1987, "Norms as Social Capital", *Economic Imperialism: The Economic Approach Applied Outside the Field of Economics*, G. Radnitzky and P. Bernholz, eds., New York: Paragon House.

8. Lewis, D. K., 1969, *Convention: A Philosophical Study*, Cam-

bridge, Mass. : Harvard University Press.

9. Mehta, Judith; Starmer, Chris; Sugden, Robert, 1994, "The Nature of Salience: An Experimental Investigation of Pure Coordination Games", *The American Economic Review*, Vol. 84, No. 3. pp. 658～673.

10. Nozick, Robert, 1974, *Anarchy, State and Utopia*, New York: Basic Books.

11. Rubinstein, Ariel, 1982, "Perfect Equilibrium in a Bargaining Model", *Econometrica*, Vol. 50, pp. 97～110.

12. Schelling, Thomas, 1960, *The Strategy of Conflict*, Cambridge, Mass: Harvard University Press.

13. Skyrms, Brian, 1996, *Evolution of the Social Contract*, Cambridge: Cambridge University Press.

14. Sugden, Robert, 1989, "Spontaneous Order", *The Journal of Economic Perspectives*, Vol. 3, No. 4. pp. 85～97.

15. Sugden, Robert, 1990, "Contractarianism and Norms", *Ethics*, Vol. 100, No. 4. pp. 768～786.

16. Sugden, Robert, 1995, "A Theory of Focal Points", *The Economic Journal*, Vol. 105, No. 430. pp. 533～550.

17. Sugden, Robert, 1998, "Normative Expectations: the Simultaneous Evolution of Institutions and Norms", In *Economics, Values, and Organization*, Ben-Ner, Avner and Putterman, Louis, eds., Cambridge: Cambridge University Press.

18. Sugden, Robert, 2001, "Ken Binmore's Evolutionary Social Theory", *The Economic Journal*, Vol. 111, No. 469, Features. pp. F213～F243.

19. Sugden, Robert, 2004, *The Economics of Rights, Co-operation and Welfare*, London: Palgrave Macmillan Ltd.

20. Wärneryd, Karl, 1994, "Transaction Cost, Institutions, and Evolution", *Journal of Economic Behavior and Organization*, 25, pp. 219～239.

21. Young, H. Peyton, 1993, "The Evolution of Conventions", *Econometrica*, Vol. 61, No. 1. pp. 57～84.

22. Young, H. Peyton, 1996, "The Economics of Convention", *The Journal of Economic Perspectives*, Vol. 10, No. 2. pp. 105～122.

23. Young, H. Peyton, 2007, "Social Norms", *Forthcoming in the New Palgrave Dictionary of Economics*, edited by Steven N. Durlauf and Lawrence E. Blume.

24. 霍布斯著,黎思复、黎廷弼译:《利维坦》(1651),商务印书馆 1985 年版。

25. 康德著,李秋零译:《道德形而上学的奠基》(1785),中国人民大学出版社 2005 年版。

26. 康德著,李秋零译:《实践理性批判》(1788),中国人民大学出版社 2007 年版。

27. 洛克著,叶启芳、瞿秋农译:《政府论》(1690),商务印书馆 1964 年版。

28. 卢梭著,李常山译:《论人类不平等的起源和基础》(1755),商务印书馆 1962 年版。

29. 斯密著,蒋自强等译:《道德情操论》(1759),商务印书馆 1997 年版。

30. 威布尔著,王永钦译:《演化博弈论》(1995),上海三联书店、上海人民出版社 2006 年版。

31. 肖特著，陆铭、陈钊译：《社会制度的经济理论》(1981)，上海财经大学出版社2003年版。

32. 休谟著，关文运译：《人性论》(1739，1740)，商务印书馆1980年版。

33. 扬著，王勇译：《个人策略与社会结构——制度的演化理论》(1998)，上海三联书店、上海人民出版社2004年版。

34. 韦森：《经济学与伦理学：探寻市场经济的伦理维度与道德基础》，上海人民出版社2002年版。

35. 韦森："哈耶克式自发制度生成论的博弈论诠释——评肖特的《社会制度的经济理论》"，《中国社会科学》，2003年第6期。

36. 韦森："从合作的演化到合作的复杂性——评阿克斯罗德关于人类合作生成机制的博弈论试验及其相关研究"，《东岳论丛》，2007年第3期。